Burton Bernstein:
Die Bernsteins

Mit 26 Fotos
Aus dem Amerikanischen von
Dorothee Koehler

Deutscher
Taschenbuch
Verlag

Bärenreiter
Verlag

Für Jennie

Ungekürzte Ausgabe
1. Auflage Juli 1989
Deutscher Taschenbuch Verlag GmbH & Co. KG,
München

Titel der amerikanischen Originalausgabe:
Family Matters
Summit Books, New York

ISBN 3-8135-0325-9
Umschlaggestaltung: Celestino Piatti
Umschlagabbildung: Helfried Hofmann, Hildesheim
Gesamtherstellung: C. H. Beck'sche Buchdruckerei,
Nördlingen
Printed in Germany · ISBN 3-423-11097-X (dtv)
ISBN 3-7618-0946-8 (Bärenreiter)
1 2 3 4 5 6 · 94 93 92 91 90 89

I
Sam und Jennie

Wo immer ich seit 1962 wohne, hängt ein Familienfoto an der Wand: es ist eines jener üblichen Hochglanzfotos im Format 24 × 30 cm, wie sie etwa aus Anlaß der Hochzeit einer Kusine oder eines leicht umnebelten Abends in einem Nachtklub in der Karibik entstehen, die man für gewöhnlich mit anderen Andenken weglegt und vergißt – eine Erinnerung, die nur deshalb bemerkenswert ist, weil sie einen bestimmten Augenblick fixiert. Dieses Foto aber ist mir lieb und wert. Es ist seltsamerweise das einzige Bild, das je von mir und meiner engsten Familie gemacht wurde – wir alle zusammen an ein und demselben Ort.

Dieser Ort war ein prunkvoller Raum im Bostoner Sheraton Plaza Hotel. In festlicher Abendkleidung hatten wir uns dort versammelt, kurz vor dem prächtigsten Ereignis im Leben meines Vaters: einem Festbankett aus Anlaß seines siebzigsten Geburtstags, ihm zu Ehren veranstaltet von der ›Boston Lubavitsch *Jeschiwa**, die er bevorzugt unterstützte. Der siebzigste Geburtstag war zwar schon vor zwei Tagen gewesen, am 5. Januar 1962, einem Freitag, also dem Beginn des Sabbats. Es kam daher nicht in Frage, diese »Angelegenheit« (wie meine Eltern und ihre Freunde das nannten) am Geburtstagsabend stattfinden zu lassen. Aber Sonntag abend war eine gute Lösung, auch im Hinblick auf die nichtjüdischen Honoratioren, die dabeisein würden: der Bürgermeister von Boston, John Collins, erstaunlicherweise mit einer Jarmulke auf dem Kopf; der stellvertretende Gouverneur von Massachusetts, Edward McLaughlin; und der Oberstaatsanwalt Edward J. McCormack. Hunderte höchst unterschiedlicher Menschen waren in den großen Ballsaal des Sheraton Plaza gekommen, um Mr. Samuel Joseph Bernstein, Kaufmann und angesehenen Bürger in Boston, feierlich zu ehren. Die Tatsache, daß sein ältester Sohn, Mr. Leonard Bernstein, als Redner auftreten sollte, dürfte den Andrang kaum geschmälert haben.

Wir sind zu siebt auf dem Foto zu sehen, festgebannt von dem blendenden, tyrannischen Blitzlicht; die fünf engsten Verwandten und zwei Schwiegertöchter. (Die Enkel waren damals noch zu klein, um während eines offiziellen Essens für ihren Großvater stillzusitzen.) In der Mitte, eingerahmt von den Söhnen, der Tochter und den Schwiegertöchtern, der gefeierte Pater familias mit Jennie Bernstein, geborener Resnick, seiner

* *Jeschiwa* = Talmudhochschule

Ehefrau seit mehr als vierundvierzig Jahren. Wann immer ich das Bild betrachte, versuche ich, Sams eigentümlichen Gesichtsausdruck zu deuten. Es liegt unbändige Freude darin, gewiß, aber auch Furcht; fast gleicht er einer ängstlichen Schildkröte mit seinem kahlen, bebrillten Kopf, der aus der Jacke eines schlecht sitzenden Smokings ragt. Er machte sich immer Sorgen, und selbst an diesem glorreichen Abend, dem Festbankett zu seinen Ehren, konnte er seine Hauptsorge nicht abschütteln. Im Gegenteil, der Anlaß verstärkte sie sogar. Seine Hauptsorge war, daß er das biblische Alter erreicht (dreimal zwanzig und zehn Jahre) und seiner tiefsten Überzeugung nach kein Recht hatte, länger zu leben. Zudem hatte er vor kurzem einen berühmten Arzt im Allgemeinen Krankenhaus von Massachusetts aufgesucht, weil er Schmerzen in der Brust und, wie er sagte, »ein Ziehen in den Beinen« hatte. Der Arzt hatte ihm gegen Jahresende geschrieben: »... die Symptome sprechen für eine Arterienverkalkung. Daher kommen auch Ihre Schmerzen in der Brust und die Beschwerden in den Beinen. Anbei ein Rezept für Nitroglycerin, das Sie bei akuten Schmerzen in der Brust einnehmen sollten. Den Beinbeschwerden kann eigentlich nur ein chirurgischer Eingriff abhelfen ...« Im Frühjahr 1964 stellte man bei Sam ein Aortenaneurysma fest, und er mußte sofort in chirurgische Behandlung. Die schwache, ausgeweitete Partie der Aorta wurde durch eine Kunststoffröhre ersetzt, und dieser Eingriff schenkte ihm fünf weitere, wenn auch stets gefährdete Lebensjahre.

Auf dem Foto steht Jennie an Sams linker Seite, seine linke Hand umgreift ihren rechten Ellbogen. Wie immer im Scheinwerferlicht wirkt sie eingeschüchtert. Hunderte Male hat sie seit jenem 14. November 1943, an dem Lenny praktisch über Nacht berühmt wurde, im Scheinwerferlicht gestanden, dennoch fühlt sie sich bis heute bei öffentlichen Anlässen unbehaglich. Sie ist frisch frisiert, ihr Haar bildet einen etwas steifen Rahmen für ihr schönes, ausdrucksvolles Gesicht. Aber die bunte, glitzernde Brille unterstreicht leider ihren starren Blick und ihr festgefrorenes Lächeln. Sie trägt ein schwarzes Kleid, dazu weiße Handschuhe und eine weiße Abendtasche – ein seidig glänzendes Kleid mit einer schlichten goldenen Nadel und schwarze Pumps, in die sie ihre schweren »Resnick-Füße« gezwängt hat. In ihren hochhackigen Pumps ist sie ebenso groß wie ihr Ehemann.

Zu beider Rechten stehen Felicia, Lennys Ehefrau, und Lenny. Für jemanden, auf den bisher schon Tausende von Kameras gerichtet waren, scheint Lenny erstaunlich befangen, wie ein Schüler, der sich bereithält, von seinem Schuldirektor einen Preis entgegenzunehmen. Seine rechte Hand steckt in der Hosentasche, und vielleicht ist er, als das Licht aufblitzte, unruhig von einem Bein aufs andere getreten. Offensichtlich wäre er in diesem Augenblick lieber woanders. Doch man sieht ihm an, daß er entschlossen ist, den Abend durchzuhalten. Ebenso entschlossen ist Felicia, schön anzusehen in ihrem eleganten weißen Kleid und dem schlichten Schmuck. Man merkt kaum, daß sie im achten Monat schwanger ist. Obwohl sie klein ist, vermittelt sie auf dem Foto, ebenso wie im wirklichen Leben, den Eindruck aristokratischer Würde. Sie sagte immer, das sei ein Kunstkniff, den sie als Schauspielerin gelernt habe, es hänge davon ab, wie man stehe, gehe und den Kopf halte. Trotz ihrer beherrschten Haltung verrät sie ihre Anspannung durch ein Verkrampfen der linken Hand und durch ihr Lächeln, das gezwungener ist als üblich, und für alle, die sie kannten, ein untrügliches Zeichen von Unsicherheit. Doch sie beweist Tapferkeit in dieser für sie unangenehmen Situation. Gerade ihre Tapferkeit ist mir am stärksten in Erinnerung geblieben. Bis zu ihrem Krebstod im Juni 1978 mußte sie unbillig viele Proben dieser Haltung ablegen, und sie bestand sie alle, bis hin zum letzten schrecklichen, entwürdigenden Augenblick.

Shirley, meine Schwester, steht links von Sam und Jennie. Sie zeigt diesen verführerischen Ausdruck, eine Pose, hinter der sie ihre Unruhe verbirgt, wann immer sie sich beobachtet weiß. Sie ist hübsch, adrett und tadellos gekleidet, und sie hat Schneid. Auf dem Foto scheint sie die Fröhlichste zu sein, mit Ausnahme vielleicht von Ellen, meiner damaligen Frau (wir wurden 1977 geschieden), die neben ihr steht; sie haben einander die Arme um die Hüfte gelegt. Ellen – blond, hochgewachsen, unverkennbar nur dem Namen nach eine Bernstein (tatsächlich ist sie die Tochter holländischer Adliger) – lächelt herzlich. Trotz eines anfänglichen gegenseitigen Mißtrauens hatte sich zwischen meinen Eltern und Ellen im Lauf der Jahre eine enge Vertrautheit gebildet, enger, als sie je zwischen Felicia und meinen Eltern bestand. Jennie und Sam nannten Ellen oft ihre »zweite Tochter«, doch konnten sie sich nicht dazu durchringen, diesen Ausdruck auch auf Felicia anzuwenden. Für Ellen wurden sie liebevolle Ersatzeltern, denn Ellens wirkliche Eltern waren nur eine vage Erinnerung für sie. Ich selbst mußte mich wahrscheinlich am stärksten von allen beherrschen. Wie ich mich erinnere, hatte ich an diesem Tag etwa 39 Grad Fieber, hervorgerufen durch eine böse Grippe. Aber wie Lenny spiele ich die Rolle des musterhaften Sohnes. Und ebenso wie Lenny fühle ich mich unbehaglich in meinem Smoking; ich sehe aus, als sei ich noch nicht erwachsen, die linke Hand ist in der Hosentasche vergraben – ein Spiegelbild meines Bruders auf der anderen Seite des Fotos, abgesehen von den verquollenen, fiebrigen Augen und dem angegriffenen Gesichtsausdruck. Auch ich soll als Gastredner auftreten (»Anmerkungen« stand im Programm), und ich wünschte mir nur, im Bett liegen und tief schlafen zu dürfen. Aber es war Sams »Testimonial«, sein großer Abend, und Ausflüchte kamen nicht in Betracht.

Wann immer ich das Foto ansehe, packt mich eine merkwürdig unpersönliche Neugier auf diese Menschen. Es ist, als gehörten wir sieben irgendwie zu einer anderen Familie. In solchen Augenblicken frage ich mich: Wo sind diese Menschen hergekommen? Wie sind sie hierher gelangt? Wer sind sie wirklich? Wieso gehöre ich zu ihnen? Schließlich, was *ist* eine Familie? Weshalb bedeutet sie jedem von uns so verdammt viel? Ist sie ein Fluch oder ein Segen, oder beides?

Sam, der strahlende Mittelpunkt des Fotos und des Abends, war auch das absolute Zentrum der Familie, der Patriarch. Als Kind empfand ich ihn als eine Figur aus dem Alten Testament, zwar bartlos und schmächtig, doch eine dominierende, allwissende Erscheinung, besonders bei Tisch. Ich denke dabei vor allem an die Familienmahlzeiten am Sonntagnachmittag. An den Wochentagen war die Abendmahlzeit zeitlich knapp bemessen; jede Unterhaltung brach Punkt 18 Uhr 45 ab, wenn Lowell Thomas und die Nachrichten aus dem Zenith-Radio dröhnten, das zur Grundausstattung aller Eßzimmer gehörte, die wir je bewohnten. Meine Mutter oder das Dienstmädchen trugen für gewöhnlich gerade den Nachtisch auf, wenn Lowell Thomas sagte: »Auf Wiederhören morgen«. Damit war Schluß. Sam brummte noch über irgend etwas, das ihn in den Nachrichten oder im Büro geärgert hatte, aß sein Dessert auf und zog sich in seinen Lehnstuhl im Wohnzimmer zurück; meine Mutter verschwand in der Küche; und meine Geschwister (wenn sie da waren) und ich verteilten uns nach Tisch auf Schulaufgaben, Klavierüben oder ein kurzes Baseballspiel »gegen die Außentreppe«. Aber am Sonntagnachmittag war alles anders. Die reichliche Mahlzeit – meistens bestand sie aus einer fetten Suppe, einem fast ungenießbaren Roastbeef oder Steak (Jennies ebenfalls fast ungenießbares Huhn war den Freitagabenden vorbehalten), gefülltem Kohl, Kartoffeln, grünen oder Limabohnen und einer Geleenachspeise, serviert auf dem »guten Geschirr«, mit Silberbesteck und auf einer gestickten Tischdecke – wurde in gemächlichem Tempo eingenommen, ohne Radiounterbrechung bis zu den Nachrichten, gesprochen von Jack Benny um sieben Uhr. Bis zu Jack Benny gab es kein bestimmtes Programm, sofern Sam nicht Lust hatte auf eine Autofahrt in die Innenstadt von Boston, um sich eine Show oder einen Film im riesigen Metropol-Theater anzusehen, oder auf eine Spritztour zu Mary Hartigan an der alten Route 128, um frische Eiscreme zu holen, oder, wenn das Wetter gut war, auf einen Besuch unseres Landhauses in Sharon. Beim Sonntagsessen hatte man Zeit, die wichtigen Fragen zu erörtern.

Die nachmittäglichen Mahlzeiten, an die ich mich am deutlichsten erinnere, fanden in unserem Haus in Newton statt, wo wir von 1933 bis 1941 lebten. In diesen Jahren war die Familie meist zusammen; Lenny besuchte die Bostoner Lateinschule und später die Universität in Harvard, Shirley und ich gingen in die staatliche Schule in Newton. Trotz der »Großen Depression« hatte Sam es zu etwas gebracht und ein stattliches Wohnhaus aus roten Ziegeln gebaut, im Stil der traditionellen öffentlichen Gebäude der zwanziger Jahre, das seinem Traum vom wirtschaftlichen Aufstieg entsprach. Er hatte sich gleichzeitig einen kleinen Sommersitz in Sharon gebaut, nahe beim Massapoag-See, zwanzig Meilen südlich. Fast immer hatten wir in diesen Jahren in Newton ein Dienstmädchen, das im Haus wohnte, und so konnte Jennie während der Tischgespräche zumeist sitzen bleiben, wenn sie sich auch nicht davon abbringen ließ, zwischen Zimmer und Küche hin- und herzutraben, um dem Mädchen zu helfen. Irgendwann während der Mahlzeit hob Sam seine beiden Arme hoch und schlenkerte seine Handgelenke, als wolle er die Manschetten zurechtrücken – eine für ihn typische Gebärde, die in der Regel den Beginn einer Rede anzeigte –, und sagte: »Wißt ihr ...«, und schon waren wir mitten in einem ernsten Thema. Die sonntäglichen Diskussionsthemen waren anfangs ganz allgemeiner Natur – Roosevelt, die Schleuderpreise für Milch, irgend etwas aus Lennys Schulpensum der letzten Woche –, landeten aber unweigerlich beim Judentum. Sam gefiel sich in der Vorstellung, vielseitige Kenntnisse zu besitzen, in Wahrheit aber beschäftigte ihn nur ein Gebiet – das Judentum und die daraus resultierenden Probleme. Manchmal führte diese Besessenheit zu seltsamen Entgleisungen: einmal sprach er von Dwight Eisenhower als »General Eisenberg«, und von Adlai Stevenson als »Steve Adelson«. Aber seine Religionskenntnisse waren fundiert. Sein Leben lang hatte er den Talmud studiert und mit Rabbinern und bedeutenden Judaisten den Sinn einzelner subtiler Stellen erforscht. Und wie in einen Nimbus war dieses Jüdischsein eingebettet in seine chassidische Vergangenheit, mit all der glühenden Freude, die sie der Religion verlieh.

Der Chasside in ihm regte ihn zu langen und farbigen Erzählungen aus der alten Heimat an. War er in guter Verfassung, dann hielt er damit so lange durch, bis meine Unruhe am sonntäglichen Mittagstisch den anderen Familienmitgliedern einen guten Vorwand bot, entweder das Thema zu wechseln oder zu einer mehr gemeinsamen Beschäftigung überzugehen. Wir hielten ihm immer eine natürliche Übertreibung der Ereignisse und des Kolorits zugute, aber die meisten seiner Erzählungen fanden später Bestätigung durch Verwandte und *Landsleit*. Eine noch exaktere Bestätigung ist schwer zu erlangen; dafür hat die methodische Vernichtung von Aufzeichnungen gesorgt, hauptsächlich durch das zaristische Rußland, die Nazis und die Kommunisten. Was übrig geblieben ist, stammt größtenteils aus mündlicher Überlieferung.

Oft begannen Sams Geschichten ungefähr beim Ursprung unserer Familie. Er behauptete (woher er die Sicherheit nahm, wurde mir nie klar), daß wir Bernsteins dem Stamme Benjamin angehörten. Vielleicht faszinierte ihn die biblische Geschichte, die Benjamin als den jüngsten Sohn Jakobs nennt, geboren von Rachel, und der Name »Ben Jamin« bedeutete »Sohn zur Rechten« oder »das liebste, das Glückskind«. Die Benjaminiten waren besonders tapfere und geschickte Bogenschützen, und aus ihren Reihen kam Israels erster König: Saul. Sie bewiesen Gott ihr Vertrauen und ihren Gehorsam, als sie beim Exodus in das Rote Meer stürzten, während die anderen Stämme noch zögerten. Und, selbstverständlich, beginnen beide Namen, Benjamin und Bernstein, mit dem Buchstaben B. Fadenscheinig ist auch die von einigen Gelehrten vertretene Ansicht, daß sich die meisten Bernsteins über den säkularisierten Namen »Ber« auf den Stamm des Isaschar zurückführen lassen. Da sie entschieden weniger charismatisch waren als die Benjaminiten, fanden die

Kinder des Isaschar, fürchte ich, bei Sam nur geringes Interesse. In welchem Stamm wir auch, wenn überhaupt, verwurzelt sind, der Ursprung des Namens »Bernstein« kommt wahrscheinlich von Diasporajuden, die mit Bernstein handelten, oder von fahrenden Leuten, die zufällig durch die nahe bei Wien gelegene österreichische Stadt Bernstein kamen. (Als Lenny vor einigen Jahren in Österreich war, wo er die Wiener Philharmoniker dirigierte, wurde er zum Ehrenbürger von Bernstein ernannt. Die gesamte Bevölkerung der Stadt feierte ihn, und der Bürgermeister überreichte ihm einige am Ort handgefertigte Arbeiten aus Bernstein sowie eine amtliche Kopie des Stadtwappens von Bernstein.) Nach einer anderen Theorie wurde aus der Silbe Ber im 18. Jahrhundert in der polnischen Stadt Brody der Name Berko oder Berkowitz (Sohn des Berko). Als Preußen, Österreich und Rußland im Jahre 1772 Polen aufteilten, tauchte der Name »Berkowitz« in manchen Orten als »Bernstein« wieder auf. In Wahrheit weiß niemand etwas Genaueres darüber.

Sams Beschäftigung mit der Familiengeschichte übersprang geschickt die Diaspora und führte vom Stamm des Benjamin direkt ins sechzehnte Jahrhundert nach Preußen und Polen. Wie Sam sagte, waren unsere dortigen Vorfahren mit dem Namen Bernstein (oder Ber) Rabbis, jedoch keine Rabbis, die täglich Gottesdienst abhielten. Vielmehr waren sie Gelehrte, deren Hauptaufgabe darin bestand, vom Morgen bis zur Dämmerung die Schriften, den Talmud und die Midraschim, zu studieren, wenn sie nicht in der Synagoge beteten. Diese weisen Bernsteins erteilten den für würdig Befundenen klugen Rat, doch nur auf einer höheren, einer philosophischen Ebene. (Ich habe noch heute im Ohr, wie Sam sein Lieblingswort aussprach »philahsephy«.) Die Ehefrauen und älteren Kinder hatten sich um den Broterwerb zu kümmern, da vergeistigte Gelehrte sich mit so profanen Dingen nicht abgeben konnten; den Rabbis war ihre gelehrsame Mühe Arbeit genug, heilige Arbeit. Als im achtzehnten Jahrhundert der moderne Chassidismus in Polen Fuß faßte, huldigten seine Anhänger dieser Lebensform sogar noch eifriger und inbrünstiger. Die chassidische Periode ist gekennzeichnet durch eine blühende Kultur und eine religiöse Wiederbelebung im Leben des *Stetls* in Osteuropa. Und die Bernsteins lebten mitten darin.

Die Wiederbelebung des Chassidismus fiel zeitlich mit der Teilung Polens zusammen. Ohne sich auch nur einen Zentimeter von der Stelle gerührt zu haben, fanden sich meine Vorfahren, die Bernsteins, mit einem Mal als wenig geachtete Bewohner der russischen Ukraine wieder – genauer gesagt, innerhalb eines Ansiedlerrayons in der Provinz Wolhynien. In diesem Bereich konnten die plötzlich russisch gewordenen Juden nicht wie normale Untertanen leben, und außerhalb der Zone durften sie nur unter bestimmten strengen Beschränkungen reisen. Es war den Juden zum Beispiel ausnahmslos verboten, in der Stadt Kiew, die mitten im Siedlungsbereich lag, Wohnsitz zu nehmen, und nur zünftigen Kaufleuten, Gelehrten, Kriegsveteranen oder Handwerksmeistern war es erlaubt, in gewissem Umfang zu reisen. Die Folge war, daß vierundneunzig Prozent aller russischen Juden, zahlenmäßig weniger als zwölf Prozent der Gesamtbevölkerung dieses Gebiets, im Siedlungsbereich eingeschlossen waren. Offiziell wurden diese Beschränkungen mit dem Schutz der russischen Bauern vor einer wirtschaftlichen Abhängigkeit von Juden begründet. Aber da es den Juden zumeist verwehrt war, Land zu besitzen, eine landwirtschaftliche oder eine andere gewöhnliche Beschäftigung auszuüben, wurden sie gleichsam gezwungen, sich noch intensiver durch solche Erwerbstätigkeiten wie Hausieren, Kauf und Verkauf und Geldverleih zu ernähren. Die wahren Gründe für die Beschränkungen bestanden in der Befürchtung der russisch-orthodoxen Kirche, daß die Juden die Bauern zum Judentum bekehren könnten (im Siedlungsbereich gab es weniger russisch-orthodoxe Gläubige als in anderen russischen Gebieten). Zudem konnten die Russen von alters her die Juden nicht ausstehen – sie waren ihnen verhaßt seit dem sechsten Jahrhundert v. Chr., als die Semiten nach der Zerstörung des Ersten Tempels in Georgien einwanderten.

Unter den Romanows, die von 1613 bis 1917 regierten, wechselten die Geschicke der Juden je nach Laune und Temperament der einzelnen Zaren und Zarinnen. Michael, der Gründer der Dynastie, gab den Juden die gleichen Rechte wie den Deutschen und anderen Ausländern, später jedoch isolierte er sie. Sein Nachfolger, Alexander I., war ähnlich unberechenbar. Von Peter dem Großen, der sich um qualifizierte Einwanderer für Rußland bemühte, wird berichtet, daß er die Juden ausdrücklich davon ausnahm – diese »Gauner und Spitzbuben«, wie er sie genannt haben soll. Dennoch machte er einen getauften Juden, den Baron Peter Pawlowitsch Schafirow, zum Kanzler der Kaiserlichen Hofkanzlei. Katharina I. verfügte in einem Ukas die Verbannung aller Juden, aber die Ukrainer erhoben Protest, weil diese Politik zum wirtschaftlichen Ruin geführt hätte. Die Maßnahme wurde gelockert, wieder angeordnet und unter späteren Regenten erneut gelockert. Die liberalere Katharina II., die zur Zeit der ersten Teilung Polens regierte und in der Folge mehr jüdische Untertanen bekam, als man sich in Rußland je vorgestellt hatte, erließ folgendes Edikt:

»Die Glaubensfreiheit und die Wahrung des Eigentums werden hiermit allen russischen Untertanen gewährleistet, selbstverständlich auch den Juden; denn die humanitären Grundsätze Ihrer Majestät erlauben es nicht, daß einzig die Juden von der Gunst, die allen gewährt wird, ausgeschlossen bleiben, sofern sie sich wie bisher als getreue Untertanen, dem Handel und Handwerk widmen, ein jeder gemäß seiner Eignung.«

Dennoch hatten die Juden im *Stetl* unter örtlichen Schikanen zu leiden, was sie mehr und mehr in die Isolation zu ihren nichtjüdischen Nachbarn trieb. Das Getto wurde zur Institution.

Paul I., Katharinas Sohn, setzte die liberale Politik seiner Mutter fort, doch er mußte mit dem sich schnell entwickelnden Chassidismus und den daraus resultierenden, oft handgreiflichen Fehden innerhalb der jüdischen Gemeinden, zwischen Traditionalisten und Reformern, fertigwerden. Jedenfalls bereicherte der Chassidismus die Kultur des *Stetl*, die bereits erfüllt war von geistigem Schwung, von Kunst, Tragik und Humanität. So wurde das Aufblühen der *Stetlach* und das ständige Einsickern des jüdischen Elements in den russischen Alltag für die nachfolgenden Romanows zu einem gewaltigen Problem. Es wurde ihr Schreckgespenst, und sie behandelten es in typisch wetterwendischer Weise: Alexander I. war verdächtig nachgiebig; Nikolaus I. erließ drakonische Gesetze, um die Juden zwangsweise zu bekehren, ihre völkische Eigenart zu zerstören und sie wirtschaftlich ungefährlich zu machen – doch alle schlugen fehl; dem toleranten Alexander II. kamen die Bewegungen des Nihilismus und Panslawismus in die Quere; Alexander III. huldigte geradezu mittelalterlichen Vorstellungen: er führte die berüchtigten Mai-Gesetze ein, wodurch die Juden gezwungen werden sollten, sich zu bekehren oder Rußland zu verlassen oder zu verhungern; und Nikolaus II., der letzte Romanow, war ein schwächlicher Tyrann.

Ein urtypisches *Stetl* im Siedlungsbereich – angegliedert an die Stadt Beresdow in der ukrainischen Provinz Wolhynien, dem vormals polnischen Bezirk Luckow – lag ungefähr auf der

Mitte zwischen Kiew und Rowno, auf gutem Ackerboden, an einem Nebenarm des Flusses Kortschik. Vor der ersten Teilung Polens, 1772, zählte die jüdische Einwohnerschaft zweihundertfünf Seelen, die in neunundvierzig Häusern lebten, aber sie schrumpfte auf siebenundachtzig zusammen, entsprechend dem allgemeinen Schwund der jüdischen Bevölkerung im Bezirk Luckow. Im Jahr 1847 wurde es der russischen Ukraine zugeschlagen, und trotz des strengen Regiments des Zaren Nikolaus I. wuchs das *Stetl* – im Jiddischen hieß es Beresdiw – auf dreihundertvierundachtzig Männer und dreihundertneunzig Frauen an.

Einer dieser Männer aus Beresdiw – 1847 eigentlich noch ein Kind – war Bezalel Bernstein, mein Urgroßvater väterlicherseits, nach dem ich genannt bin. (»Burton«, ein Name germanischen Ursprungs, ist eine ganz und gar unrichtige Anglisierung von »Bezalel«, er bedeutet »glänzender Rabe«, der zweite, der Name des Baumeisters des Tempels, ist hebräisch und bedeutet »Im Schutze Gottes«; gemeinsam ist beiden nur, daß sie mit B anfangen, wie Benjamin und Bernstein.) Ich bin besonders stolz darauf, den Namen dieses ältesten in seiner Identität deutlich gewordenen Vorfahren aus der Familie meines Vaters zu tragen, dessen Leben und Sterben Legende war. In radikaler Abkehr von dem bisher üblichen Beruf der männlichen Bernsteins – dem eines seßhaften, gelehrten Rabbis – wurde Bezalel, der zu einem Mann von beachtlicher Größe und Stärke herangewachsen war, ein Grobschmied. Er war ein geschickter, unerschrokkener und geradliniger Bursche, was ihm eine große Kundschaft von Juden und Nichtjuden aus der Provinz einbrachte. Er nahm eine junge jüdische Frau zur Ehe, zeugte vier Söhne und kam zu Wohlstand durch eigenen Schweiß. Meinem Vater war erzählt worden, daß Bezalel ein Pferdefuhrwerk seitlich hochstemmen und, ohne zu schwanken, eines der Räder abnehmen konnte, bevor er es wieder niedersetzte. Die Leute wären vor seiner Werkstatt herumgestanden, nur um diesen Kraftakt zu sehen. Bezalel betete fleißig zu seinem Gott, trank Wodka mit den Kulaken, bot jeder Art von Affront die Stirn und bürgte für seine ehrliche Arbeit durch seinen ehrlichen Handschlag – wahrlich Stoff für eine Legende, um so mehr, als es sich um einen Juden aus Wolhynien handelte.

Aber nicht sein Leben war es, sondern sein Tod, der in späteren Jahren an Kaminen und Samowaren immer wieder und wieder geschildert wurde. Als Bezalel um die dreißig war, wurde er eines Nachts mit der Nachricht geweckt, seine Werkstatt stünde in Flammen. Barfuß und nur mit einer Decke bekleidet (so wird erzählt), rannte er in die Winternacht, übergoß sich mit einem Eimer Wasser und ging in die brennende Werkstatt. Dieser wahnsinnige Gigant von einem Mann kam einige Minuten später wieder zum Vorschein und schleifte seinen wertvollsten Besitz hinter sich her, eine eiserne Werkzeugtruhe, die rotglühend war von flammender Hitze. Dann brach er über ihr zusammen, getötet von der Herkulestat dieser Rettung. Ich kann mir gut denken, daß Dutzende von Menschen von weither, sogar von Kiew, zu seiner Beerdigung kamen und daß danach alle in eine Kneipe gingen und sich betranken. Vielleicht. Vielleicht auch nicht.

Einer seiner Söhne, die er verwaist in der kalten Welt der Ukraine zurückließ, war Jehuda ben Bezalel – auf Jiddisch Judel genannt –, der ungefähr zwölf Jahre alt war, als sein Vater starb. Er blieb bei seiner mittellos gewordenen Mutter in Beresdiw, während seine Brüder auf Verwandte in benachbarten Städten verteilt wurden. Vielleicht lag es an der Art und Weise, wie sein Vater gestorben war (und gelebt hatte), daß Judel sich zu der alten Lebensweise der männlichen Bernsteins hingezogen fühlte. Mit Eifer und Begeisterung studierte er in der örtlichen *Jeschiwa,* suchte Schutz im Chassidismus, dem Talmud und der Thora und wuchs wiederum zu einem gelehrten Rabbi heran, der seinen schmächtigen, kraftlosen Körper über die Bücher neigte und sich fast pausenlos im Rhythmus frommer Gebete wiegte. Er ließ sich einen Bart und lange Schläfenlocken wachsen, trug einen schwarzen Kaftan und einen Pelzhut – die Tracht der orthodoxen Juden. Er wußte kaum, und es beschäftigte ihn wenig, was außerhalb seiner vier Wände, der *Jeschiwa* und der Synagoge vorging. Aber schließlich brauchte er eine passende Frau (sogar gelehrte Rabbis benötigen Ehefrauen, sonst gäbe es keine neuen Rabbis), und so wurde eine Heirat vereinbart mit einem Mädchen aus Korez, einer größeren Stadt in der Nähe. Ihr Name war Dina Malamud, und sie muß bezaubernd gewesen sein: blond, blauäugig, zart von Gestalt und Gesichtszügen, freundlich und gefällig. Und mehr noch: sie war willens, die Frau eines gelehrten Rabbi zu werden; das bedeutet, bereit zu sein, die Felder zu pflügen, Kühe zu melken, zu säen und zu ernten, Kinder zu gebären und großzuziehen und ein bißchen Geld einzubringen, während ihr Ehemann betete und studierte.

Dina hatte zwei Brüder, Herschel und Schlomo. Die drei waren von früher Kindheit an von ihrer robusten, arbeitsamen Mutter Hilda ernährt worden, denn ihr Vater war gestorben, als sie noch sehr klein waren. Hilda, die Tag und Nacht als Kerzenmacherin arbeitete, war überglücklich, ihre einzige Tochter mit siebzehn Jahren zu verheiraten – und obendrein an einen Gelehrten, einen Absolventen der *Jeschiwa,* einen Gottesmann. Natürlich bedeutete es, daß Dina alle schwere Arbeit tun mußte, aber harte Arbeit war die Regel für ein armes Mädchen aus Korez. Korez war ein Marktflecken am Ufer des Kortschick, hauptsächlich bekannt wegen seiner Kaolinvorkommen, einer feinen Tonerde, die für die Porzellanherstellung gebraucht wird. Alte Fotos von Korez zur Zeit der Jahrhundertwende zeigen eine breite Hauptstraße mit dreistöckigen Holzgebäuden und strohgedeckten Häusern, Frauen mit Kopftuch und Männer in einfacher Kleidung, die aus dem Fenster lehnen oder einen Schwatz auf dem hölzernen Gehsteig halten. Zur Zeit, als die Bilder aufgenommen wurden, lebten zehntausend Juden im *Stetl*-Sektor der Stadt, und zweitausend Nicht-Juden, meist Bauern, lebten nahebei. Einmal in der Woche, am Markttag, begegneten sich Juden und Nicht-Juden und mischten sich – die Juden, die den Nicht-Juden Waren und Dienstleistungen verkauften, und die Nicht-Juden, die den Juden landwirtschaftliche Erzeugnisse und Vieh verkauften. Es war eine im allgemeinen friedliche und für beide Seiten vorteilhafte Einrichtung. Gelegentlich wurde der Friede durch organisierte Pogrome oder jähe Anschuldigungen gegen jüdische Ladeninhaber, teils berechtigt, teils erfunden, heftig gestört.

Dina gründete einen Haushalt zehn Meilen weiter an der Landstraße von Beresdiw, wo ihr frischgebackener Ehemann lebte. Sie erwies sich als ebenso zäh, fleißig und willensstark wie ihre Mutter Hilda. Zur Zeit ihrer Hochzeit, 1891, war Beresdiw eine kleinere Ausgabe des benachbarten Korez. Die Bevölkerung zählte über zweitausend Seelen, davon war die Hälfte jüdisch, die andere entweder griechisch-orthodox oder römisch-katholisch (eine Erinnerung an die polnischen Tage der Gemeinde). Es gab Weizenfelder, Kaufläden, sogar eine Schnapsbrennerei und eine Ziegelfabrik, und einige Juden besaßen kleine Landwirtschaften, die genaugenommen etwas außerhalb des eigentlichen *Stetl* lagen. In einem solchen Gehöft, das sie von einem russischen Kulaken gepachtet hatten, ließen sich Dina und Judel nieder; eine große Hütte diente als Wohnhaus, es gab einen Stall für die Kuh und die Hühner, und ein angrenzender Acker war groß genug, um einen Pflug und ein Arbeitspferd zu beanspruchen. Während Judel sich in seine Bücher und Gebete vertiefte, machte Dina sich an die Arbeit: das Feld pflügen, aussäen, die Mahlzeiten kochen, die Kuh melken, die Eier einsammeln und, um regelmäßig ein paar Kopeken zu verdienen, Sabbatkerzen für die Juden herstellen und runde Laibe russischen Roggenbrots für die Nicht-Juden backen. Wenn ihre zarte Erscheinung die ihr innewohnende Kraft auch Lügen strafte, ihre Hände verrieten sie – grobknochig und mit Schwielen bedeckt, die Hände einer richtigen Bauersfrau. Sie und Judel fanden Zeit, Kinder in die Welt zu setzen.

Ihr erstes Kind war ein Junge, Israel Josef ben Jehuda, der am 5. Januar 1892, mitten im russischen Winter, mit Hilfe einer Hebamme auf die Welt kam. Vor der Beschneidung wurde sein Vorname in Schmuel geändert, die Gründe sind nicht bekannt, und danach wurde er Schmuel Josef genannt. Sein leiblicher Vater vollzog den Beschneidungsritus (Judel konnte, wenn der Speiseschrank leer war, die Funktionen eines gewöhnlichen Rabbis ausüben, obwohl er derart prosaische Aufgaben nicht mochte), und seine Mutter nahm alsbald ihre Alltagsarbeit wieder auf, das Kind an die Brust gewickelt. Das Jahr, in dem mein Vater geboren wurde, war ein schlimmes Jahr für die russischen Juden. Bisherige Erleichterungen – so zum Beispiel die Erlaubnis für gewisse Juden, außerhalb des Siedlungsgebiets zu leben und sogar an der Lokalverwaltung teilzuhaben – wurden durch den despotischen Alexander III. in das Gegenteil verkehrt. Wenn auch für das Gebiet von Beresdiw keine größeren Pogrome in diesem Jahr registriert sind, so konnte die Feindseligkeit zwischen Juden und Nicht-Juden doch jederzeit in Gewalt umschlagen, aus so nichtigem Anlaß wie der Erhöhung des Seifenpreises.

Seit dem Zeitpunkt, von dem an Schmuel Josef sich an Ereignisse aus seiner Kindheit erinnerte (und er erinnerte sich gut, wie die Sonntagsessen meiner frühen Jugend bezeugten), entwickelte er eine merkwürdige Haßliebe für seine Jahre in Beresdiw. Wie ich aus seinen Erzählungen schloß, hatte jede erfreuliche Komponente des dortigen Lebens ihre unangenehme Kehrseite. Zum Beispiel liebte er das Leben auf dem Hof. Entzückt beschrieb er den Geruch und die Wärme eines Kuhstalls an einem eiskalten Tag; den einzigartigen Geschmack eines frisch gelegten Hühnereis, das man dem Huhn wegschnappte, an beiden Enden durchstach und austrank – als Schnell-Frühstück; die Freude, eine frische Gurke zu pflücken und sie ungeschält, mit etwas Salz, zu essen; den simplen Sport des Stock-Schleuderns, einer einfachen Form von Hufeisenwerfen. Doch er verabscheute die stupide, gleichförmige Kleinarbeit auf dem Hof, das Weiden und Heimtreiben des Viehs; die Plackerei mit bokkigen Pferden (seine früheste Erinnerung war, daß ein ausschlagendes Pferd ihn am Kopf traf, als er sich bemühte, es zum Überqueren eines Flusses zu bewegen); der Kampf mit dem Dreck und den Fliegen auf dem Scheunenhof. Diese Ambivalenz reichte bis zu seiner Beurteilung der Bauern an sich. Der einfache Bauer war seiner Meinung nach ein braver Mann, ein erdgebundener Mann, der sein Brot mit seiner Hände Arbeit verdiente. (Diese Einstellung übertrug er in späteren Jahren auf seine Meinung über die »Yankees«, eine breite Schicht, die für ihn sowohl Tagelöhner in Sharon als auch seine alteingesessenen Konkurrenten in Boston einschloß – mit anderen Worten: nicht-jüdische Nicht-Einwanderer.) Er bewunderte die Urwüchsigkeit, die schulterklopfende Grobschlächtigkeit, das Fassungsvermögen beim Essen, Saufen, Sex. Andererseits war für ihn der Kleinbauer (oder »Yankee«) ein Tölpel, ein ungeschlachter Rohling, ein Starrkopf, der am liebsten raufte oder hurte (oder, wie im Falle »gewisser Yankees«, Golf spielte in einem exklusiven Club auf dem Land).

Am ausgeprägtesten war Schmuel Josefs Haßliebe gegenüber der Lebensweise seiner Eltern und ihrer Religion. Einerseits schätzte er seines Vaters scharfen Verstand und seine überragende Stellung in der Gemeinde, andererseits war er bereits als Kind abgestoßen von dem weltabgeschiedenen, engstirnigen, durch und durch ungesunden Leben, das Judel führte. Empörend war darüber hinaus die Gepflogenheit seines Vaters, Bücher zu studieren und den ganzen Tag zu beten, während die profanen Arbeiten des Geldverdienens und der Kindererziehung seiner Mutter überlassen blieben, deren widerspruchslose Hinnahme dieser Situation ebenso bewundernswert war, wie sie einen rasend machen konnte. Die orthodoxe chassidische Religionslehre, nach der sie lebten, überdeckte Schmuel Josefs Kindheit wie ein schweres Gewand, das einerseits schützte, andererseits erstickte. Die religiösen jüdischen Rituale drangen in jede Ritze des täglichen Lebens, nichts war zu geringfügig, als daß es nicht mit irgendeinem religiösen Gebot hätte belegt werden können; kein Ritus war zu unbedeutend, um nicht ehrfürchtig beachtet und bedacht zu werden; keine Sünde wider Gott – und manche war mehr ein Verstoß gegen örtliche Vorschriften als gegen die Zehn Gebote, die Moses von Gott empfangen hatte – war zu unwesentlich, als daß sie nicht hätte bestraft werden müssen. (Mein Vater erzählte mir einmal, daß er von Judel heftig auf die Finger geschlagen wurde, weil er während einer Abendandacht sein Käppchen vom Kopf hatte fallen lassen.) Und es entging Schmuel Josefs Wahrnehmung keineswegs, daß dieses sich überall manifestierende Jüdischsein die Ursache war für seine Erniedrigung und Armut in diesem ungastlichen Land.

Dennoch vertiefte er sich, in seiner Neigung zur Widersprüchlichkeit, die ihn sein Leben lang nicht losließ, in seine Religion und schöpfte aus ihr Hilfe und Freude. Die chassidischen Maßlosigkeiten – all die aufwühlenden Gesänge, die ekstatischen Tänze, der geheimnisvolle Mystizismus – rissen ihn hin und machten, wie er in späteren Jahren erkannte, das Leben in Rußland erträglich. Er war ein guter Schüler im *Cheder*, der religiösen Elementarschule, und erfüllte damit die Erwartung, die an den erstgeborenen Sohn des Rabbis Judel Bernstein gestellt wurde. Im allgemeinen besuchten die jüdischen Kinder nicht die weltlichen Schulen in den kleinen Städten innerhalb des Siedlungsbereichs; die orthodoxen Provinzler mißtrauten der weltlichen Erziehung; an öffentlichen Schulen wurde überdies verlangt, daß die Schüler am Sonnabend schriftliche Arbeiten machten – eine Ungeheuerlichkeit nach jüdischem Gesetz. Die Alternative für die zwangsläufig gebildeten *Stetl*-Bewohner, für das Volk der Bibel, war der *Cheder*. Zu jener Zeit befand sich der *Cheder** normalerweise im Haus des Lehrers, des *Malamud*, der Unterrichtsstunden für Knaben aller Altersklassen abhielt. (Mädchen wurden manchmal am Rande geduldet, durften aber offiziell nicht teilnehmen.) Der Lehrer unterrichtete jeweils nur einige Kinder, während die übrigen laut lasen oder ihre Lektionen der Reihe nach wiederholten. Die Schulstunden dauerten fast den ganzen Tag, sechs Tage in der Woche, mit wenig oder gar keinen Sommerferien. Die Bestrafungen waren oft brutal, aber in einem solchen Chaos waren andere Mittel wohl kaum wirksam. Schlimmer noch, Kinder, die im Grunde gesund waren, wurden terrorisiert, bis sie blasse,

* *Cheder* wörtlich übersetzt: Zimmer

spindeldürre Abbilder ihrer Altvorderen wurden. Schmuel Josef sagte seine Lektionen auf, bekam vom *Malamud* sein Teil Schläge auf die Finger, und da er daran dachte, gemäß der Familientradition ein Rabbi zu werden, besuchte er die *Jeschiwa* der Stadt. Aber so sehr er auch die orthodoxe jüdische Erziehung propagierte und respektierte (schließlich unterstützte er ganz besonders die Boston Lubavitsch *Jeschiwa*), hatte er doch bis zum Ende seiner Tage eine Abneigung, manchmal bis an die Grenze der Verachtung, gegen die bläßlichen, dürren Gestalten, die von orthodoxen *Cheder* und *Jeschiwas* produziert wurden. Insgeheim wünschte er sich wohl, diese jüdischen Kinder hätten mehr von einem »Yankee«.

Bei den Familien im *Stetl* war es damals der Brauch, alle zwei Jahre ein weiteres Kind in die Welt zu setzen. Es wurde hingenommen, daß der Todesengel wahrscheinlich die Hälfte von ihnen dahinraffte, sei es durch Krankheit, Unfall oder Seuchen. So gebar denn Dina Bernstein, zwei Jahre nach der Geburt von Schmuel Josef, eine Tochter, Kaye. Zwei weitere Kinder starben im Säuglingsalter, und in den folgenden Zweijahreszyklen kam zunächst im Jahre 1900 eine Tochter, die den Namen Sura-Rivka erhielt; danach wieder ein Opfer allzu frühen Todes; und im Jahre 1905 ein kräftiger Sohn (vielleicht war er Bezalel, dem Grobschmied, nachgeraten) mit Namen Schlomo. Die überlebenden Kinder waren so unbekümmert, wie ihre Armut und das strenge Familienleben es ihnen erlaubten, aber als sie größer wurden, hatten sie alle – mit Ausnahme von Sura-Rivka – ein gemeinsames Ziel: das *Stetl* zu verlassen und irgendwo anders ein besseres Leben ausfindig zu machen.

Mein Vater erzählte mir einmal, daß für ihn der Augenblick der Entscheidung, in welche Richtung er gehen solle, unmittelbar nach seiner *Barmizwa* im Alter von dreizehn Jahren gekommen war. Verschiedene Dinge wirkten zusammen, um diesen vielversprechenden Schüler und tief religiösen jungen Menschen, der ein gelehrter Rabbi werden wollte, zur Auflehnung und zur Flucht zu bewegen. Mordanklagen – diese niederträchtigen, verleumderischen Gerüchte, wonach Juden aus rituellem Anlaß ein christliches Kind hätten ausbluten lassen – grassierten damals in der Ukraine, und antisemitische Tumulte waren unweigerlich die Folge. Beresdiw wurde zwar nicht von einem richtigen Pogrom betroffen, aber gewisse Erschütterungen wurden doch spürbar. Nächtliche Banden – im allgemeinen ortsansässige Bauern, die noch vor ein paar Stunden mit den

Juden freundlich umgegangen waren – stürmten das *Stetl*, warfen Fenster ein, legten Feuer und terrorisierten die Bevölkerung. Gelegentlich gab es Verletzte und Tote. Eines Tages ging das Gerücht um, eine russische Soldateneinheit würde in der Nähe der Stadt biwakieren und alle jüdischen Mädchen über zwölf würden vergewaltigt werden. Die Mädchen wurden bei Verwandten und Freunden, weit entfernt von Beresdiw, untergebracht, doch die Soldaten kamen nicht. Die Beteiligung vieler junger, aufgeklärter Juden an der sich ausbreitenden sozialistischen Bewegung führte zur Verschärfung der von der Regierung unterstützten Feindseligkeiten. Zudem hatte die Regierung nach dem Ausbruch des russisch-japanischen Krieges im Jahre 1904 dringenden Bedarf an Rekruten. Die Juden waren schon seit jeher bei der Aushebung zum zaristischen Militär diskriminiert gewesen; sie mußten zehn männliche Soldaten pro Tausend ihres Bevölkerungsanteils stellen, im Gegensatz zu sieben pro Tausend bei den Christen, dazu je einen zusätzlichen Rekruten pro tausend Rubel Steuerrückstand. Die Maßnahmen, mit deren Hilfe die Reihen der Soldaten im Fernen Osten während des Krieges aufgefüllt werden sollten, erreichten auch die heranwachsenden jungen Leute in den ukrainischen *Stetlach*, und Schmuel Josef näherte sich dem Einberufungsalter. Ein weiterer Grund für Auflehnung und Flucht war die ständige himmelschreiende Armut auf dem kleinen Hof: weniger Essen, höhere Steuern, mehr Münder zu stopfen. Kostgänger wurden aufgenommen, und während Judel studierte und betete, brachen Dina und ihr ältester Sohn unter der schwerer werdenden Arbeitslast fast zusammen. Bald begann Schmuel Josef, Fluchtpläne auszuhecken.

Die Möglichkeiten, die sich dem anboten, der aus dem *Stetl* ausbrechen wollte, waren gering. Da gab es den Traum von Amerika – das Gelobte Land sozusagen –, und da waren die weniger glückverheißenden Träumereien von Lateinamerika und Süd-Afrika, wo, wie manche behaupteten, die Einwanderung von Juden erlaubt, sogar erwünscht sei. Einen kürzeren Weg in ein anderes europäisches Land zu wählen, bedeutete nur, sich noch schlimmeres Unglück einzuhandeln; ein armer Jude war nirgendwo auf dem Kontinent willkommen. Eine ausgesprochen verrückte Idee, besonders aus der Sicht eines ländlichen russischen Juden, war Palästina. Der Zionismus und die landwirtschaftliche Besiedelung einer Wüste oder eines Malariasumpfes, die vom ottomanischen Kaiserreich verwaltet wurden, lockten in jenen Tagen des sich eben erst ausbildenden jüdischen Nationalismus nur die Waghalsigsten und Tollkühnsten. Für die meisten, auch für Schmuel Josef, war das Heilige Land noch eine biblische Vision, für das man betete und das man verehrte, aber in dem man sich nicht notwendigerweise niederließ. Wegzulaufen, um sich den russischen Sozialisten anzuschließen, war eine faszinierende Möglichkeit; der Flüchtling mußte sich jedoch bereitfinden, seine Religion aufzugeben, zumeist in Verstecken zu leben und gewärtig zu sein, plötzlich einem zaristischen Schießtrupp gegenüberzustehen. Die aktive Mehrheit der unzufriedenen *Stetl*-Bewohner beschloß, den Weg in das Land der goldenen Versprechungen einzuschlagen. In der Tat verließ während der letzten zwei Jahrzehnte des neunzehnten Jahrhunderts mehr als eine Million Juden Rußland, um in die Vereinigten Staaten zu gehen. Im Jahre 1903 unternahmen mehr als zweiundfünfzigtausend Juden diese weite Reise.

Einer dieser Seereisenden des Jahres 1903 war ein waghalsiger junger Bursche namens Herschel Malamud, Dinas jüngerer Bruder und Schmuel Josefs Onkel, der gerade noch knapp vor Ankunft der zaristischen Rekrutierungsbeamten aus Korez fliehen konnte. Er war nur wenige Jahre älter als Schmuel Josef, und seine plötzliche Abreise hatte eine durchschlagende Wirkung auf den Neffen. Schmuel lief nach Korez und erkundigte sich bei denjenigen, die Herschel bei der Flucht geholfen hatten, nach der Art und Weise des Vorgehens – wie man sich über die Grenze nach Preußen und Danzig stiehlt, wie man Verbindung mit der Vereinigten Jüdischen Hilfsorganisation aufnimmt, um das Geld für die Überfahrt nach Amerika zu bekommen, wie man sich über Wasser hält, wenn man angekommen ist. Die Leute in Korez hatten Verständnis für Schmuel. Als die Malamuds einen Brief von Herschel bekamen, in dem er mitteilte, daß er in einer Stadt in Connecticut mit Namen Hartford wohne und das Friseurhandwerk erlerne, wurde Schmuel Josef von dem Wunsch, gleichfalls fortzugehen, überwältigt. Dina erfuhr von seinen Plänen und weigerte sich entschieden, ihn ziehen zu lassen. Als ältester Sohn gehörte er ins Haus, um der Familie beim Erwerb des Lebensunterhalts zu helfen. Später sollte er ein gelehrter Rabbi werden, wie sein Vater. Was konnte Amerika ihm bieten? Nichts außer primitiven Menschen und wilden Tieren. Er würde kaum bis Danzig kommen. Und selbst dann würde der Ozean ihn verschlingen. Ihr Bruder Herschel hatte Glück gehabt; ihr Sohn würde kein Glück haben. Doch je mehr sie es ihm verbot, um so mehr war er entschlossen, fortzugehen.

Im Jahr 1908 traf schließlich ein neuer Brief von Onkel Herschel in Korez ein, und dieser Brief enthielt Geld für den sechzehnjährigen Schmuel – genug, um ihn bis Danzig und vielleicht auf ein Schiff zu bringen. Schmuel packte ein paar Kleidungsstücke in eine zusammengerollte Decke. Bevor er sich aus dem kleinen Gehöft in Beresdiw fortschlich, verabschiedete er sich von seinem Bruder und seinen Schwestern. Er mußte Kaye versprechen, aus Amerika Geld zu schicken, damit auch sie bald weggehen könne. Schlomo, der damals erst drei Jahre alt war, weinte hemmungslos und bat Schmuel, ihn mitzunehmen. Das war nicht möglich. Schmuel würde es allein schon schwer genug haben auf der Reise. Sura-Rivka war auch noch zu klein, um ganz zu verstehen, was vorging, aber sie weinte wie Schlomo. Ängstlich und schuldbewußt wie er war, verabschiedete Schmuel sich nicht von seinen Eltern. Er ging nach Korez, wo er im Haus der Malamuds übernachtete. Abraham Malamud, Schmuels Vetter und damals gerade acht Jahre alt, hat kürzlich wieder davon gesprochen, wie Schmuel in das Haus in Korez kam und bat, ihn vor seiner Mutter und seinem Vater zu verstecken, bis er nach Westen, zur Grenze, aufbrechen konnte. »Er hielt es nicht mehr aus zu Hause«, sagte Abraham. »Es war ein Gefängnis für ihn. Sie wollten ihn nicht leben lassen, darum lief er weg.« Fünfzig Jahre später, als mein Vater einmal das Leben in der alten Heimat in den höchsten Tönen pries, fragte ich ihn, warum er fortgegangen sei, wenn doch alles so malerisch und so anregend war? Ich weiß noch, daß er mich anstarrte, als sei ich verrückt geworden.

Schmuel machte sich nachts auf den Weg, zu Fuß von Korez nach Rowno, etwa vierzig Meilen in westlicher Richtung. Ein paar gekochte Kartoffeln, Brot und Salz, die ihm die Malamuds mitgegeben hatten, ernährten ihn, und ein glückliches Zusammentreffen mit einem jüdischen Fuhrmann unterwegs beschleunigte seine Reise in Richtung Norden, nach Warschau und Danzig.

Irgendwo auf dem Weg stieß er zu einer Gruppe von Personen, die ebenfalls Emigranten waren – Männer, Frauen und Kinder –, deren Ziel ebenfalls Danzig war, die aber Warschau umgehen wollten, um Unannehmlichkeiten zu vermeiden. Danzig, eine große Hafenstadt an der Ostsee, war damals die

Hauptstadt von Westpreußen, und so viele Emigranten verschiedenster Art strömten in die Stadt, daß die Zollabfertigung chaotisch war. Die Auswanderer kauften sich ihr Essen bei den Bauern entlang der Straße und halfen sich untereinander. Sie alle wollten nach Amerika.

In Danzig (der weitaus größten Stadt, die Schmuel je gesehen hatte), kaufte er eine Fahrkarte für das Zwischendeck eines Küstendampfers mit der Endstation Liverpool. Ein Vertreter der Vereinigten Jüdischen Hilfsorganisation sagte ihm, daß in Liverpool die Möglichkeit bestehe, Geld für die Überfahrt nach New York City vorgestreckt zu bekommen. Schmuel befürchtete, daß es ihm nicht gelingen würde, von Liverpool aus weiterzukommen – oder, schlimmer noch, daß er unterwegs in Kiel oder Rotterdam steckenbleiben könne. Die Zustände im Zwischendeck waren, gelinde gesagt, schauderhaft, und es kamen ihm Zweifel, ob er richtig gehandelt hatte. Das Wetter auf der Ost- und Nordsee war entsprechend rauh, die Passagiere wurden seekrank, und überall war Ungeziefer. Aber schließlich legte das Schiff wirklich in Liverpool an, wo, wie ihm versprochen worden war, ein hilfsbereiter Mensch den wirren Haufen mit einer Gemüsesuppe, einem Lagerhaus zum Schlafen und sonstiger Reisehilfe versorgte.

Von dem letzten und längsten Abschnitt seiner Flucht nach Amerika behielt mein Vater am deutlichsten den entsetzlichen Schmutz auf dem Zwischendeck im Gedächtnis. Er hat den Namen dieses Transatlantikschiffs nie erfahren – die Zwischendeckpassagiere wurden einfach eines Abends in das dunkle, abstoßende Innere des Schiffs getrieben –, aber er konnte in furchterregendem Detail jede Art von verdorbenem Essen, Exkrementen und Wanzen beschreiben, auf die er während dieser zweiwöchigen Überfahrt gestoßen war. Die Erfahrungen, die er in dem elenden Bauch dieses Schiffes machte, hatten eine lebenslange, traumatische Wirkung auf ihn: Unsauberkeit, Schmutz und Wanzen waren der Feind, und obwohl alles dies in unserem Haushalt nicht öfter als in anderen vorkam, führte er in Abständen Reinlichkeitsfeldzüge durch, um jede kleinste Andeutung von Unsauberkeit zu bekämpfen. Er überließ meiner Mutter, meiner Schwester oder den verschiedenen Dienstmädchen gern alle Hausarbeit, aber ab und an erspähte er etwas verschüttetes Essen im Kühlschrank oder ein paar Ameisen in der Speisekammer. Zornbebend und wie besessen schrie er dann triumphierend auf und begann, selbst den Kühlschrank oder die Speisekammer zu scheuern. Da er auf diesem Gebiet wenig Erfahrung hatte, richtete er zu guter Letzt eine noch größere Unordnung an – noch mehr verschüttete Speisereste und damit verlockendere Brutstätten für Ameisen –, aber er hatte zumindest bewiesen, daß Schmutz und Ungeziefer überall waren und daß der Kampf dagegen nie aufhören dürfe.

Bei einigen dieser Feldzüge ging Sam den Spinnweben zu Leibe, die er als ein Depot für alle möglichen Bakterien und tote Insekten ansah. Entdeckte er ein Spinnennetz, so scheute er keine Mühe, es zu entfernen, selbst an den unzugänglichsten Stellen; er stieg auf Tische, kletterte auf Leitern und fegte es mit einem Besen weg. Diese Bedrohung bezeichnete er in seinem köstlichen, charakteristischen Englisch als »cow-webs«, und bis zu meinem sechsten Lebensjahr glaubte ich fest daran, daß diese zarten Gebilde von Kühen gesponnen würden, nachts, während wir schliefen. Seine vielleicht merkwürdigste hygienische Phobie war die Idee, daß ein nicht mehr ganz sauberes Handtuch am Haken hängen und von einem arglosen Opfer benutzt werden könnte. Angeschmutzte Handtücher waren seiner Ansicht nach unzweifelhaft der Grund für jede Art von Beschwerden, unter denen er, wann auch immer, zu leiden hatte – Schnupfen, Übelkeit, sogar »Ziehen in den Beinen«. Wir wußten, daß er beim bloßen Anblick eines unappetitlichen Handtuchs in Wut ausbrechen konnte und meiner Mutter vorwarf, daß sie die Gesundheit der Familie untergrübe. Aber auch bei seinen wildesten Sauberkeitsanfällen hatten wir Verständnis für ihn, nachdem wir seine Schilderungen der Fahrt über den Atlantik im Jahre 1908 gehört hatten.

Das einzige, was mein Vater mir über seine Ankunft in der amerikanischen Einwandererstelle Ellis Island im Hafen von New York je erzählt hat, war, daß es dort überfüllt, verwirrend und unmenschlich gewesen sei. Einwanderer, die krank oder ohne Bürgen waren, wurden dort festgehalten und mit Ausweisung bedroht; Ängste und Gerüchte waren so zahlreich wie Läuse. Aber diese zusammengewürfelten Menschen halfen einander wie nie zuvor und wahrscheinlich nie mehr danach. Das wenigstens war ermutigend und bedeutete eine Art Willkommen. Zum Glück war Onkel Herschel da, um seinen Neffen Schmuel Josef abzuholen und die erforderlichen fünfundzwanzig Dollar für die Bürgschaft zu bezahlen. Durch diesen Glücksfall und mit einem anglisierten Namen, den ihm ein Angestellter der Einwanderungsbehörde gegeben hatte, kam Samuel Joseph Bernstein nach Amerika.

Des Onkels Name war ebenfalls geändert worden, aus Herschel Malamud war Harry Levy geworden. »Harry Levy« auszusprechen fiel den Kunden seines Hartford Friseurladens sicherlich leichter. Er hatte gerade in diesem Jahr seine hübsche junge Braut geheiratet, die frühere Polly Kleiman, mit der er in ehelichem, wenn auch kinderlosem Glück bis zu seinem Tod im Jahre 1948 lebte. (Sie waren das zufriedenste, liebevollste Paar, dem ich je begegnet bin, vielleicht deshalb, weil sie mit all der Liebe und Sorge, die sie ihren Kindern hätten angedeihen lassen, nun einander überhäuften.) Mit seiner neuen Verantwortung und seinem Friseurgeschäft, um dessen Existenz er kämpfen mußte, war Harry Levy nicht flüssig genug, sich eine bezahlte Hilfskraft zu leisten, nämlich seinen Neffen Sam, den grünsten aller Greenhorns. Also brachte Harry den unterernährten Burschen an den Platz, der am ehesten in Frage kam für einen des Englischen unkundigen, ungelernten Einwanderer, der eben erst mit dem Schiff angekommen war, um seinen Aufstieg auf der amerikanischen Erfolgsleiter zu beginnen – nämlich zum Fulton-Fischmarkt, auf der anderen Seite von Manhattan. Harry hatte vor ein paar Jahren, als er geradewegs vom Schiff kam, selbst einige Zeit an den Tischen gearbeitet, an denen die Fische gesäubert wurden.

Die stinkenden, schmierigen Schuppen entlang den South Street Docks waren der erste Anlaufpunkt für Tausende von verstörten männlichen Einwanderern aus aller Herren Länder, denen man einfach Messer, Fischschupper und Scheren in die Hand drückte und die Fische zu säubern befahl. Fragen wurden nicht gestellt. Nach der Beschreibung meines Vaters (und er schmückte seine Erzählungen gern aus) arbeiteten Gruppen von etwa zehn Männern um einen großen, metallgedeckten Tisch unter einer Schütte. Ein donnerndes Geräusch in der Schütte signalisierte die unmittelbare Ankunft einer Lawine von herausfordernd frischen Fischen auf dem Tisch – Barsche, Flundern, Dorsche, Heringe, Makrelen, dazu gelegentlich ein Seestern oder ein anderer, nicht eßbarer Fisch, der den Sortierern auf den Docks durchgerutscht war. Nach der klatschenden Ankunft dieser Ladung gingen die Männer zum Angriff über. Sie schrubbten, putzten und schuppten, schrubbten, putzten und schuppten, warfen die ausgenommenen Fische in eisgefüllte Eimer, die andere Arbeitssklaven wegschleppten. (Die Transportleute und die Sortierer standen eine Stufe höher als die Putzer, da sie nicht mehr ganz so grüne Greenhorns waren.) Immer wenn die Putzer gerade den letzten Fisch bearbeiteten – ihre Haut, ihr Haar und ihre Kleider voller Fischblut, Eingeweiden und Abfall, ihre Schuhe durchtränkt, watend in der glitschigen Brühe –, reinigte jemand den Tisch mit einem Schlauch, der Donner dröhnte wieder aus der Schütte, und eine neue Sintflut stürzte auf sie herab. So ging es von sechs Uhr morgens bis sechs Uhr abends, sechs von sieben Tagen, einschließlich des Sonnabends, des jüdischen Sabbats – das ganze für fünf Dollar die Woche, dazu eine dosierte Portion Salzhering zum Mittagessen. (Sam lebte von Hering und Schwarzbrot.) Keine Feiertage. Keine Ferien.

Es war eine zermürbende Arbeit, besonders für einen mageren, sechzehnjährigen, ehemaligen *Jeschiwa*-Schüler aus Beresdiw. In der Tat rieb sie selbst einige von Sams stämmigen irischen, italienischen und slawischen Kumpels auf. Sam behauptete, daß unter diesen verschiedenartigen Burschen irgendwann einmal auch Al Smith und Leo Trotzki gewesen seien, aber für diesen Teil seiner Erzählung habe ich nirgends Beweise gefunden. Glaubwürdiger ist der Bericht über einen jungen Polen namens Ted, der ein paar Monate neben meinem Vater arbeitete. Sie freundeten sich etwas an und unterhielten sich mit russischen Brocken und in dem bißchen Englisch, das sie aufgeschnappt hatten. Sie sprachen von der alten Heimat, über Politik, Religion, das Schicksal der Einwanderer. Eines Tages war Ted verschwunden. Ungefähr vierzig Jahre später saß mein Vater in seinem Büro im Zentrum von Boston, telefonierte und sah dabei aus dem Fenster. Am äußeren Sims ging ein Fensterputzer vorbei, schnallte sich vor Sams Augen an und begann, das Fenster mit dem Gummiwischer zu bearbeiten. Die beiden Männer starrten einander längere Zeit an, bis mein Vater ihm ein Zeichen machte, er solle durch das Fenster in sein Büro kommen. Es war tatsächlich Ted, und sie feierten dieses Wiedersehen mit einem Mittagessen in »Thompson's Spa«, wo Sam regelmäßig an jedem Arbeitstag das »Tagesgericht für den Geschäftsmann« aß. Ted fühlte sich, wie mein Vater berichtete, unbehaglich in dem steifen, altmodischen, weißgekachelten Restaurant – ein »Yankee«-Treffpunkt reinsten Wassers, mit lauter Bankiers, Rechtsanwälten und Kaufleuten. Nach dem Essen trennten sie sich, und Sam hörte nie wieder von Ted, obgleich sie ihre Adressen ausgetauscht und einander versprochen hatten, in Kontakt zu bleiben. »Vielleicht ist es so am besten«, sagte Sam, »nach dem Fulton Fischmarkt fühlte er sich nicht mehr wohl in meiner Gegenwart.«

Sam sprach vom Fulton Fischmarkt gern als von »meiner Universität«. In dieser Bezeichnung lag die gewisse Arroganz des Selfmademan (etwa im Sinne von: »Ich-ging-auf-die-Universität-der-harten-Schläge«), aber in vieler Hinsicht hatte er recht. An den schmierigen Fischreinigungstischen lernte er seine ersten Brocken Englisch; er hörte hitzige Argumente für die Demokraten, die Sozialisten und die Anarchisten; er wurde sich klar darüber, daß er weder schlechter noch besser dran war als die anderen armen Neuankömmlinge; und – wichtigste Lektion von allen – er entdeckte, daß in Amerika alles möglich war. (Er lernte außerdem, Fisch so geschickt herzurichten wie kein anderer Sterblicher. Wann immer wir einen Barsch oder einen Hecht im Massapoag-See nahe bei Sharon gefangen hatten, staunte ich, wie sorgfältig und schnell er ihn ausnehmen und schuppen konnte – Arbeiten, die er mit einer sonderbaren Freude für einen Mann mit schwachem Magen und Abscheu vor Schmutz übernahm.)

Auf der prickelnden, quirligen unteren East Side, wo er zuerst in der Ecke eines elenden Zimmers, die durch einen Vorhang abgeteilt war, zur Miete wohnte, lernte er andere Dinge: wie man von fünf Dollar in der Woche leben konnte (eineinhalb Dollar für das Stückchen Zimmer, zwei Dollar fürs Essen, fünfzig Cents für Kleidung und Kleinigkeiten, und in jedem Fall einen Dollar in den Spartopf unter der Matratze); wie man sein Englisch durch Kurse verbesserte, die unter Beimischung einer Prise linker Ideologie in einem Arbeiterverein abgehalten wurden; wie man seine Religion lebendig erhielt in den kleinen orthodoxen Synagogen, die sich in jeder Straße fanden; wie man Freunde gewann und Menschen beeinflussen konnte. Seine Unterkunft gehörte irgendwelchen *Landsleiten* aus der Korez-Beresdiw-Gegend, und die Untermieter wechselten ständig. Der neue Einwanderer war kaum angekommen und hatte Arbeit gefunden, da zog er schon wieder fort, vielleicht in das exotische Brooklyn oder in die Bronx, vielleicht sogar in das wilde Gebiet jenseits des Hudson River. Das vermietete Bett war noch nicht kalt, als es bereits ein noch frischerer Einwanderer belegte. An Sonntagen konnte man sich ein paar schöne Stunden machen – mit einem Galeriesitz (für ein paar Pennies) in einem jiddischen Theater, oder indem man durch den fröhlichen Lärm und die aufregenden Gerüche der Straßen schlenderte.

Als Sam von einem größeren, ungeteilten Zimmer erfuhr, das

frei war und jenseits der Brücke im Stadtteil Williamsburg in Brooklyn lag, wo entfernte Verwandte wohnten, zog er um. Und es war in Brooklyn, wo Sam sich verliebte. Er lernte ein dunkelhaariges Mädchen kennen (»so reizend und schön« beschrieb er sie), und er machte ihr galant den Hof. Sie fuhr gerne Pferdekutschen, Sam machte ihr die Freude und gab eine unverantwortliche Menge Geld für diese Laune aus. Wie weit ihre Beziehung ging und wie ernst es ihnen war, habe ich nie herausbekommen können, auch dann nicht, wenn er sentimentaler Stimmung war und vielleicht gerne über sie gesprochen hätte. Ich stellte ihm einmal die Gretchenfrage nach der »Geheimnisvollen Dame«, wie ich sie in Gedanken nannte. War sie Jüdin? Er weigerte sich zu antworten, was wohl eine Art Antwort war. Wenn ich die verblichenen Fotos betrachte, die Sam als jungen Mann zeigen, kann ich mir vorstellen, daß er bei der »Geheimnisvollen Dame« durchaus Erfolg hatte. Er war klein, aber drahtig. Lange, harte Arbeit hatte ihn muskulös werden lassen, und mit seinem gewellten, kastanienfarbenen Haar, seinen haselnußbraunen Augen (leider umrahmt von einer Allerweltsbrille) und seinen ausdrucksvollen Gesichtszügen war er ein gutaussehender Bursche – vielleicht jemand mit Zukunft.

Sams Idealvorstellung von der unmittelbaren Zukunft in seinen ersten zwei Jahren in Amerika bestand darin, eine solide Beamtenstelle im Staatsdienst zu bekommen. Schon früh war ihm aufgefallen, daß es in Rußland zwar gute und schlechte Zeiten für Bauern, Grundbesitzer und Kaufleute gab, daß eine Gruppe aber offenbar immer gesichert zu sein schien und genug zu essen hatte – die Staatsdiener, die Beamtenschaft. Sowohl im Alten wie im Neuen Land hatte ihm der Briefträger immer besonders imponiert; ein Beamter, dem jedermann Respekt zollte, der jeden Tag ungeduldig erwartet wurde und der eine wichtige Dienstleistung erfüllte. Also verbrachte Sam so viele Stunden, wie er nur erübrigen konnte, mit dem Erlernen der englischen Sprache, um bei der Postverwaltung die Aufnahmeprüfung für eine Anstellung als Briefträger zu bestehen. In der damaligen Zeit konnten politische Beziehungen helfen, eine solche Anstellung zu bekommen, aber auch mit Beziehungen hätte Sam sie nicht bekommen. Jedesmal, wenn er ins Examen ging, versagte er in der Rechtschreibung (eine lebenslange Schwäche), obwohl er beim mathematischen Teil der Prüfung gut abschnitt. Er gab es schließlich auf, Briefträger zu werden. Wie sich herausstellte, war das ein Glück für ihn.

Vor dem Passahfest im Frühjahr 1912 – als Sam völlig verzweifelt war über die freudlose Plackerei in den Fischhallen und über sein Versagen bei der Bewerbung um eine Anstellung als Briefträger – bekam er einen Brief von Onkel Harry, der ihn einlud, nach Hartford zu kommen, um Seder zu feiern. Harry ließ auch durchblicken, daß Sam vielleicht für immer nach Hartford kommen könne, um in seinem Friseurladen zu arbeiten, in dem er inzwischen erfolgreich auch Damenperücken und Zöpfe verkaufte. Sam nahm die Gelegenheit beim Schopf und fuhr mit dem Zug von New York nach Hartford. Er fing in Harrys Laden ganz unten an, mit dem Auffegen von Haarschnipseln und dem Säubern von Kämmen und Scheren. Es war gewiß eine leichtere und besser bezahlte Arbeit als Fisch zu putzen, aber sie schien für ihn keine Zukunft zu haben, denn er hatte weder die geringste Neigung noch das Talent, ein Friseur zu werden wie sein Onkel. Aber das Leben in Hartford war schön. Er war mitten unter seinen Verwandten – die Kleiman-Sippe, in die Harry eingeheiratet hatte, war groß und gesellig –, es gab viel Spaß und viel zu essen. Hartford war auch ein stattliches Kulturzentrum, das sich einer literarischen Tradition rühmen konnte, einschließlich Mark Twains und Charles Dudley Warners, aber von dieser verfeinerten Welt sah Sam nichts. Mit der Zeit wurde er unruhig.

Eines Tages machte ein Verkaufsvertreter der New Yorker Firma Frankel & Smith, Lieferanten von Friseur- und Kosmetikartikeln, einen seiner regelmäßigen Besuche in Harry Levys Geschäft. Er erwähnte, daß die neue Bostoner Filiale einen fleißigen jungen Mann für eine Tätigkeit als Lagerkommis suche. Eine spätere Beförderung wäre möglich und hing vom Fleiß des jungen Mannes ab. Der Vertreter sagte, er habe bemerkt, mit welchem Eifer Sam seine Pflichten erfülle und meinte, Sam sei ein geeigneter Anwärter. Harry wollte, daß sein Neffe in Hartford bei der Familie bliebe, aber Sam hatte andere Pläne. Er nahm den Zug nach Boston und bekam die Stellung.

Die Firma Edward E. Tower, 1861 gegründet, war die führende Vertriebsgesellschaft für Friseurbedarf und Kosmetik in Neu-England, aber die Bostoner Filiale von Frankel & Smith war im Aufwind, besonders auf dem Gebiet der Haarteile. Die Gebrüder Frankel – Berthold, Max und Milton – waren sich nicht zu schade, einen jungen Anfänger, der einen anständigen Job brauchte, weidlich auszunutzen. Nach Sams Schilderungen mußte er ähnlich hart arbeiten wie auf dem Fischmarkt, und er bekam nicht viel mehr Geld. Es war zumeist Muskelarbeit – Kisten heben, Auffegen, Regale säubern. Gelegentlich mußte er Bündel Menschenhaar sortieren, das die Firma aus Europa und Asien importiert hatte, wo die Händler den verarmten ausländischen Frauen einen Hungerlohn für ihre geschorenen Locken zahlten. Das Haar wurde dann chemisch gereinigt und in Perücken und Zöpfe geflochten, für die solventeren und modebewußteren amerikanischen Damen. Die Frankels waren deutsche Juden der zweiten Generation, völlig amerikanisiert, und hatten keine übermäßige Sympathie für ihren aus Rußland eingewanderten Glaubensgenossen. Wenn man in Betracht zieht, wie wenig Sympathie »gebildete« deutsche Juden damals für russische und polnische Juden empfanden, war es in der Tat erstaunlich, daß sie einer Anstellung Sams überhaupt zugestimmt hatten. Vielleicht kamen sie zu dem Schluß, daß sie von seinem starken Rücken und seinen Armen über seinen Geldwert hinaus Nutzen ziehen könnten. Was sie nicht bemerkten, war, daß Sam auch Verstand hatte und sich langsam alles nur mögliche über das Friseur- und Kosmetikbedarfsgeschäft aneignete.

Sam wohnte wieder einmal in einem Logierhaus für *Landsleit,* das der Familie Eisenberg gehörte, in Chelsea, einem schäbigen, vorwiegend von Juden bewohnten Stadtteil im Norden Bostons, ganz nahe beim Hafen. Ein bekannter Gassenhauer jener Tage beschrieb den Zustand von Chelsea. Er ging so:

In Chelsea möcht' ich nicht wohnen,
Und ich sag' dir auch, warum,
Aus den Fenstern, da schütten sie ... Bohnen,
Und das ist der Grund, warum.

Bei den Eisenbergs wohnte noch ein anderer aus Rußland eingewanderter junger Mann, und die zwei jungen Burschen waren jagdreife Beute für Mrs. Eisenberg, die drei gereifte Töchter hatte. Die Wohnungsinhaberin servierte ihren beiden Untermietern lukullische Festessen, die angeblich von einer der Töchter zubereitet worden waren, doch obwohl diese Aufmerksamkeiten geschätzt wurden, führten sie zu nichts. Eine Heirat lag nicht in Sams unmittelbaren Plänen. Er erlernte das Geschäft mit Haarteilen, sparte seine Groschen und betete inbrünstig zu seinem Gott in einer der kleinen orthodoxen Synagogen, von denen es in Chelsea ebenso viele gab wie in der unteren East Side. (Viele der gesparten Groschen wurden an seine Schwester Kaye nach Beresdiw geschickt, die sie ihrerseits sparte, bis sie genug Geld hatte, um im Jahre 1913 nach Amerika auszuwandern. Sie zog nach Brooklyn, wo sie in einem Geschäft für Brautkleider arbeitete und fortan Klara genannt wurde.) Im Jahr 1913 bekam Sam seine »ersten Formulare«, um den Antrag auf amerikanische Staatsangehörigkeit stellen zu können. Im Jahr 1915 wurde er ein *bona-fide-Bürger* – eine bedeutende Errungenschaft für einen Einwanderer –, und seine Vorgesetzten beförderten ihn zum Haar-Abmischer: das ist derjenige, der das Haar für eine bestimmte Perücke oder einen Zopf auswählt, behandelt und über senkrecht aufgerichteten Metallstiften auskämmt. Bis zum Jahr 1916 hatte er einen beachtlichen Spargroschen beiseite gelegt, und sein Interesse am Chassidismus war neu erwacht. Noch einmal dachte er daran, vielleicht ein gelehrter Rabbi zu werden – oder wenigstens ein Lehrer –, doch der Zug zur Geschäftswelt war stärker. Er war nun vierundzwanzig Jahre alt, Amerikaner und auf dem Weg nach oben, und es wurde ihm bewußt, daß er keine Frau hatte, die ihm zur Seite stand. Er mochte die Eisenbergtöchter, aber nicht genug, um eine von ihnen zu heiraten. Aber ein Mann mit seinen ehrgeizigen Zielen brauchte auf alle Fälle eine gute Frau.

Sams Mitmieter hatte oft von seinen entfernten Verwandten gesprochen, die in der Fabrikstadt Lawrence am Fluß Marrimack wohnten, ungefähr fünfundzwanzig Meilen nördlich von Boston. Es war eine große Familie namens Resnick, und die älteste Tochter war ein hübsches Mädchen. An einem Sonntag im Herbst 1916 überredete er Sam, ihn auf der langen Straßenbahnfahrt nach Lawrence zu begleiten.

Der Knotenpunkt Schepetowka, ungefähr eine Tagesreise von dem Dörfchen Beresdiw entfernt, war 1893 eine aufstrebende Stadt. Sie lag an einer neuen Eisenbahnstrecke, und der Schiffsverkehr auf dem Fluß Goryn legte an ihren Molen an. Es gab Gewerbebetriebe und geschäftige Märkte, und obwohl die meisten Häuser der Stadt eng und primitiv waren, gab es auch einige weitläufige Landsitze mit schmiedeeisernen Toren, schönen Rasenflächen und Dienstbotenwohnungen. Die vermögenden Einwohner von Schepetowka waren Guts- oder Fabrikbesitzer, und wenn sie die Juden im Siedlungsgebiet auch nicht gerade aufforderten, für sie zu arbeiten, so hatten sie doch nichts dagegen. Der jüdische Bevölkerungsanteil war relativ groß, aber er lebte eingegrenzt in einem Getto inmitten der Stadt.

Simka Resnick und seine jungvermählte Frau, die geborene Perel Zorfas, kamen im Jahr 1893 nach Schepetowka, er, um in einer Pelzfabrik zu arbeiten, sie, um Kinder aufzuziehen und zum Lebensunterhalt der Familie in jeder nur möglichen Weise beizutragen. Sie kamen beide aus der ukrainischen Stadt Sudilkow; ihre Vorfahren waren einfache Leute, weder Gelehrte noch Rabbis noch legendenumwobene Grobschmiede. Der bemerkenswerteste Vorfahr war Perels Vater, Eliezer Zorfas, der bezaubernd Geschichten erzählen konnte, die er während seiner Tätigkeit als umherziehender Kesselflicker innerhalb des Siedlungsbereiches gesammelt hatte. Was Perel und Simka auch an vornehmer Abstammung mangeln mochte, machten sie wett durch ihre Lebensfreude. Perel war eine hübsche Frau, wenn auch stämmig und etwas größer als Simka, der ein gütiges, intelligentes Gesicht hatte. Beide liebten gutes Essen, Musik, Tanz und Geselligkeit unter Freunden. Sie hatten nichts mit den Chassidim gemein, waren aber dennoch religiös. Obendrein waren sie jämmerlich arm.

Die Jungvermählten mieteten zwei schäbige Zimmer in einem Haus, das einer Witwe und ihren Söhnen gehörte. Während Simka in der Fabrik arbeitete, begann Perel, die aktivere von beiden, mit einem kleinen Handel; sie kaufte von den Bauern Molkereiprodukte und verkaufte sie weiter an ihre Nachbarn. Dieses solide Geschäft hielt sie auch während ihrer Schwangerschaft aufrecht. Das erste Kind starb früh an einer Seuche. Das zweite, ein Mädchen, das am ersten Frühlingstag des Jahres 1898 geboren wurde, war besser dran und gesünder. Sie gaben ihr den Namen Charna, nach Eliezer Zorfas Frau, die im Jahre vor der Geburt gestorben war. In rascher Folge kamen noch zwei Kinder: Malka Lea Ende 1899 und Josef 1902. Es dauerte nicht lange, bis Charna, so jung sie war, zur Ersatzmutter für ihre Geschwister wurde, besonders nachdem Simka und sein Bruder David im Jahre 1903 nach Amerika gezogen waren und Perel als einziger Ernährer der Familie in Schepetowka blieb. (Es war damals nicht ungewöhnlich, daß ein Vater, der in der Hoffnung auf ein besseres Leben auswanderte, seine Familie zurückließ in der Erwartung, bald genug Geld zu haben, um Frau und Kinder nachkommen zu lassen. Aber nicht immer gelang es.)

Entgegen dem Rat ihrer Mutter, die Straßen der Nichtjuden

in Schepetowka zu meiden, liebte Charna es, umherzustreifen, manchmal mit ihrer kleinen Schwester und ihrem Bruder im Schlepptau. In ihrer Begeisterung folgte sie einmal einer Gruppe von durchziehenden Straßenmusikanten quer durch die Stadt bis zu einem Park. Dort verlief sie sich und schlief erschöpft auf dem Rasen ein. Ehe sie sich's versah, wurde sie von einem zaristischen Polizisten rüde angefahren, der sie zu einer äußerst aufgeregten Perel nach Hause brachte. Die anschließenden Prügel konnten ihrer Wanderlust nichts anhaben. Immer wieder lief sie hinter irgendwelchen Musikanten her, ging zum Schwimmen im Fluß Goryn oder strolchte auf dem belebten Marktplatz umher und bettelte um Süßigkeiten bei den Verkäufern – gefährliche Angewohnheiten für ein jüdisches Kind.

Sie war ein gescheites und phantasievolles Mädchen – in der Tat so gescheit, daß Perel einen der Söhne ihrer Vermieterin, einen *Malamud*, damit beauftragte, ihr Unterricht in Russisch und Hebräisch zu geben. Bald war der Unterricht finanziell nicht mehr durchzuhalten, aber Charna versteckte sich im Zimmer des *Malamud* und hörte den anderen Schülern beim Lernen zu. Als ihre Schwester Diphterie bekam, wurde Charna für eine gewisse Zeit zu Verwandten nach Sudlikow geschickt. Sie hatte sich nicht angesteckt, wurde aber später von einer gemeinhin als »Schwindsucht« bezeichneten Krankheit befallen, vermutlich einer Tuberkulose. Sie hustete Blut. Man holte einen russischen Arzt, der sagte, Charna solle dick mit Schweineschmalz bestrichenes Schwarzbrot essen, was als sicheres Heilmittel galt. Hätte er gesagt: Schwarzbrot mit arsenhaltiger Salzsäure, hätte die Wirkung auf ihre penibel koschere Mutter nicht abschreckender sein können. Doch der Arzt bestand darauf, daß das Mädchen große Portionen Schweineschmalz essen müsse, wenn es überleben sollte. Also begab sich Perel zum russischen Schlachter und kaufte Schweinefett. (Ich stelle mir vor, daß sie sich dazu verkleidete und ein altes hebräisches Bußgebet vor sich hin murmelte.) Sie strich das Schweinefett auf das Schwarzbrot, bestreute es mit grobem Salz (als ob es dadurch koscher würde), und wenn sie sicher war, daß niemand zusah, fütterte sie ihr Kind mit der merkwürdigen, verbotenen Medizin. Erstaunlicherweise wirkte das Heilmittel – oder irgend etwas sonst. Im Herbst 1905 war Charna kräftig genug, um mit ihrer Mutter, ihrem Bruder und einem Vetter namens Haskel nach Amerika aufzubrechen. Fast drei Jahre hatte Simka als Woll-Verlader in den Textilspinnereien in Lawrence, Massachusetts, gearbeitet.

Von den fünf Dollar, die er in der Woche verdiente, hatte er genug Geld für ihre Zwischendeckplätze und die Bürgschaft gespart.

Die Reise von Riga (sie brauchten sich nicht über die Grenze zu stehlen, da die Resnickfamilie keine männlichen Mitglieder im Rekrutenalter hatte) war ein drei Wochen andauernder Alptraum. Anfangs sollte Vetter Haskel nicht mit ihnen reisen dürfen, weil er zu weitläufig verwandt war, aber zäh und listenreich wie Perel war, überzeugte sie die Behörden davon, daß Haskel in Wirklichkeit ihr eigener Sohn sei. Die Reise konnte wie vorgesehen angetreten werden, mit einem neuen »Sohn« namens Haskel Resnick. Als sie die offene See erreichten, wünschten sie alle, man hätte sie nach Schepetowka zurückgeschickt. Die Wellen glichen bebenden Bergen, einige Menschen im Zwischendeck starben. Die Qual schien kein Ende zu nehmen, solide Nahrung kam nicht in Frage. Die Tage und Nächte voller Wehklagen legten sich Charna aufs Gemüt – besonders die ständigen jiddischen Bittrufe ihrer Mutter, daß sie das Meer überwänden – »bitte, laß uns das Meer überwinden«. Dann löste sich, um den Alptraum vollkommen zu machen, eine Ladetrommel, traf Charna am Arm und brach ihr das Handgelenk. Ihre Mutter konnte das Gelenk nur fest umwickeln und beten, daß die Stadt New York wirklich irgendwo existiere. Doch eines Tages tauchte die Silhouette der Stadt auf wie eine Reihe von Märchenschlössern, sie wurden an Land gebracht und auf Ellis Island gesammelt. Die kahlen, dröhnenden Hallen, voll von ängstlichen und kranken Menschen, waren wenigstens terra firma.

Hungrig, mit schmerzendem Arm, eine runde Wollmütze auf den Zöpfen, die Füße unsicher in viel zu großen Überschuhen, konnte Charna endlich richtiges Essen zu sich nehmen und auf einem festen Boden schlafen. Ein Arzt versorgte ihr Handgelenk, und ein Mann in blauer Uniform gab ihr einen neuen Namen – Jennie, das war seine Version von Charna. (Perel bekam als neuen Namen Pearl, Malka Lea wurde Elisabeth und Josef natürlich Joseph.) Für Jennie wurde Ellis Island zum Abenteuer. Aber Simka war nicht da, um sie abzuholen, und so wurden sie noch zwei Tage festgehalten. Jennie erinnert sich am deutlichsten daran, wie ihre Mutter einen kleinen Jungen vor dem größten Schreckgespenst aller Einwanderer rettete, der Abschiebung. Der Junge war allein gereist, und die Kontrollbeamten auf Ellis Island hatten entdeckt, daß er von Läusen übersät war. Sie wiesen das unglückliche Kind in die Quarantänestation ein, aber Pearl bekam ihn zu fassen und ein Stück Naphtalinseife dazu. Sie schob den Jungen in den Duschraum, zog ihn aus und begann, seinen Körper und seine Kleidung so lange zu schrubben, bis die letzte Laus naphtalisiert und tot war. Die Beamten riefen seinen Namen zur Deportation auf, bevor seine Kleider getrocknet waren. Pearl zog ihm schnell seine triefend nassen Sachen an und schickte ihn zur Sammelstelle, wo er zwar als naß, aber frei von Läusen deklariert wurde. Er durfte nach Amerika einreisen. »Sie vollbrachte ein Wunder«, beschrieb Jennie diesen Zwischenfall. (Aus dem Jungen wurde ein erfolgreicher Versicherungsmakler in Boston. Nach jahrzehntelangen, fruchtlosen Nachforschungen gelang es ihm endlich im Jahre 1935, den Aufenthaltsort von Pearl Resnick in Erfahrung zu bringen, aber leider war sie gerade gestorben. Er versprach der Familie, für Pearl *Schiwa* zu sitzen – eine siebentägige Trauerzeit, die der Trauernde, auf dem Boden sitzend, mit Fasten und Gebeten verbringt –, ganz, als wäre er ihr Sohn gewesen.)

Achtundvierzig Stunden später, als das Abenteuer »Neue Welt« für Jennie nicht mehr so aufregend war, erschien Simka, um für seine Familie zu bürgen und ihre Entlassung zu erwirken. Auch er war von diesen willkürlichen Namensgebern von Ellis Island umbenannt worden – aus irgendeinem Grunde hieß er Samuel –, aber sie waren doch alle noch Resnicks, eine wiedervereinte Familie. Sie umarmten und küßten sich, und dann gingen sie an Bord einer Fähre nach Manhattan und von dort zum Bahnhof. Die Reise im Zug nach Lawrence nahm den Rest des Tages und einen großen Teil der Nacht in Anspruch.

Samuel Resnick war selbst noch ein Neuankömmling, der kaum englisch sprechen konnte, doch er hatte für die Ankunft seiner Familie ganz gut vorgesorgt. Zwar hatte er zunächst in der riesigen, aus roten Ziegeln erbauten Spinnerei der American Woolen Company am Fluß Merrimack als einfacher Transportarbeiter angefangen, aber seine Erfahrung in der Pelzfabrik in Schepetowka kam ihm zugute, und er wurde auf den Posten eines Webers befördert, der etwas über dem sonst üblichen Lohn für Einwanderer von fünf Dollar in der Woche bezahlt wurde. Er erinnerte sich an die Zutaten für ein tiefschwarzes Pelzfärbemittel, mit dem er in Rußland gearbeitet hatte, und experimentierte in Lawrence so lange, bis er das Rezept für die Zusammensetzung neu entdeckt hatte. Er fuhr nach Boston, um einige Kürschner für sein Färbemittel zu interessieren. Die Kürschner sagten ihm, damit sei nichts anzufangen; dann ließen sie die chemische Formel patentieren – sie stahlen sie regelrecht. Samuel erfuhr später von diesem Diebstahl, doch als immer noch ängstliches Greenhorn behielt er seine Wut für sich. Ein Neueinwanderer klagte nicht gegen etablierte Bostoner Kaufleute, wenn er wußte, was er tat.

Die Bleibe, die Samuel für seine Familie mietete, war eine Fünf-Zimmer-Wohnung in einem alten Holzhaus in der Oak Street, in einer Gegend, die von italienischen, polnischen, syrischen, armenischen, irischen und jüdischen Spinnereiarbeitern wimmelte. Jennie erinnerte sich daran als an ein »zweites Ellis Island«, was besonders auf die Wohnung der Resnicks zutraf, die zu einer Art Zwischenstation für neu angekommene Vettern und Freunde wurde. »Manchmal wachte ich mitten in der Nacht auf und entdeckte einen Verwandten, den ich nie zuvor gesehen hatte, in meinem Bett«, hat Jennie erzählt. »Oak Street war immer ein offenes Haus für jedermann.« Neben Samuel, Pearl, Jennie, Elisabeth (bald Betty genannt), Joseph, Samuels Bruder David und den durchziehenden Einwanderern gab es ungefähr neun Monate nach der Wiedervereinigung der Eltern Familienzuwachs in Gestalt eines kleinen Sohnes namens Louis (so genannt, weil der Name vage an den des Großvaters Eliezer erinnerte). Haskel, der Adoptivsohn, war zu engeren Verwandten nach Chelsea gezogen. »Wir waren arm, aber wir haben es nie gemerkt«, hat Jennie erzählt. »Meine Mutter war eine großartige Köchin und brachte immer gute Dinge auf den Tisch, wie knapp das Geld auch war. Die Nachbarn verstanden sich gut, obwohl sie so verschiedener Herkunft waren, und jeder war nett zu jedem. Vielleicht waren die Iren weniger nett, aber die Syrer luden uns zu ihren Hochzeiten und anderen Festen ein, und ich erinnere mich, wie sie im Kreis saßen und alle rhythmisch in die Hände klatschten. Es war sehr aufregend. Der absolute Mittelpunkt aller nachbarlichen Betriebsamkeit war meine Mutter. Wenn jemand Schuhe reparieren lassen mußte – ihr gelang es, sie reparieren zu lassen. Wenn ein irisches Kind die Diphterie hatte und fast erstickte am eigenen Schleim, steckte sie ihren Finger in seinen Hals und holte den Schleim heraus. Sie war der barmherzige Samariter. Aber wir alle halfen uns gegenseitig. Wer sonst sollte uns helfen? Es gab keinerlei Wohlfahrtseinrichtungen.«

Nur eine kurze Zeit lang hatte Jennie so etwas wie eine Kindheit. Zwar mußte sie Pearl bei den häuslichen Arbeiten helfen und für die kleineren Kinder eine Art zweite Mutter sein, doch sie freundete sich mit Kindern ihres Alters an, mit denen sie spielte und von denen sie Englisch lernte. Die besten Freunde der Resnicks war eine Familie namens Jacobs. Eine der Jacobstöchter war Lehrerin in Lawrence, und sie empfahl den Resnicks, Jennie unterrichten zu lassen. Aber eingedenk ihrer finanziellen Lage empfahl Miß Jacobs, Jennie sowohl beim Einwohneramt wie bei der städtischen Schule als zwei Jahre älter anzumelden, damit sie in der Spinnerei schon mit zwölf Jahren arbeiten könne. Auf dem Papier wäre sie dann vierzehn, damals das Mindestalter für Kinderarbeit. Dies war ein allgemein praktizierter Trick der armen Leute in Lawrence.

Weil Jennie schreiben und lesen konnte, wenn auch nur Russisch und Hebräisch, und weil sie, wie die Dinge lagen, ihr Englisch rasch auf der Straße auflas, wurde sie mit acht Jahren in die vierte Klasse der Grundschule von Lawrence aufgenommen. Sie wurde in die fünfte Klasse der Tarbox Mittelschule versetzt, wo zwei Lehrerinnen – eine Miß English und eine Miß Lawlor – sehr beeindruckt von ihr waren. Jennie ihrerseits war von den Lehrerinnen so begeistert, daß sie beschloß, selbst Lehrerin zu werden und nach der Elementarschule eine höhere Schule zu besuchen. Vier Jahre hielt sie an diesem Traum fest und lernte, wann immer ihre Pflichten ihr eine freie Minute ließen. Aber als sie dreizehn wurde, waren inzwischen zwei weitere Resnick-Töchter angekommen – Bertha und Dorothy –, und ein Haushalt mit sechs Kindern, einem Vater, der zehn Dollar in der Woche verdiente, einer Mutter, die alle Hände voll zu tun hatte, dazu ständig anwesende mittellose, eingewanderte Verwandte, erforderte, daß Jennie, die älteste Tochter, ebenfalls verdienen mußte. Die Textilspinnereien stellten Vierzehnjährige ein, und Jennie war laut Ausweis fünfzehn. Sie verließ die Schule und begann als Hilfskraft für Weber in den Arlington Spinnereien in Lawrence zu arbeiten. Ihre Kindheit war jäh zu Ende.

An jedem Arbeitstag stand sie um 5 Uhr morgens auf und half ihrer Mutter, Windeln zu waschen, Frühstück zu machen und die Kleinsten zu füttern. Die Arbeit in der Spinnerei begann um 6.30 Uhr; von da an bis 17 Uhr nachmittags rollte sie Wagen voll großer Garnspulen zu den einzelnen Webern an ihren Webstühlen. »Der tagelange Maschinenlärm war ohrenbetäubend«, berichtete Jennie. »Und bei dem Staub in der Luft konnte man kaum atmen. Im Winter war es eiskalt, und im Sommer brühheiß. Die meisten Fenster konnten nicht geöffnet werden. Ich erinnere mich, daß ich einmal in der Mittagspause versuchte, ein Fenster zu öffnen, um hinauszugucken. Es gelang mir nicht. So kratzte ich mit dem Fingernagel den Schmutz von der Fensterscheibe und sah hinaus. Unten, auf dem Rasen, sah ich die Yankee-Besitzer und die Manager der Spinnerei Golf spielen – sie übten ihr Putten oder was auch immer – während ihrer Mittagspause. Wie mich das wütend machte! Da waren sie, die Reichen, die Bosse, und spielten Golf, während wir anderen – einige von uns noch Kinder – in der Hitze, dem Krach und dem Schmutz schufteten und unsere Finger überall bluteten. Dazu noch die schrecklichen Unfälle! In späterer Zeit las ich Groschenromane über diese ›Blaublüter‹, wie wir sie nannten, und ihr Leben klang so verführerisch, daß ich wie sie werden, es besser haben wollte. Ich stellte mir sogar vor, eines Tages mit ihnen befreundet zu sein. Die Verbitterung hörte schließlich ganz auf.« Am Ende jeder Arbeitswoche brachte Jennie acht Dollar nach Hause, die sie Pearl sofort übergab. Mit feierlicher Geste gab Pearl ihr fünfzig Cents zurück. »Diese fünfzig Cents machten mich so glücklich – ihr könnt es euch nicht vorstellen«, erzählte Jennie. »Sie gehörten mir, und ich konnte sie ausgeben, wie ich wollte. Ich wußte, daß ich dazu beitrug, daß es der Familie besser ging. Es wäre mir nie in den Sinn gekommen, daß ich vielleicht mehr als fünfzig Cents verdient hätte.«

Da sich das Einkommen der Resnicks fast verdoppelt hatte, kaufte Pearl, die Sinn für Hausbesitz entwickelt hatte, ein kleines Haus in der Pine Street, in einem von Syrern und Armeniern dicht besiedelten Bezirk. Am meisten lockte es Pearl, daß man in diesem Haus den vorderen Teil des Erdgeschosses als Gemischtwarenladen benutzen konnte; durch den Verkauf von Zeitungen, Zeitschriften, Kolonial- und Süßwaren erschloß sich möglicherweise eine gewichtige zusätzliche Geldquelle. Sie eröffnete ihren Laden und erfreute sich eines bescheidenen Erfolges durch den Verkauf von spezifischen importierten Lebensmitteln für die Einwanderer. Ihre jüngste Tochter, Dorothy, war noch ein Kleinkind, aber die anderen waren ganz gut in der Lage, sich selbst zu versorgen; in der Tat war Betty bald alt genug, um auch in der Spinnerei zu arbeiten, und Joseph trug Zeitungen aus. Am Anfang waren die Kinder von den Bräuchen ihrer Nachbarn aus dem Mittleren Osten begeistert – das Gemisch von Fisch und Mandeln und Kräutern, die merkwürdigen levantinischen Riten für gewisse Lebensumstände und für den Tod –, aber später wurden die Syrer irgendwie mit den Zigeunern rund um Lawrence in einen Topf geworfen, und die Faszination verwandelte sich in Angst. »Paß auf, sonst holen dich die Zigeuner«, lautete eine häufige Drohung der Eltern – die übrigens noch bis in meine Zeit benutzt wurde. Meine Mutter sagte später: »Allmählich fühlte ich mich unbehaglich unter den Syrern, und das war lange vor den Auseinandersetzungen mit Israel. Ich hatte auch ein schlimmes Erlebnis mit einem syrischen Mädchen.«

Jennie gelang es, noch Zeit für die Abendschule zu finden – die dreimal wöchentlich speziell für Arbeiter der Spinnereien stattfand –, und sie genoß es, etwas über englische Literatur zu erfahren, Französisch und Bürgerkunde zu lernen. Sie hoffte, vielleicht doch noch Lehrerin werden zu können.

Da sie mehr freie Stunden für ihr Studium haben wollte, wechselte sie zwischendurch von der Spinnerei in ein Warenhaus in Lawrence über, wo sie als Verkäuferin in der Abteilung für Damenhalstücher arbeitete, aber die Bezahlung war einfach nicht gut genug. Sie kehrte in die Arlington Spinnereien zurück, kurz vor dem berüchtigten Textilarbeiterstreik des Jahres 1912.

Der Streik brach wegen eines vom Staat Massachusetts erlassenen Gesetzes aus, wonach Spinnereiarbeiter nur noch vierundfünfzig Stunden in der Woche arbeiten sollten statt der bisher sechsundfünfzig. Die Bostoner Fabrikbesitzer erwiderten dies durch eine Kürzung des Wochenlohns der Arbeiter um 20 Cents (der Mindeststundenlohn betrug 10 Cents), und Tausende von amerikanischen Wollspinnereiarbeitern – unter ihnen Samuel Resnick – legten die Arbeit nieder.

Der Streik erfaßte bald die neun größten Spinnereien in Lawrence, nachdem siebenundzwanzigtausend Arbeiter der verschiedensten Nationalitäten und Glaubensrichtungen durch Führer der Weltorganisation der Industriearbeiter wie Big Bill Haley und Elizabeth Gurley Flynn aufgestachelt worden waren, den Kampf zu wagen. Die konservativen »Amerikaner« sahen in dem Streik ein Verbrechen und reagierten übertrieben. Polizei und staatliche Miliz wurden aufgerufen. Neun Wochen lang bekämpften sie die Streikenden einschließlich ihrer Frauen und Kinder und verübten Gewalttaten, die die Nation erschütterten. Jedermann nahm am Geschehen teil – Radikale, Politiker, Geistliche, Berühmtheiten, Anarchisten –, und überall in der Stadt schossen Suppenküchen, Sammelstellen und Erste-Hilfe-Plätze aus dem Boden. Der Dichter James Oppenheim gab seiner Bewegung über den blutigen Kampf in folgenden Versen Ausdruck: »Herzen hungern so wie Körper; gebt uns Brot und gebt uns Rosen!« Die streikenden Einwanderer wurden sowohl als Opfer bemitleidet wie auch als undankbare Ausländer beschimpft, aber am Ende bewiesen sie, daß sie vereint zu einem neuen Machtfaktor für soziale Gerechtigkeit geworden und nicht länger mehr nur eine Gruppe passiver Arbeitskräfte waren. Sie erreichten eine Lohnerhöhung von zehn Prozent, eine Anhebung des Überstundengeldes und einige Sozialleistungen; bedeutsamer war, daß sie das Selbstbewußtsein der Arbeiter quer durch die ganze Nation geweckt hatten. Fortan sahen die Kapitalisten die eingewanderten Arbeiter in anderem Licht. Das waren die »Rosen«.

Der Streik wirkte sich verheerend auf die Resnicks aus. Bei seinem Beginn verließ Samuel seinen Arbeitsplatz bei der Amerikanischen Wollgesellschaft. Jennie wurde bei den Arlington Spinnereien arbeitslos, und Betty verlor die Möglichkeit, bei der Kammgarn-Spinnerei Wood mit der Plackerei anzufangen. Das Hauptproblem der Resnicks war nicht die soziale Gerechtigkeit; es war einfach dies: genug Brot für die große Familie auf den Tisch zu bringen. Pearls winziger Gemischtwarenladen wurde zum einzigen Lebensunterhalt, aber während der Arbeiterunruhen hatten nur wenige Menschen in der Nachbarschaft genug Geld, um es in derlei Geschäften auszugeben. Natürlich waren die Sympathien der Resnicks bei den Streikenden, aber damit war es auch getan – es blieb bei Sympathien. Kein Angehen gegen die Miliz, kein Streikpostenstehen vor den Toren der Fabrik, kein Tragen von Transparenten mit der Aufschrift »Wir wollen Brot und Rosen«. Als die Lage ganz verzweifelt wurde, hörte Jennie, daß die General Electric Fabrik in Lynn zwanzig Meilen südöstlich offene Stellen anbot. Sie konnte bei dort wohnenden Freunden der Familie untergebracht werden, und so zog sie nach Lynn, um Glühbirnen zu machen. Als ich sie einmal fragte, wie sie sich dabei vorgekommen sei, in Lynn zu arbeiten, während ihre früheren Arbeitskollegen streikten, zuckte sie nur die Achseln. »Ich mußte für den Lebensunterhalt sorgen«, sagte sie. (Während des Bostoner Polizeistreiks von 1919 wurde ihr Bruder Joseph, als er sich der Stadt als improvisierter Sicherheitspolizist andiente, zum totalen Streikbrecher – vermutlich auch mit einem Achselzucken.)

Nach Beendigung des Streiks kehrte Jennie an ihren Arbeitsplatz in der Spinnerei von Lawrence zurück. Die Bezahlung war etwas besser geworden, und die Arbeiter hatten sich neuen Respekt bei ihren Vorgesetzten erworben, obgleich neben dem Fabrikstaub noch immer Bitterkeit in der Luft lag. So mühselig wie Jennies Kindheit war auch ihre Jungmädchenzeit. Es blieb bei dem anstrengenden Einerlei im Tagesablauf als Hilfskraft eines Wollspinners, als Ersatzmutter und als Abendschülerin, und Jennie merkte kaum, daß sie sich zu einer hübschen jungen Frau entwickelt hatte, mit leuchtenden braunen Augen, klassischen Gesichtszügen (»wie ein italienischer Filmstar«, sagte ihre Schwester Bertha einmal) und einem üppigen fraulichen Körper, der leider von den schweren »Resnick Füßen« getragen wurde. Aber diese Entwicklung entging nicht der Aufmerksamkeit eines gewissen Mr. White, eines Aufsehers in den Arlington Spinnereien, und er beförderte Jennie zur Bürokraft mit einem Lohn von zehn Dollar in der Woche – dem gleichen Betrag, den auch ihr Vater verdiente. »Mr. White fand Gefallen an mir«, erinnerte sich Jennie. »Er sagte, er wolle mir Buchhaltung beibringen und wie man Rechnungen kopiert – und ähnliche Dinge. Er begann, mich hier und da zu streicheln – nie zu viel, weil er wußte, daß ich es ihm nicht erlauben würde. Ich war so naiv. Ich hatte keine Ahnung. Niemand erklärte mir etwas. Noch dazu war er ein verheirateter Mann! Fast alle Mädchen im Büro waren Amerikanerinnen, keine Einwanderer. Die, mit denen ich zusammenarbeitete, wurden eifersüchtig; sie schnitten mich. ›Was soll das?‹ wollten sie wissen. Eine von ihnen, ein syrisches Mädchen, war wirklich niederträchtig eifersüchtig. Sie schlug mich und nannte mich eine ›dreckige Jüdin‹! Ich habe ihr das nie verziehen. Und danach habe ich die Syrer nie mehr so richtig gemocht.« Jennie war fünfzehn – siebzehn auf dem Papier.

Vielleicht weckten Mr. Whites Annäherungsversuche in ihr das Gefühl für ihre eigene Weiblichkeit. Es dauerte nicht lange, und sie ging am Wochenende tanzen, sogar in das zweifelhafte Lokal am See Canobie, mit einem richtigen Orchester und den verschiedenartigsten Besuchern. Sie verknallte sich in einen jungen nichtjüdischen Vorarbeiter, und eines Abends forderte er sie zum Tanzen auf. »Ich war so aufgeregt«, erzählte Jennie, »natürlich erfuhr meine Mutter nichts davon. Es gelang mir, ihr manches zu verheimlichen. Weißt du, ich fühlte mich nicht mehr als Einwanderin, ich war eine richtige Amerikanerin.«

Es mag wohl sein, daß es Jennie gelang, ihrer Mutter einiges vorzuenthalten, aber Pearl sah auf einen Blick, wann eine Tochter heiratsfähig war. Für ein hübsches jüdisches Mädchen war der Weg aus der Armut hinaus die Ehe mit einem netten jüdischen Mann, der für sie sorgen konnte. So war es in der alten Heimat gewesen, so sollte es auch in Amerika sein. Diese Grundregel fest im Sinn, verkündete Pearl im Herbst 1916 (als Jennie achtzehn Jahre alt war), daß ein Vetter aus Chelsea und sein Freund, Samuel Joseph Bernstein, nach Lawrence kommen wollten, um den Sonntag mit der Familie Resnick zu verbringen. Pearl bereitete den Besuchern ein Festmahl, und es kam zu einer ersten, ziemlich steifen Begegnung zwischen Sam und Jennie. »Schon als die zwei unser Haus in der Pine Street betraten, war mir klar, daß sich beide Hals über Kopf in mich verlieben würden«, erinnerte sich Jennie. »Sie sahen wie richtige Greenhorns aus. Mein Vetter war größer und stattlicher als Sam, aber Sam sah auch nicht schlecht aus. Er hatte noch lockiges Haar, aber er trug eine Brille. Auf Anhieb mißfielen mir seine Brille und sein Akzent, auch sein Anzug gefiel mir nicht, denn er hatte keinen Riegel im Rücken. Er trug auch keine spitzen Schuhe, die damals die große Mode waren, genau wie die Jakketts mit Riegel. Meine beste Freundin, Doris Smith – ein schönes, blondes jüdisches Mädchen, das aus England kam –, war auch da, und wir beide saßen da und kicherten, wann immer Sam etwas sagte. Es wurde schließlich so schlimm, daß Doris und ich aufstanden und zum Canobie See gingen, und die beiden jungen Männer blieben bei meiner Mutter und meinem Vater sitzen. Das war es dann.«

Aber das war es nicht. Von Pearl ermutigt, kamen der Vetter und Sam regelmäßig nach Lawrence. Sie wurden sogar eingeladen, schon am Sonnabendabend zu kommen und bis Sonntagabend zu bleiben. Jennie blieb dabei, die beiden nicht zu beachten und, wann irgend möglich, zum Canobie See zu gehen, aber ihre Eltern waren begeistert – besonders von Sam; sie fanden ihn intelligent, zielstrebig und obendrein mit einer angesehenen Familie in der alten Heimat gesegnet. (Die Fama von den Bernsteins in Beresdiw war sogar bis zu den Resnicks nach Schepetowka gedrungen.) Sam vergaß nie, kleine Geschenke für die Familie mitzubringen – Jennie wies das für sie bestimmte kleine Geschenk zumeist verächtlich zurück –, und er machte Pearl Komplimente über ihre Küche und ihren Haushalt. Mit seinem Namensvetter und potentiellen Schwiegervater setzte er sich stundenlang zusammen, um über die Bibel, über Philosophie und aktuelle Ereignisse zu diskutieren. Sie waren beide eifrige

Leser der jiddischen Zeitungen. Je kühler Jennie wurde, desto herzlicher waren ihre Eltern zu ihm.

Nach mehreren Monaten dieser fruchtlosen Übung hielten sowohl der Vetter als auch Sam bei Pearl um Jennies Hand an, ohne daß sie einander vorher ihre Absicht mitgeteilt hatten. Pearl riet jedem der beiden, Geduld zu haben. Sam war ausdauernder; der Vetter schied nach ein paar Wochen aus diesem Heiratswettkampf aus. In der Zwischenzeit bearbeitete Pearl ihre Tochter. »Du wirst eine alte Jungfer mit grauem Haar werden«, sagte sie zu Jennie. »Du schlägst dein Glück aus. Sam ist ein guter Mann mit einem guten Job. Er wird es weit bringen.« Allmählich wirkten Pearls Beschwörungen. Vor allem sein Sinn für Humor ließ Sams Bild in Jennies Augen freundlicher erscheinen. »Er hatte immer eine lustige Geschichte parat, und immer einen guten Witz«, erzählte Jennie. »Er brachte mich zum Lachen; das und die Tatsache, daß er nicht locker ließ, hat den Ausschlag gegeben!« Einmal wurde sie sogar ein bißchen eifersüchtig. Sam hatte eines Nachmittags die gesamte Familie Resnick in seine Bude in Chelsea eingeladen. Mrs. Eisenberg, seine Vermieterin, hielt einen reich gedeckten Tisch für die Besucher bereit und hatte dafür gesorgt, daß ihre drei Töchter bestens aussahen. Während des Essens machte Mrs. Eisenberg ziemlich laut eine Bemerkung zu Sam, daß Jennie »so dünn« sei, daß man »Verdacht auf Schwindsucht« haben könne. Diese von ihr erlauschte Bemerkung betrübte Jennie ebenso wie Sams freundschaftlicher Umgang mit den gut genährten Eisenberg-Töchtern. Sie fragte Sam später mit gespielter Gleichgültigkeit: »Warum heiratest du nicht eine von ihnen, es sind doch alle so gut aussehende Mädchen?« Sam antwortete – und dabei sprach er Jennie zum ersten Mal direkt an –, daß er nur ein Mädchen auf der ganzen Welt heiraten wolle, und das heiße Jennie Resnick.

Dennoch war Jennie nicht bereit, sofort ja zu sagen. Es bedurfte einer teuflischen List, die sich Pearl ausgedacht hatte, um die Verlobung offiziell zu machen. Sam hatte einen bescheidenen Verlobungsring gekauft, den er Pearl übergab. Pearl ihrerseits veranlaßte Betty, die das Zimmer mit Jennie teilte, diesen Ring auf Jennies Finger zu schieben, während sie schlief. Jennie erwachte am nächsten Morgen mit der größten Überraschung ihres Lebens: sie war verlobt, und zum Beweis trug sie einen echten Brillantring am Finger. »Bis zum heutigen Tag habe ich etwas gegen Überraschungen«, sagte Jennie zu mir.

»Aber danach nahm ich Sam ernst. Ich begriff, daß er mich wirklich heiraten wollte. Mutter organisierte eine Verlobungsfeier, und bevor ich wußte, wie mir geschah, war das Hochzeitsdatum festgesetzt. Ich ging aber trotzdem weiter zum Tanzen. Sam tanzte nicht gerne. Er hatte zwei linke Füße.«

Ihr Weg zum Altar war noch durch ein großes Hindernis blockiert. Der Erste Weltkrieg – wenn bis dahin der Name des Kaisers gefallen war, hatte er nur bissige Bemerkungen und Verwünschungen hervorgerufen – wurde im Frühjahr 1917 mit dem Eintritt der Vereinigten Staaten in die Feindseligkeiten zu einer wirklichen Bedrohung. Im Sommer, kurz nach Bekanntgabe seiner Verlobung, wurde Sam wie so viele andere junge Männer eingezogen. Er bekam Sonderurlaub von Frankel & Smith für den Dienst am Vaterland und wurde zufällig nach Lawrence einberufen; seine Grundausbildung sollte er im Feldlager Devens in Ayer, Massachusetts, nur dreißig Meilen südwestlich, erhalten. Als der buntscheckige Trupp der Einberufenen die Essex Street in Lawrence entlang zum Bahnhof marschierte, von wo die kurze Reise nach Camp Devens angetreten wurde, schrien und weinten Jennie und ihre Familie, als sie Sam mit den anderen einhertraben sahen. »Ich dachte, er ginge davon in den Krieg und ich würde ihn nie wiedersehen«, erzählte Jennie. »Da brach ich in Tränen aus.« Es war das erste wirkliche Liebesgefühl in ihrer Beziehung.

Aber Sam war nicht dafür gemacht, Soldat zu sein, weder in der Armee des Zaren noch in der Woodrow Wilsons. Mit bewundernswerter Offenheit erzählte er mir einmal, wie unfähig er für den Truppendrill in der Zeltstadt von Camp Devens gewesen war. »Ich konnte die Anweisungen nicht richtig verstehen«, sagte er. »Der Unteroffizier brüllte etwas, und jeder verstand, was er sagte, nur ich nicht. Wenn es regnete, verwandelte sich der Platz in einen Schweinestall, und die Zelte brachen zusammen. Alles spielte sich im Freien ab. Man rasierte sich mit kaltem Wasser, man duschte mit kaltem Wasser. Mir langte die Zeit nie, um etwas richtig zu machen.« (Ungefähr vierzig Jahre später verbrachte ich die letzten Monate meiner zweijährigen Militärzeit an demselben Ort. Er hieß jetzt Fort Devens, und bis auf die Holzbaracken, die statt der Zelte dort standen, war alles andere ziemlich unverändert geblieben.)

Der große Augenblick der Wahrheit kam für Sam wie für die Armee bei seinem ersten Auftritt auf dem Schießplatz. Nicht einmal seine neue Brille, die er auf Staatskosten erhalten hatte, konnte seiner schweren Kurzsichtigkeit abhelfen. Man gab ihm ein Springfield-Gewehr und wies ihn an, auf eine Zielscheibe zu schießen. Er verfehlte das Ziel in einem Maße, daß man ihm den Dienst auf dem Schießplatz erließ. Eine gründlichere Untersuchung durch Militärärzte folgte, und es dauerte nicht lange, bis ihm der Militärdienst völlig erlassen wurde. Eines Sonnabend abends, im Frühherbst 1917, kam er unangemeldet nach Lawrence zurück und erschien in der Küche des neuen Resnickhauses in der Juniper Street. Jennie jauchzte vor Freude, und dann umarmte und küßte sie ihn impulsiv vor der ganzen Familie. Er war ein in Ehren entlassener Veteran.

Die einzig verläßlichen Nachrichten über Sams in Rußland zurückgelassene Familie hatte seine Schwester Clara mitgebracht, die seit dem Jahre 1913 in Brooklyn lebte. Seit Kriegsbeginn, 1914, waren Briefe nicht mehr durchgekommen. Bis zum Zeitpunkt von Claras Flucht waren die Lebensumstände der Familie wechselhaft gewesen. Enttäuschung über die unberechenbare Selbstherrlichkeit des Zaren hatte sich in allen Schichten und Volksstämmen ausgebreitet, auch bei den Juden im *Stetl*, obwohl Judel und Dina Bernstein an ihren alten Lebensgewohnheiten festhielten und sich nicht um Politik kümmerten. Wenn die politischen und sozialen Ereignisse bei Judel und Dina etwas bewirkt hatten, dann war es die noch festere Entschlossenheit, ihr Leben nach der alten Tradition zu bewahren. Die beiden ältesten ihrer vier Kinder hatten sie im Stich gelassen und waren nach Amerika geflohen. Schlimmer noch – ihr jüngster Sohn Schlomo fühlte sich zu den gottlosen sozialistischen Revolutionären hingezogen. Nur ihre jüngste Tochter, Sura-Rivka, war mehr oder weniger zuverlässig und treu. Im Jahre 1920 lernte sie einen guten jüdischen Mann kennen und heiratete ihn. Er hieß Srulik Zwainbom und stammte aus der damals polnischen Stadt Mecziritsch, etwa zwanzig Meilen von Beresdiw entfernt. Das junge Paar zog über die Grenze nach Mecziritsch und gründete eine solide jüdische Familie mit vier Söhnen – Mikhael, geboren 1921; Meir, geboren 1924; Bezalel (ein weiterer Namensvetter des legendären Grobschmieds), geboren 1928; und Mendel, geboren 1933 –, aber ihre Lebensumstände waren jämmerlich. Srulik trug als Vater und Ehemann eine schwere Bürde, er hatte keinen Beruf und ernährte seine Familie mit Gelegenheitsarbeit und sporadischen Geldzuwendungen von amerikanischen Verwandten, besonders von meinem Vater.

Es dauerte einige Jahre, bis Sam mehr über seinen Bruder Schlomo erfuhr. Damals erst zwölf Jahre alt, war Schlomo zu jung gewesen, um in der Revolution von 1917 mitkämpfen zu können, wenngleich seine Sympathien auf Seiten der Bolschewiken waren. Widerwillig hatte er weiter bei Judel und Dina in Beresdiw gelebt, bis er im Jahre 1922 über die Grenze nach Polen ging, um seine Schwester Sura-Rivka in Mecziritsch aufzusuchen. Aber die dortigen Zustände deprimierten ihn, und so kehrte er nach Rußland zurück mit dem festen Entschluß, einen Beruf zu erlernen, um seine Lage zu bessern. Er nahm den russischer klingenden Vornamen ›Semjon‹ an, besuchte eine Arbeiterfachschule, arbeitete als Bergarbeiter im Donezbecken und bestand schließlich die Fachprüfung als Bergwerksingenieur in Dnjepropetrowsk in der Ukraine. Während seiner Ingenieurtätigkeit in den Kohlerevieren unweit Moskaus begann sein steiler Aufstieg in der Parteihierarchie – als einer der jungen Technokraten. Während dieses Aufstiegs heiratete er eine jüdische Kommunistin namens Fanny, die aus seiner Heimatstadt Beresdiw stammte. Sie lebten mit ihrem kleinen Sohn, Alexander, in einer winzigen Wohnung in Moskau. Schlomo, der im Jahr 1908 seinen älteren Bruder unter Tränen angefleht hatte, ihn nach Amerika mitzunehmen, hatte einen anderen Ausweg aus dem Getto in die Unabhängigkeit gewählt. Die beiden Brüder hatten sich auf Gedeih und Verderb den beiden zentralen gegnerischen Kräften des zwanzigsten Jahrhunderts verschrieben – dem amerikanischen Kapitalismus und dem russischen Kommunismus. Irgendwie erinnert das an eine der bekannten Erzählungen aus dem Bürgerkrieg, in der zwei Brüder – der eine in Grau, der andere in Blau – einander plötzlich auf dem Kriegsschauplatz von Gettysburg gegenüberstanden.

Das Datum für die Bernstein-Resnick-Hochzeit war für Sonntag, den 28. Oktober 1917, festgesetzt worden. Die Zeremonie sollte in einer kleinen Synagoge in Lawrence stattfinden, nach altem Brauch unter der *Chuppa*, dem Hochzeitsbaldachin, vollzogen von einem bärtigen orthodoxen Rabbi. Danach sollte sich die Schar der Verwandten und Freunde zum Haus der Resnicks in der Juniper Street begeben, wo sie eines von Pearls herrlichsten Festessen erwartete. Das neue Haus war der Beweis, daß es der Familie besser ging. Obgleich Jennie kurz vor ihrer Hochzeit aufgehört hatte zu arbeiten, kamen doch drei

vgl. Singer: Die Brüder Aschkenasi

andere Spinnereilöhne zusammen – vom Vater, von Betty und von Joseph. Und Pearls Einstieg in das Maklergeschäft entwickelte sich mit der Hilfe eines gewissen Mr. Kussel günstig; ihre erste Transaktion war, das Haus mit dem Laden in der Pine Street zu verkaufen und mit diesem Gewinn das größere Haus in der Juniper Street zu erwerben. Die Resnicks waren zwar keineswegs wohlhabend, aber sie konnten es sich bequem leisten, ihrer ältesten Tochter eine üppige Hochzeit auszurichten, mit einer Fülle von guten Dingen zum Essen, mit Berufsmusikern zum Aufspielen und mit zahlreichen Gästen zum Genießen.

Bereits Wochen vorher begann Pearl mit den Vorbereitungen. Das Hochzeitskleid für Jennie wurde gekauft, aber die Kleider für die Brautjungfern aus zartgrünem Voile nähte sie selbst. Viele Liter Wein und ein Likör, der *Parilla* hieß (mit einer Essenz aus vergorenen Datteln, Backpflaumen und Feigen), wurden im Keller bereitet, und Pearl buk Tag und Nacht an ihrem Kohleherd. Sie kochte gern. Ihre Töchter haben oft erzählt, wie sie die vielen Stunden am Herd mit Gesang begleitete – eine Hand auf ihre beachtliche Hüfte gestemmt, die andere in einem Topfe rührend –, angefangen von sentimentalen jiddischen Balladen bis zu kurzen Passagen aus Opernarien, die sie irgendwo gehört hatte. Zwei polnische Frauen und ein Mann waren damit beschäftigt, zahllose Hühner auszunehmen und in riesigen Kupferkesseln zu kochen, und als am Tage vor der Hochzeit alle Speisen endlich fertig waren, ließ Pearl niemanden mehr in das Wohnzimmer, in dem sie die Tische mit weißen Tüchern deckte und das Bankett anrichtete. Die letzten Ratschläge, die sie Jennie ein paar Minuten vor dem Gang zur *Schul* gab, gehen auf russisch-jüdisches Brauchtum zurück: »Wenn der Rabbi spricht, tritt Sam auf den Fuß, dann wirst du immer Herr im Hause sein.« Ihre Tochter tat wie ihr geraten. Jahrzehnte später sagte Jennie traurig: »Wie unrecht meine Mutter doch haben konnte!«

Nach der Hochzeitszeremonie versammelte sich ein Schwarm fideler Gäste und neugieriger Nachbarn vor dem Haus in der Juniper Street. Das Gewühl machte einen Fotoreporter von der Lawrence Eagle Tribune neugierig; er beschloß, sich einen Weg zu der Party zu bahnen, indem er durch ein Schlafzimmerfenster in das Haus eindrang. Bedauerlicherweise wurde er von Jennies Brüdern verjagt, so gibt es kein sichtbares Zeugnis dieses Ereignisses. Aber nach Aussagen einiger Anwesender war es ein rauschendes Fest. Braut und Bräutigam, am Anfang gehörig nervös, wurden nach unzähligen Trinksprüchen, die auf ihre Gesundheit und ihr Glück ausgebracht wurden, zunehmend lockerer – Sam vor allen anderen. Er trank seinen Schnaps gern nach der Manier der russischen Bauern – ein kleines, ordentlich gefülltes Glas auf einen Zug, und kein Nachtrinken von Wasser –, und es dauerte nicht lange, bis er versuchte, Kasatzki zu tanzen oder einen der ekstatischen Tänze der Chassidim. (Er mag zwei linke Füße für die üblichen Tänze gehabt haben, wie Jennie sagte, aber mit etwas Schnaps und ermuntert von einer dieser quäkenden Bands wie sie bei einer Hochzeit oder *Barmizwa* aufspielten, war er nicht zu halten – was, soweit ich mich erinnere, meist begleitet wurde von der geflüsterten Bemerkung meiner Mutter: »Sam, denk an dein Magengeschwür!«)

Spät am Abend brachen die berauschten und erschöpften Gäste auf – bis auf einige Verwandte, die von auswärts gekommen waren und im Resnickschen Haus übernachteten. Merkwürdigerweise hatte man für diesen Abend keinerlei Vorkehrungen für den Vollzug der Ehe getroffen. Dies außerordentliche Ereignis sollte wohl am nächsten Abend stattfinden, an dem die Jungvermählten die Flitterwochen in einem Bostoner Hotel begannen. Jennie – eine mädchenhafte Neunzehnjährige, unvorbereitet und voller Angst – war es ganz zufrieden, in ihrem gewohnten Zimmer schlafen zu können, das sie in dieser Nacht mit ihrer Schwester Betty und einer Kusine teilte. Sam – vielleicht weniger naiv und bestimmt der Verliebtere – bekam ein Bett im Zimmer von Jennies Brüdern, Joseph und Louis. Bruder Joe, ein aufgeweckter Fünfzehnjähriger, der anderen gern einen Streich spielte, kündete seinem sehnsuchtsvollen Schwager an, daß Jennie sich in der Nacht in sein Schlafzimmer schleichen würde und daß man sie dann allein lassen wolle. Zur festgesetzten Stunde schlüpfte eine dunkle Gestalt in Sams Bett. Die dunkle Gestalt war Joe, nicht Jennie. Diesen Streich verzieh Sam Joe nie ganz.

Die richtige Hochzeitsnacht war nicht viel besser und bestimmt weniger lustig. Sam hatte im Zentrum von Boston im Essex-Hotel, das nahe beim Südbahnhof lag, ein Zimmer reserviert. Für ihn war es der Inbegriff von Luxus und Romantik. Aber der Lärm der Dampflokomotiven machte sie beide nervös. Am nächsten Tag zogen sie in eine möblierte Wohnung in Mattapan (er hatte wohlweislich sein Zimmer im Haus der Eisenbergs in Chelsea aufgegeben), und nun wurden sie endlich

Eheleute. Am Tage darauf kehrte Sam zu der täglichen Arbeit des Mischens und Flechtens von Menschenhaaren bei Frankel & Smith zurück. Jennie kochte und sorgte für Sam, hielt die Wohnung in Ordnung und lernte, eine Hausfrau in Mattapan zu sein. Die Gegend wurde damals hauptsächlich von Juden der Arbeiterklasse bewohnt. Gegen Ende November wurde Jennie schwanger, und nun hatte sie viel Gesprächsstoff mit den anderen Hausfrauen in der Nachbarschaft.

Sams neuer Familienstatus und seine größeren beruflichen Anstrengungen hatten seine Vorgesetzten so beeindruckt, daß sie ihn zum stellvertretenden Manager mit einem Gehalt von fünfzehn Dollar in der Woche beförderten. Die Spuren seines bäuerlichen Herkommens aus Beresdiw hatte er vielleicht noch nicht ganz abgestreift, aber es war nicht zu leugnen, daß er bei seiner Firma hoch im Kurs stand. »Sam arbeitete Tag und Nacht wie ein Sklave«, hat Jennie erzählt, »und ich wurde immer dicker durch die Schwangerschaft. Es war ganz anders, als ich es mir vorgestellt hatte und wie es die Bücher, die ich darüber gelesen hatte, beschrieben.«

Es dauerte nicht lange, bis deutliche Gegensätze zwischen ihnen zum Vorschein kamen – Gegensätze in ihrem Wesen und ihren Interessen. Da bei ihrer Heirat Verliebtheit keine große Rolle gespielt hatte, waren gleiche Neigungen und gegenseitige Achtung die Voraussetzung für das Zusammenleben. Aber gerade was die Neigungen und die Achtung voreinander betraf, ergaben sich Schwierigkeiten von Anfang an. Im weitesten Sinne ging es um den alten apollinisch-dionysischen Konflikt. Sam war wie einer der voranstürmenden, ausdauernden Helden in den Büchern von Horatio Alger* bereit, schwer zu arbeiten und Opfer zu bringen, um voranzukommen. Außerdem war er ein Mann des Geistes, wenn auch eines eingleisigen, ein Nachfahre geachteter, gelehrter Rabbis; seine Freizeitbeschäftigungen waren rein geistiger Art – das Studium des Talmud, philosophische Diskussionen, Wirtschaftswissenschaften. Die Beschäftigung des Geistes und jede Art von Lernen rangierten für ihn an erster Stelle. Zwar hatte Jennie auf dem Papier eine bessere »Schulbildung« als Sam; schließlich hatte sie die Abendschule besucht und eine Vielzahl allgemeinbildender Fächer studiert, während Sams Schulbildung sich auf die wenigen Jahre beschränkte, in

* Amerikanischer Autor, 1832–1899, bekannt durch seine Kinderbücher, deren Helden mit Arbeit und Glück den Weg nach oben schaffen (Anm. d. Übers.).

denen er die *Jeschiwa* im *Stetl* besucht hatte. Jennies Schulzeit aber war jäh unterbrochen worden durch die Arbeit in der Spinnerei, und ihre frühe Heirat und bevorstehende Mutterschaft führten bei ihr zur Abkehr von geistigen Dingen. Ihre Hauptinteressen schienen dem Essen, den wenigen Zerstreuungen, die es in Mattapan gab, dem Kino mit seinen Zelluloidberühmtheiten, gefühlvollen Romanen, der lokalen Hearst-Zeitung und dem Tratsch mit ihren Altersgenossinnen zu gelten, Dinge, die – mit gelegentlicher Ausnahme des Essens – ihren Mann nicht im geringsten interessierten.

Er verachtete zunehmend ihre, aus seiner Sicht, geistige Trägheit, ihr passives Einverständnis mit Oberflächlichkeiten, mit Trivialem. Schuld an dieser Veranlagung waren für ihn die Resnicks. Sie schlug nach der »Resnick-Art« – die ihm gewöhnlich und diesseitig erschien –, das war ihr Schicksal, ihr Fluch. Der Respekt, den er Pearl und Samuel Resnick bis dahin bezeugt hatte, und seine bisherige Zuneigung für sie schwanden plötzlich dahin. (Während aller Jahre ihres Zusammenlebens endete häuslicher Streit regelmäßig damit, daß Sam zu Jennie »du Resnick, du« sagte, was in seiner Redeweise so viel hieß wie: »Du bist dumm und gewöhnlich«. Die natürliche Folge war, daß alles, was »Bernstein« hieß, klug und außergewöhnlich war. Selbstverständlich verschlechterten sich die Beziehungen zwischen Sam und der Familie Resnick nach seiner Hochzeit.) Jennie, der nichts ferner lag als Kritik zu üben, stieß sich doch an Sams zermürbendem Ehrgeiz, seiner Pfennigfuchserei, seinen Talmudstudien und den Besuchen bei »diesen Rabbis«. Sie war noch nicht zwanzig, aber sie hatte das Gefühl, zu verkümmern. Sie wollte leben, tanzen, Dinge erfahren, aber sie war gefangen in der Ehe mit einem Mann, der sie einengte, der sie nicht mehr zum Lachen brachte.

Es wurde beiden sehr schnell klar, daß ihre Heirat ein Fehler gewesen war, eine Fehlverbindung. Eine Scheidung kam zur damaligen Zeit und unter den gegebenen Umständen nicht in Frage – so eine Idee konnte man nur in verrückten Träumen haben. Man mußte es durchstehen, egal wie es ging, ob zum Guten oder zum Schlechten, besonders wenn ein Kind unterwegs war. Bezeichnenderweise blieb Sam in Boston, als das Baby geboren werden sollte. Jennie war gegen Ende August 1918 allein nach Lawrence gefahren, um bei ihrer Familie zu sein und um im Allgemeinen Krankenhaus in Lawrence zu entbinden. Am Sonntag, dem 25. August, um 3 Uhr früh setzten die Wehen ein. Man verständigte Dr. Meyer Schwartz, den Hausarzt der Resnicks, ein in der ganzen Gegend bekanntes Original. Er erschien in dem für ihn typischen Aufzug: auf dem Kopf einen zerknautschten, flachen Filzhut und im Mund eine dünne Zigarre, an der er kaute. Er brachte Jennie und ihre Eltern ins Krankenhaus, wo sehr bald ein schmächtiger Sohn das Licht der Welt erblickte. Auf Bitten von Pearl bekam er den Namen Louis – wie Jennies Bruder –, in Erinnerung an Eliezer Zorfas, Pearls Vater. Aber mit einem erst zwölfjährigen Onkel, der den gleichen Namen trug wie sein kleiner Neffe und im selben Haus mit ihm wohnte, gab es ständig Verwechslungen; also nannte man das Baby Leonard, wie es Jennie und Sam ja immer gewollt hattten. (Bis er sechzehn wurde, nannten seine Lehrer ihn in der Schule mit seinem gesetzlichen Namen, Louis, überall sonst hieß er Leonard. Als er sechzehn wurde, ließ er seinen Vornamen im Rathaus von Lawrence gesetzlich ändern.)

Nach Lennys Geburt ging die Ehe etwas besser. Samuel Joseph Bernstein hatte einen Sohn und Erben, ein Geschöpf nach seinem Bilde, gewiß mit göttlichem Geist begabt, wie alle männlichen Bernsteins vor ihm. Er sollte streng erzogen werden, alle nur denkbaren Möglichkeiten sollten ihm offenstehen und schließlich sollte er seinem Vater nacheifern auf dem Weg zum Erfolg durch das Gestrüpp des amerikanischen Wirtschaftslebens. Sam verdoppelte seine Anstrengungen und seine Strebsamkeit. Jede Überstunde leistete er im Gedanken an die Zukunft seines Sohnes. Und Jennie, die noch in Lawrence war, hatte einen neuen Lebensinhalt. Ihr Sohn war der alleinige Gegenstand ihrer Liebe. Mutterschaft war ihr wahrer Beruf. Jeder Augenblick war damit ausgefüllt, um so mehr als der Sohn anfänglich kränklich war – asthmatisch und von gelegentlichen Krämpfen geplagt. (»Eine schwache Brust, wie der Vater«, sagte Jennie oft von ihm.) Die Resnicks vergötterten ihr erstes Enkelkind, und Jennie war von Stolz erfüllt. Sie erinnerte sich oft daran, wie Pearl das schniefende, kolikanfällige Baby in einem großen Schaukelstuhl aus Ahornholz stundenlang schaukelte, während die übrige Familie auf Zehenspitzen ging und beim Wechseln der Windeln half. Sam kam, wann immer seine Arbeit es zuließ. Als das Baby kräftig genug für die Reise schien, holte Sam seine Frau und seinen Sohn zurück nach Mattapan.

Sams eiserner Fleiß und sein Glaube an die Zukunft zahlten sich aus. Noch vor dem ersten Geburtstag seines Sohnes wurde er zum Manager von Frankel & Smith befördert und konnte sich eine größere, komfortablere Wohnung in Allston nahe Cambridge leisten. Immer noch wurden die Pfennige umgedreht, aber sie wurden für ein neues Ziel beiseite gelegt: Sam war fest entschlossen, so viel Geld zu sparen, daß er eines Tages ein eigenes Geschäft würde aufmachen können. Immer noch ertrug er, daß seine Vorgesetzten ihn schlecht behandelten (obwohl er ihr Manager war), nur damit er genug verdienen und lernen konnte, um ihr Konkurrent zu werden. In Jennie ließen jedoch die vielen Überstunden im Büro und sein Geizen mit dem Wirtschaftsgeld neuen Groll aufkommen, und nach einem bitterbösen Streit im Jahre 1920 geschah das Unvorstellbare: Jennie verließ das gemeinsame Ehebett und fuhr mit ihrem Sohn zurück nach Lawrence zu ihrer Mutter. Sam folgte ihr auf dem Fuße und verlangte ihre sofortige Rückkehr nach Allston, aber Jennie weigerte sich. Zwei Wochen schmorte Sam im eigenen Saft in der Wohnung in Allston. Mit jedem Tag, der verstrich, wuchs seine Überzeugung, daß »diese Resnicks« ein Geheimbund waren, der sich gegen ihn verschworen hatte. In Wirklichkeit aber war es Pearl, die Jennie überredete, zu Sam zurückzugehen. Sie kaufte ihnen eine Bettwäschegarnitur aus feinem Leinen, um die Versöhnung zu versüßen.

Innerhalb eines Jahres zogen sie wieder um – diesmal nach Revere, einem am Meer gelegenen Viertel nördlich von Chelsea –, und ein neuer Streit führte zu einer zweiten Trennung. Lennys früheste Erinnerungen gehen auf die Zeit in Revere zurück. Die Wohnung, direkt über einer Schneiderei gelegen, befand sich in einem großen Haus, das einer Familie Zion gehörte. Zwei Schwestern Zion, Ruthie und Nettie, bemühten sich eifrig um Jennie und ihren Sohn und halfen beiden über die schwierige Zeit hinweg, in der sie vom Vater offenbar verlassen worden waren. Eines Nachmittags aber erlahmte ihr Eifer, und Lenny wurde alleingelassen. Er beschloß, mit den Wasserhähnen am Waschbecken im Badezimmer zu spielen. Er kletterte auf das Becken, schloß es sorgfältig mit dem Stöpsel und drehte beide Hähne ganz auf. Wie der Zauberlehrling entdeckte er plötzlich, daß er sie nicht mehr zudrehen konnte. Das Becken quoll über, und das Wasser drang in die darunterliegende Schneiderei und durchnäßte mehrere Anzüge. »Ich mußte schwer büßen«, erinnerte sich Lenny. »Es war ein traumatisches Erlebnis – diese Panik, unfähig zu sein, das Wasser abzustellen! Natürlich kam ich nicht auf den Gedanken, einfach den Stöpsel herauszuziehen. Ich war eben noch zu klein.« Aber vielleicht wurde Sam durch den Ärger und die Schadensrechnung des Schneiders im Parterre dazu bewogen, in seinen Käfig zurückzukehren. Jedenfalls söhnten sich Vater und Mutter wieder aus, und bald darauf zog die Familie erneut um, in die Courtland Road.

Vieles ereignete sich in der Zeit, in der sie in dem Zweifamilien-Holzhaus in dieser ungepflasterten Straße in Mattapan lebten. Zum einen wurde Jennie wieder schwanger. Am 3. Oktober 1923 brachte sie eine Tochter zur Welt – die Shirley Anne genannt wurde, in Anlehnung an Anne Shirley, die Heldin des bekannten Romans ›Anne von Green Gables‹, der später verfilmt wurde, mit Anne Shirley, Jennies liebster Filmschauspielerin in der Hauptrolle. Die Geburt fiel zeitlich mit einem anderen bedeutenden Familienereignis zusammen: Sam kündigte bei Frankel & Smith und eröffnete ein eigenes Geschäft in der Summer Street 111 in Boston. Genug Pennies waren zusammengekratzt, genug Kenntnisse über das Geschäft mit Friseurbedarf und Kosmetikartikeln gesammelt, und der entscheidende Augenblick war endlich gekommen. »Der Anfang war hart, ein Existenzkampf«, erinnerte sich Jennie. »Er hatte sein kleines Geschäft in der Summer Street und nur wenige Mitarbeiter. Es gab mehr Tiefs als Hochs, aber dann kamen einige Kunden von Frankel & Smith herüber, die gern mit ihm gearbeitet hatten, und das Geschäft ging etwas besser. Seine ehemaligen Chefs waren wütend über seinen Weggang, und als sie sahen, daß er einige ihrer Kunden gewonnen hatte, versuchten sie alles, um ihn zurückzuholen – zum dreifachen Gehalt und mehr, was immer er wollte, wenn er nur zurückkäme. Aber nein, nicht Sam. Er war glücklich, selbständig zu sein – unabhängig und unnachgiebig. So war Sam – unabhängig und unnachgiebig. Ich hatte alle Hände voll zu tun mit Lenny, der eingeschult wurde und noch immer kränkelte, und mit Shirley, die noch ein Baby war. Aber Sam hatte *drei* Kinder. Sein drittes Kind war das eigene Geschäft.«

Einer der wenigen Angestellten der Samuel Bernstein Hair Company war Abraham Malamud, der als Achtjähriger in Korez erlebt hatte, wie sein Vetter eines Tages in einer Straße, die über Rowno nach Amerika führen sollte, verschwand. Sie hatten über die Jahre Briefe gewechselt, in denen Sam den Vetter Abe davon überzeugte, daß seine Zukunft in der Neuen Welt läge. Als Abe aber im Jahre 1921 so weit war, Korez verlassen zu können, waren die amerikanischen Einwanderungsbestimmungen und die russischen Ausreisegesetze inzwischen verschärft worden. Abe blieb trotzdem bei seinem Entschluß. Er überlistete die sowjetischen Behörden, ließ seine sechs Geschwister zurück und machte sich auf den Weg nach Warschau und Danzig. In Danzig hörte er, daß der sicherste Weg nach Amerika über Kuba führe, wo man nach einjährigem Aufenthalt den Einwanderungsantrag für die Vereinigten Staaten mit mehr Aussicht auf Erfolg stellen konnte. In Kuba finanzierte Abe seinen Unterhalt ein Jahr lang mit einer Holzkiste voll Kurz- und Galanteriewaren, die er in den Straßen Havannas feilbot mit der spanischen und englischen Aufforderung: »Schaut in die Kiste!« (Diese wenigen Worte waren für viele Monate ungefähr die einzigen ihm bekannten und von ihm benötigten Wörter, sowohl in spanischer wie in englischer Sprache.) Von dem Geld, das er sich mit solch bescheidenem Hausieren verdient hatte, reiste er nach Florida, New York City und schließlich zum Haus seines Onkels Harry Levy in Hartford. Dort traf er Sam – der mit Frau und Sohn zu Besuch gekommen war – zum ersten Mal seit 1908. Sam, damals Manager bei Frankel & Smith, bot Abe einen Job als Haarmischer an. Immer gut gelaunt und mit einer Ausdauer, die ans Übermenschliche grenzte, erfüllte Abe diese Aufgabe unter dem Dach von Sams Geschäft länger als fünfzig Jahre. (Mein Vater sagte immer – als ob er ein biblisches Wunder offenbare –, daß Abe, ein zuvorkommender kleiner, sanfter Mann mit einem Schnurrbart, der notdürftig eine leichte Hasenscharte verdeckte, an jedem Arbeitstag, den Gott werden ließ, morgens zuverlässig das Büro öffnete und abends wieder schloß. Dann korrigierte er sich: »Nein, einmal hatte er eine Leistenoperation und fehlte drei Tage.«) Sam überredete Abe, aus Gründen, die den Beteiligten nie ganz klar wurden, seinen Nachnamen in Miller zu ändern, kurz nachdem er ihn in sein neues Geschäft übernommen hatte. Vielleicht dachte er, daß *Malamud,* was »Lehrer« bedeutet, einer merkantilen Welt nicht angemessen sei. »Neben Sam waren wir zu dritt in der Summer Street«, erinnerte sich Abe Miller. »Eine Sekretärin für Buchhaltung und Rechnungen, ein Vertreter für Friseurbedarf und ich. Lange Zeit kam kein Geld herein, und wir mußten alle von ein paar Groschen leben. Ich wohnte in einem kleinen Zimmer in South End. Da ich noch nicht mit Annie verheiratet war, konnte ich gerade auskommen. Sam arbeitete so hart. Wir alle arbeiteten so hart. Wir glaubten, daß er es schaffen würde. Das Geschäft lief allmählich etwas besser, weil Schönheitssalons populär und neue Frisuren modern wurden. Wir machten bald bessere Geschäfte mit Schönheitsmitteln als mit Perücken und Zöpfen.« In der Tat, als Sam sein Geschäft eröffnete, verkauften sich Perücken und falsche Zöpfe nicht mehr gut. Darüber schrieb Sam später an einen Kollegen: »Im Jahre 1923 brach der Markt für Haarteile zusammen, und mein Geschäft war tot. Ich besprach die Lage mit Mr. Tower (Russell B. Tower, Sams »Yankee«-Idol und Präsident der alteingesessenen Edward E. Tower Company), und er riet mir, die Lieferung von Schönheitsmitteln an Frisiersalons aufzunehmen. Er bot sich sogar an, mir bei dem Aufbau des dazu notwendigen Lagers zu helfen.« Dieses Beispiel von Großmut bei einem Konkurrenten vergaß Sam nie, der den Neu-Engländer von altem Schrot und Korn sehr verehrte. Wann immer in einem Familiengespräch ein Muster an Güte und Lauterkeit gesucht wurde, wußten wir alle, daß es Russell B. Tower sein würde.

Ein gut Teil seines Aufstiegs auf der Erfolgsleiter à la Horatio Alger verdankte Sam dem Zusammentreffen des richtigen Zeitpunkts mit dem Glück. Das Geschäft mit Friseurbedarf hatte sich in den Jahren des Ersten Weltkriegs belebt, weil die bekannte Tänzerin Irene Castle (die mit ihrem Mann Vernon den One-Step, den Turkey-Trot und den Castle Walk kreierte) ihr Haar hatte kurz schneiden lassen. Sie war so berühmt, daß ihre Frisur sofort der letzte Schrei bei den amerikanischen Frauen wurde. Sogar Herrensalons wurden eilends in »Schönheitssalons« umgewandelt, die ihre Ausstattung von »Haarfirmen« wie Frankel & Smith bezogen. (Harry Levys Rasiersalon in Hartford gehörte auch dazu und hieß nun »Claires Schönheitslädchen«.) Dieser Modetrend reichte bis in die zwanziger Jahre, mit dem extrem kurzen Bubikopfschnitt und dem Auftauchen einer Behandlung, die »Dauerwelle« hieß; sie war von einem deutschen Aussiedler namens Speckermann aus England importiert worden. Die Dauerwellenmode wurde durch Speckermanns Erfindung des Frederics-Dauerwellen-Apparates gefördert – einer monströsen Angelegenheit, die von der Decke des Salons herabhing. Drähte quollen daraus hervor, die mit aufheizbaren Klammern verbunden waren; diese wurden mit einem in eine chemische Flüssigkeit getauchten Wattebausch dem Haar des Opfers appliziert, was eine mehr oder weniger dauerhafte Locke erzeugte. Die Prozedur war eine regelrechte Tortur für die Damen, in einigen Fällen war sie direkt gefährlich. Aber Mitte der zwanziger Jahre wurde ein neuer Frederics-Apparat entwickelt – leichter, angenehmer und auf einem beweglichen

Fuß montiert, so daß die Kundin sich nicht mehr als Versuchsobjekt eines verrückten Erfinders fühlen mußte. Diese Entwicklung ermöglichte, daß in einem Frisiersalon mehrere Kundinnen ohne große Schwierigkeit gleichzeitig mit Dauerwellen bedient werden konnten.

Sam erkannte auf einen Blick die Vorteile des verbesserten Geräts. Es gelang ihm, die gesamte Bostoner Konkurrenz zu überbieten und die Exklusivvertretung für Neu-England zu bekommen. Wie ein Sturzbach kamen Aufträge für den neuen Apparat herein, einige von Salons, die wegen des Dauerwellenbooms gerade erst eröffnet hatten. »An einem Tag im Jahre 1927 besaß ich nicht einmal fünf Cents«, pflegte Sam zu erzählen, »am nächsten Morgen ging ich ins Geschäft, und es hatte den Anschein, als ob jeder Salon in Neu-England einen Frederics haben wolle. Mit den wenigen Mitarbeitern konnte ich die Aufträge nicht bewältigen, also mußte ich Verkäufer und Sekretärinnen und Buchhalter und Expedienten und Lagerarbeiter einstellen, und das alles in wenigen Tagen. Plötzlich hatte ich Geld auf der Bank, bekam überall Kredit, war ein bekannter Mann – nur wegen Frederics. Es war das, was man die ›Verwirklichung des amerikanischen Traumes‹ nennt.« Tatsächlich, das war es. Schon bald mietete er zwei Stockwerke eines Bürohauses in der Washington Street 480, und da auch Haarteile einen neuen Boom erlebten, gebot er bald einem Stab von fünfzig Angestellten – darunter auch zwei von Jennies Schwestern, Bertha und Dorothy, die als Haarflechterinnen arbeiteten.

Sams amerikanischer Traum wäre einige Jahre später fast ein sensationeller amerikanischer Übertraum geworden, als ein junger Verkäufer namens Charles Revson in sein Büro kam. Revson vertrat eine Kosmetikfirma aus New Jersey, die sich auf Nagellack spezialisiert hatte, aber er wollte ein eigenes Geschäft aufmachen mit einem dauerhaften »Crèmelack« in verschiedenen, undurchsichtigen Deckfarben. (Bis dahin war Nagellack durchsichtig und von nur geringer Haltbarkeit.) Er brauchte fünfhundert Dollar, um chemische Substanzen für die Mixturen zu kaufen, die er auf seinem einfachen Küchenherd zusammenbraute. Falls Sam die fünfhundert Dollar investierte, wollte Revson ihm ein Drittel seines gerade beginnenden Geschäfts überschreiben. Was hatte ein gescheiter Mann, ein Aufsteiger wie Sam Bernstein, dazu zu sagen? Nun, Sam Bernsteins Gesicht färbte sich rot wie der Inhalt einer von Revsons Flaschen. Als er wieder in der Lage war zu sprechen, schrie er Revson (dessen Name, frei übersetzt, »Sohn des Rabbis« bedeutet) an: »Sie machen Huren aus den amerikanischen Frauen! Sie malen ihnen die Nägel an, so daß sie wie Zwei-Dollar-Huren aussehen! Verlassen Sie mein Büro!« Und so ging Revson fort, wütend und keineswegs bekehrt. Bald darauf gründeten er und ein klügerer, wenn auch nicht so moralischer Partner namens Charles Lachman die Firma Revlon. Wir Bernsteins haben uns oft den Spaß gemacht, uns auszudenken, wie unser Leben verlaufen wäre, hätte Sam ein Drittel des Revlon Konzerns besessen. (Irgendwie wurden die Bernsteins von Revlon verfolgt. In den dreißiger und vierziger Jahren litt Sams Geschäft ein wenig darunter, daß es ihm nicht gelang, die Vertretung der gewinnbringenden Revlon-Produkte zu bekommen. Sams Moralbegriffe hatten sich im Laufe der Zeit geändert, Charles Revsons Gedächtnis war scharf geblieben. Aber schließlich ließ Revson Vergangenes vergangen sein und übertrug Sam in den fünfziger Jahren die Vertretung seiner Markenartikel; das war für ihn sogar ein gutes Geschäft, denn Sams Firma war die größte in Neu-England. Später, im Jahre 1959, wurde meine Schwester Shirley als Produzentin einer TV-Quizshow »Die 64000 Dollar-Chance« aufgefordert, vor einem Untersuchungsausschuß über Schiebungen in Quizshows auszusagen. Als sie sich in Überschriften wie »Mädchen TV-Schieberin« in den ›Daily News‹ oder »Maestros Sippe« in einem Artikel des ›Journal-American‹ angeprangert sah, gab sie unter Eid zu Protokoll, daß der Sponsor der Show sie gezwungen hatte, auf besondere Fähigkeiten gewisser Quizteilnehmer einzugehen, damit diese die Fragen richtig beantworten konnten, je nachdem, ob der Sponsor die Kandidaten leiden konnte oder nicht. Der Sponsor der Show »Die 64000 Dollar-Chance« war Revlon.)

Für Sam und Jennie ging der Wohlstand Ende der zwanziger Jahre einher mit Amerikanisierung, Anpassung, mehr Bewegungsfreiheit, materiellen Annehmlichkeiten und großen Plänen. Obenan auf ihrer Wunschliste stand eine größere Wohnung. Die beiden Kinder brauchten eigene Zimmer; Jennie brauchte eine bessere Küche; Sam brauchte eine ruhige Ecke für seine Talmudstudien und seine periodischen Grübeleien. Ein wachsender Wohlstand führte damals jüdische Familien in Boston aus den Gettos von Chelsea oder Mattapan oder Dorchester zunächst in die saubereren, baumbewachsenen Straßen Roxburys, und – wenn der Geldstrom anhielt – zu dem höchsten aller Ziele, einem eigenen Haus in Newton oder Brookline.

(Back Bay, Beacon Hill und die vornehmeren Vororte Wellesley Hills, Needham, Winchester und Dedham waren noch immer ausschließlich Wohngebiete der WASPS*.) Trotz seines anschwellenden Bankkontos zögerte Sam, den gewaltigen Sprung nach Newton oder Brookline zu wagen. Er drehte zwar die Pennies nicht mehr um, aber andererseits traute er auch der wirtschaftlichen Lage nicht ganz. Vielleicht war er damals der einzige republikanische Wähler in Amerika, der keine einzige Aktie besaß, außer Anteilen an der Samuel Bernstein Hair Company. So zog er also im Laufe der nächsten sechs Jahre mit seiner Familie in immer geräumigere Wohnungen in Roxbury: Abbotsford Street, Crawford Street, Brookledge Street, Schuyler Street und schließlich Pleasonton Street. Diese häufigen Tapetenwechsel machten Jennie fast verrückt – besonders der von der Abbotsford in die Crawford Street. Jennie hatte den Umzug in die Wohnung überwacht, und die Möbel waren fast alle an ihrem Platz, als Sam aus dem Büro in seine neue Wohnung kam. Er war noch kaum in der Tür, als er zu seinem Entsetzen eine Küchenschabe sah, die an der Wand hinaufkroch. Der Mann, der den Schmutz eines Bauernhofs im *Stetl* erlebt und das Zwischendeck bei der Atlantiküberquerung erlitten hatte, der Fischsäuberungsschuppen, Einwandererquartiere, Camp Devens und zahllose andere Angriffe auf sein Gefühl für Hygiene überstanden hatte, war es endlich satt. Jetzt war er ein bemittelter Mann, und in seinem Haus duldete er keine Küchenschabe. Er lehnte es ab, auch nur eine Nacht in dieser Wohnung zu schlafen. Er bestellte die Umzugsleute und ließ die Möbel wieder aufladen. Der Mietvertrag wurde annulliert und eine andere, sauberere Wohnung in der Brookledge Street gefunden.

Es waren intensive Jahre des Heranreifens für die Kinder *und* die Eltern. Während Lenny und Shirley sich ihrer individuellen Persönlichkeit bewußt wurden, lernten Jennie und Sam die Freuden des guten Lebens kennen. Jennie konnte bei den großen Warenhäusern auf Kredit kaufen. Wuchtige Möbel wurden angeschafft, stabil genug, um Jahrzehnte in verschiedenen Wohnungen zu überdauern: riesige Betten aus Mahagoni und Ahornholz, hochgepolsterte Sofas und Stühle mit flauschigen, blumigen Bezügen, eine Sepiazeichnung des Canale Grande, der allseits beliebte »ägyptische« Wandteppich, ein echter Orient-

* WASP = White Anglo-Saxon Protestant, die Ureinwanderer (Anm. d. Übers.)

teppich, und die unvermeidliche Bowle aus rotem Kristall, gefüllt mit Wachsfrüchten. Als wir in der Schuyler Street wohnten, stellte Tante Clara ihr Klavier bei uns unter, was durchschlagende Folgen für Lenny haben sollte.

Sam schloß sich einer der älteren, konservativen Synagogen Amerikas an, dem Mischkan Tefila Tempel, der im Jahre 1925 in einem parthenon-ähnlichen Gebäude aus weißem Granit in Roxbury in der Seaver Street gegenüber dem Franklin Park wieder neu eröffnet worden war. Sams neuer Lebenszuschnitt schien ihn von den kleinen, dürftigen, orthodoxen *Schuls* seiner Vergangenheit, in denen Männer und Frauen getrennt wurden, fortzutreiben. Er konnte jetzt voll Stolz seine Familie in ein Gotteshaus führen, das es mit jeder Kathedrale aufnehmen konnte, mit Chor, Orgel und reservierter Kirchenbank, mit einem Rabbi namens H. H. Rubenowitz, der nicht nur in Englisch, sondern in Englisch mit Oxfordakzent predigte, einem Kantor, den man für einen Opernsänger hätte halten können, und einer erstklassigen hebräischen Schule, in der das Verständnis seiner Kinder für ihr geschichtliches Erbe gefördert wurde. Ihre weltliche Erziehung bekamen sie in der William Lloyd Arrison School, einer urtypischen Bostoner Institution, in der bei der Bildung des Geistes und der Manieren nicht gescherzt wurde. Als einflußreicher Mann in der Schönheitsmittelbranche besuchte Sam Tagungen und Messen in New York und Chicago, in Tuchfühlung mit den Mächtigen dieser speziellen Industrie. Und als äußeres Zeichen seines Erfolges kaufte er schnurstracks ein Auto – einen Ford Tourenwagen.

Wie Tausenden anderer amerikanischer Familienväter verschaffte der Ford ihm eine neue Art von Freiheit – Bewegungsfreiheit. Zunächst benutzte er den Wagen versuchsweise an Sonntagnachmittagen für Ausflüge »aufs Land« – womit alles gemeint war, was gerade außerhalb der Stadtgrenze von Boston lag. Als er etwas sicherer am Steuer war, wagte er Ausflüge nach Hartford zu Onkel Harry und Tante Polly. Die Fahrt von Boston nach Hartford war damals sehr beschwerlich. Der leichteste Teil der Strecke war die Fahrt entlang der Worcester Mautstraße oder Straße 9 (die »Nr. 9 Straße«, wie Sam sie immer nannte; allen Fahrstraßen gab er ein solches Präfix, wodurch die Straße eine Art hierarchische Plazierung bekam). Ab der tristen Ortschaft Worcester führte der Weg durch Kleinstädte entlang der »Nr. 20 Straße« und anderer, kleinerer Landstraßen – es war eine langsame und ermüdende Fahrt.

Aber wenn man endlich in Hartford angekommen war, gab es nur noch eitel Freude mit den liebevollen und lebhaften Verwandten. Die Häuser der Levys in der Greenfield Street und der Kleimans (der Familie von Tante Polly) in der Eastford Street waren ständig voller Menschen, Essen, Musik und Lachen. Da waren Jake und Josie und Nathalie und Nathan und Maurice Kleiman und zwei Beckys (»Becky vom Lande« und »Becky aus Meriden«) und ein Dutzend anderer entfernter Verwandter und naher Freunde. Besonders für Lenny war Hartford das Paradies seiner Kindheit. Dort fiel die Spannung, die in seinem Elternhaus herrschte, sofort von ihm ab und machte einem Gefühl von Freude und Behagen Platz. »Die Hartforder schienen die gesündesten und unkompliziertesten Menschen zu sein«, sagte Lenny. »Onkel Harry und Tante Polly waren wahre Engel, und alle anderen waren wunderbare Typen. In einem Tagebuch, das ich als Kind führte, machte ich eine Eintragung über eines der Kleimanmädchen, die ich dort kennengelernt hatte, und am Schluß schrieb ich: ›Nathalie – kein Mädchen ist wie sie‹. Josie, Nathalies Schwester, sang wie ein Vogel, eine Art Koloratur, und sie hat mich musikalisch angeregt. Und, natürlich, da waren Onkel Harrys altes handbetriebenes Victor-Grammophon und Schallplatten von Rosa Ponselle mit Arien und von Frank Munn, der ›I want to go back to Michigan‹ sang und Frank Crumits ›I wish that I'd been born in Borneo‹. Hartford war ein künstlerisches Erlebnis. Die Abende endeten meist mit einem ausgelassenen Penny-Ante-Spiel* rund um einen großen runden Eßtisch, und Tante Polly übertönte mit ihrem hohen, schrillen Lachen alle anderen. Ich fand es herrlich, im Bett zu liegen und das Lachen im unteren Stockwerk zu hören. Hartford war einer der wenigen Orte, wo Sam und Jennie sich entspannen konnten.«

Aber auf dem Heimweg nach Boston kam die Spannung zurück – und zwar verstärkt, denn Sams Fahrweise war haarsträubend. Er hielt das Lenkrad in einem Würgegriff am untersten Rand, die Handflächen nach außen und die Knöchel weiß vor lauter Anstrengung, es festzuhalten. Daß er das Lenkrad mit diesem Griff überhaupt drehen konnte, war ein Wunder, doch gelang es ihm irgendwie, allerdings fast immer nur nach rechts, was zu verwirrenden Kreisfahrten führte, wenn er sich, in Sturbridge beispielsweise, verfahren hatte. Er fuhr mit enervieren-

* Pokerspiel, bei dem der (erste) Einsatz einen Cent beträgt (Anm. d. Übers.)

der Langsamkeit, wahrscheinlich wegen seiner schlechten Augen und seines Ungeschicks in technischen Dingen. Die Hupen-Kakophonie der hinter uns fahrenden Autos war eine immer wiederkehrende Pein. Es war ein Wunder, daß Sam nur wenige Unfälle hatte. Einer davon, der sich auf der Rückfahrt von Hartford ereignete, hätte schlimm enden können. Der Wagen kam auf nasser Bahn ins Rutschen und kippte auf die Seite. Die Insassen kamen mit Schnittverletzungen und einem leichten Schock glimpflich davon. Ein anderer Unfall führte nur zum Verheddern der Stoßstangen, dennoch blieb er uns unvergeßlich; er wurde sogar zu Lennys Lieblingsgeschichte aus seiner Kindheit. Sam war von rückwärts auf das Heck eines anderen Ford aufgefahren, die Stoßstangen hatten sich verfangen, und beide Fahrer stiegen aus, um den Schaden zu besehen. Der andere Fahrer, ein stattlicher schwarzer Mann, behauptete, sein Kotflügel sei auch verbeult, woraufhin Sam böse und streitsüchtig wurde. Als die Straßendebatte immer hitziger wurde, murmelte Sam einen jiddischen Fluch und sagte etwas Verächtliches über Schwarze, die Auto fahren. Der schwarze Mann straffte seine Schultern, hielt seine Faust zentimeterdicht unter Sams Nase und schrie: »Halts Maul, du verdammter Ire!«

Der Beginn der Großen Depression und des sie begleitenden Elends brachte Sam und seiner Familie sogar größeren Wohlstand. Da er vor dem Oktober 1929 keine Aktien besessen hatte, mußte er danach auch keine wertlosen Schuldscheine verbrennen. Und da er gewissenhaft das nicht unmittelbar benötigte Geld gespart hatte, verdoppelte und verdreifachte sich die Kaufkraft des Dollars auf seinem Konto bei einer soliden Bank. Am widersinnigsten war die Auswirkung der Depression auf das Friseurgeschäft. Man hätte annehmen können, daß in schweren Zeiten und bei schmalem Budget der Besuch beim Friseur als erster überflüssiger Posten gestrichen würde. Viele Frauen aber, die vielleicht zwanzig Dollar zum Ausgeben hatten, verwandten zehn für Lebensmittel und die andere Hälfte für eine Dauerwelle. Nach Sams Theorie war es weibliche Eitelkeit, die zu dieser merkwürdigen Ausgabenpolitik führte, verbunden mit dem Stimmungsumschwung, den ein Friseurbesuch bei deprimierten Damen bewirkt. Natürlich gerieten einige Friseure durch die wirtschaftliche Situation in Bedrängnis, und Konkurse waren an der Tagesordnung, aber Sam gab allen Kunden, denen er vertraute, einen zinslosen Kredit und rettete dadurch viele vor dem Zusammenbruch. Noch Jahrzehnte später konnte es passieren, wenn ich zufällig eine der älteren Saloninhaberinnen aus Massachusetts traf, daß ich von ihr angesprochen wurde: »Oh, Sie sind Sam Bernsteins Sohn! Ohne Ihren Vater wäre ich heute nicht mehr im Geschäft. Er hat in der Depression meine Existenz gerettet.« Solch spontane Lobeshymnen erklangen so oft, daß mein Vater in meinen Augen zum Helden wurde, so wie ihn seine alten Kunden sahen. Sam selbst stand den Friseusen zwiespältig gegenüber. Während er einerseits mit ihnen schäkerte und ihnen Komplimente machte, wie man es von einem guten Geschäftsmann erwartete, respektierte er doch nur wenige, und zwar die, die er für hinlänglich intelligent hielt. »Friseusen sind törichte Frauen«, sagte er oft, besonders wenn er von einem anstrengenden Tag im Büro oder von einer Veranstaltung nach Hause kam. »Sie benehmen sich wie ein Haufen Zwei-Dollar-Huren. Sie haben nur Trinken und Flirten mit den Vertretern im Kopf. Und das Geld können sie auch nicht zusammenhalten! Nicht einmal die Zeitung lesen sie. Blöde Weiber!« Seine Meinung von Friseusen färbte mehr oder minder auf seine Einstellung zur Weiblichkeit im allgemeinen ab. Wann immer eine weibliche Person (Friseuse oder nicht) ihn geärgert hatte, fühlte er sich bemüßigt, »Weib!« zu brüllen – wenn sie außer Hörweite war. Oft richtete sich der Ausruf »Weib« gegen meine Mutter.

Das im Widerspruch zu der zerrütteten Wirtschaft anwachsende Vermögen der Bernsteins machte Sam Mut, den Gipfel zu erstürmen – er wollte ein eigenes Haus besitzen. Er ging sogar noch weiter und machte Pläne für den Bau *zweier* Häuser – eines »Winterhauses« in der Park Avenue im Vorort Newton und eines »Sommerhauses« in der Lake Avenue in dem Landstädtchen Sharon. Eines Abends im Jahre 1931, als die Familie in einem komfortablen Haus in der Pleasonton Street in Roxbury zur Miete lebte und ein Ganztagsmädchen namens Agnes als Hilfe hatte, kam Sam in Begleitung eines Mr. Waters, eines Architekten, nach Hause. Mr. Waters breitete einige gerollte Pläne auf dem Eßtisch aus, einen Entwurf für ein Stadthaus aus roten Ziegelsteinen in Newton, und einen zweiten für ein kleines Landhaus mit rotem Schindeldach in Sharon. Die Familie betrachtete diese Pläne fasziniert. Der Bau, sagte Mr. Waters, könne jederzeit beginnen, da es viele arbeitslose Tischler und Maurer gäbe. Beide Häuser könnten innerhalb eines Jahres bezogen werden. Lennys und Shirleys Erinnerung nach war Sam nie glücklicher als an diesem Abend. Bald würde er zwei Häuser besitzen! Und genau vor dreiundzwanzig Jahren hatte er noch die Küken in Beresdiw gefüttert! Man stelle sich das vor! Jennie war etwas weniger entzückt über diesen plötzlichen Reichtum. Für sie bedeutete das den sechsten Umzug innerhalb von fünf Jahren. Und überdies war sie dreiunddreißig und wieder schwanger, das Baby wurde Anfang 1932 erwartet. Nun, wenigstens Platz genug würde das neue Baby haben.

Zwiespältige Gefühle nagten in der Erwartung eines dritten Kindes an der zerbrechlichen Ehe. Einige Jahre zuvor hatte Jennie eine Schwangerschaft durch einen zweifelhaften Arzt in Dorchester abbrechen lassen, ohne ihrem Mann etwas davon zu sagen. Diese Panikhandlung rief Schuldgefühle und Angst vor Sams Reaktion bei ihr hervor, falls er je davon erfahren sollte. Er war noch immer orthodox in seiner religiösen Überzeugung, wenn er auch Mitglied einer gemäßigten Tempelgemeinde war. Offenbar hat Sam nie etwas davon erfahren, aber Schuldgefühle und Angst bedrückten Jennie während ihrer ganzen Schwangerschaft im Jahre 1931. Was Sam betraf, so wünschte er sich ein drittes Kind, am liebsten einen Sohn, aber er begann, an seiner Fähigkeit zu zweifeln, eine Familie lenken zu können. Besonders Lenny zeigte Anzeichen von Auflehnung mit seiner maßlosen Liebe zur Musik (eine aus der Art schlagende und unproduktive Neigung, wie sie schlimmer nicht sein konnte) und keinerlei Interesse für das Geschäft mit kosmetischen Artikeln. Shirley, die erst acht Jahre alt war, stand ihrem Bruder näher als ihrem Vater. Die beiden und ihre Mutter schienen, wie die Resnicks, Front gegen ihn und seine Grundsätze zu machen. Ein drittes Kind, ein zweiter Sohn, würde vielleicht mehr nach seinem Vater geraten.

Wenn Sam auch nach wie vor glücklich war über den Bau seiner beiden Häuser, so hatten sie seine Geldmittel doch praktisch erschöpft, und Sorgen über die wirtschaftliche Zukunft führten gelegentlich zu noch größeren Spannungen in der Pleasonton Street. An einem Dienstagmorgen, im letzten Monat von Jennies Schwangerschaft, saßen alle gemeinsam beim Frühstück in der Küche. Dienstag war »Banktag« in der Garrison Schule (in der die Schüler die Tugend der Sparsamkeit üben lernten, indem sie einiges Kleingeld in der Klassen»bank« deponierten), und Shirley bat ihre Mutter um einen Vierteldollar, wie sie es eigentlich an jedem Dienstag des laufenden Schuljahres getan hatte. Jennie gab diese Bitte an Sam weiter, der plötzlich in Wut geriet und schrie, daß alle nur immer Geld von ihm haben wollten. Er ergriff eine Milchflasche und drohte, sie zu zertrümmern. Jennie flüchtete in den Raum, der das Babyzimmer werden sollte, und schlug die Tür hinter sich zu. Das brachte Sam noch mehr in Wut, er wollte ihr folgen, aber Lenny stellte sich mit ausgebreiteten Armen vor die Tür, um seinen Vater zurückzuhalten und seine schwangere Mutter zu beschützen. Shirley heulte und jammerte laut und rannte in das »kalte Zimmer«. (In allen Bernsteinschen Wohnungen gab es ein Extrazimmer, das im Winter nicht geheizt wurde und das man gelegentlich als zusätzliches Schlafzimmer oder als Abstellraum benutzte.) Sam, mürrisch und verlegen, beruhigte sich schließlich und ging ins Büro. Aber die »Banktag«-Episode hatte eine traumatische Wirkung, besonders auf Shirley, die sich die Schuld an dem Krach gab. »Es war das einzige Mal, daß er seine Wut zeigte«, hat Shirley gesagt, »im allgemeinen zog er sich stumm zurück und grübelte.«

An dem Tag, an dem ich geboren wurde – am Sonntag, dem 31. Januar 1932 in den frühen Morgenstunden –, blieben Lenny und Shirley in der Obhut des Dienstmädchens Agnes zurück, während Sam seine Frau eiligst in das Evangeline Booth Hospital in Boston brachte. Agnes teilte Lenny mit, daß seine Eltern ins Krankenhaus gefahren seien und bot ihm dann eine eindeutige Unterweisung an in dem biologischen Akt, der zu der plötzlichen Fahrt geführt hatte. »Bis dahin hatte ich die größten Schwierigkeiten, überhaupt etwas über Sex herauszufinden, abgesehen von dem, was ich auf der Straße aufschnappte«, sagte Lenny. »Zu Hause wurde natürlich nie darüber gesprochen. Bücher über das Thema besaßen wir nicht. Ich war verrückt vor Neugier. Ich schlug unter ›Geburt‹ in der ›Jüdischen Enzyklopädie‹ nach, dem einzigen Konversationslexikon, das wir damals besaßen, aber daraus konnte man nicht viel erfahren.« Agnes war da etwas anderes. Lenny war fest entschlossen – aber er hatte Angst. Das war sein Glück, denn kurz nach Agnes' Angebot kam Sam vom Krankenhaus zurück, weckte seine Kinder und teilte ihnen voll Stolz mit, daß sie ein Brüderchen bekommen hatten. Lenny, der im ersten Jahr die Lateinschule in Boston besuchte, hatte in der vorangegangenen Woche gerade die dichterische Funktion der Alliteration gelernt und schlug vor, das Kind Burton zu nennen, da dieser Name, alliterativ betrachtet, gut zum Nachnamen Bernstein passe. Sam und Jennie hatten sich schon für den hebräischen Namen Bezalel entschieden, Burton schien ähnlich genug, so wurde es also Burton. Aus irgendeinem Grund bekamen weder Lenny noch ich einen zweiten Vornamen.

Das einen halben Morgen große Grundstück, das Sam für den Bau seines Traumhauses gewählt hatte, war durch seine Freundschaft zu Ben Marcus in seinen Besitz gekommen, der wie er Mitglied der Mischkan Tefila Gemeinde war. Mr. Marcus hatte den Umzug »von Roxbury nach Newton« längst geschafft. Er überredete Sam, das Nachbargrundstück zu kaufen. Aber die benachbarte Parzelle war schmal und bot nicht genug Platz für eine anständige Auffahrt. »Machen Sie sich keine Gedanken darüber«, sagte Mr. Marcus zu Sam, »wir können meine Kiesauffahrt gemeinsam benutzen.« Das klang vernünftig, aber bald nach der Fertigstellung unserer großen quadratischen Villa und unserem Einzug im Jahre 1933 löste die gemeinsame Auffahrt eine Fehde zwischen den Marcus' und Bernsteins aus, die acht Jahre andauerte. Die Streitereien darüber, wer Schnee zu schippen und Kies aufzuschütten hatte und wessen Auto die Vorfahrt blockierte, wurden so heftig, daß Sam und Ben nicht mehr miteinander sprachen. Sie besuchten zwar dieselben wöchentlichen Gottesdienste in der Mischkan Tefila in Roxbury, lehnten es aber ab, im selben Auto zum Gotteshaus zu fahren. Absichtlich richteten sie es zeitlich so ein (man spionierte hinter vorgezogenen Gardinen, um zu sehen, wer als erster in die Garage ging, um den Wagen herauszufahren), daß sie im Abstand von wenigen Minuten getrennt nach Roxbury starteten. Gelegentlich beschimpften sie einander heftig, wenn sie sich unglücklicherweise in der Auffahrt begegneten. Nach dem Wirbelsturm im Jahre 1938 tobte ein heftiger Streit wegen eines umgestürzten Baumes. Ihre Feindschaft reichte bis in die sogenannte »*Schul*-Politik« hinein – es gab Zank wegen Kleinigkeiten, die die Verwaltung des Tempels und die Wahl des Vorstandes betrafen. Ende der dreißiger Jahre war die Fehde so schlimm, daß Sam seinen Familienmitgliedern jeden, wie auch immer gearteten Kontakt mit der Familie Marcus verbot. Diese Anordnung war für Lenny und mich höchst ärgerlich. Lenny war hingerissen von Grace, der älteren Marcustochter, einer Dichterin, Pianistin und Intellektuellen; ich bewunderte Sumner, den einzigen Sohn, der Detektorempfänger und batteriebetriebene Wechselsprechanlagen bastelte. In beiden Fällen wurde Sams strenges Verbot schließlich umgangen. Ich entdeckte Wege, auf denen ich mich heimlich in Sumners Kellerwerkstatt schleichen konnte, und auch Lenny fand Orte, an denen er sich mit Grace traf und mit ihr über Oscar Wildes Gedichte diskutierte.

Die Kiesauffahrt war auch der Schauplatz meiner ersten klaren Erinnerung. Als ich etwa zwei Jahre alt war, bekam ich ein kleines Dreirad, mit dem ich auf einer kleinen grasbewachsenen Spielfläche hinter der Garage umherfahren durfte. Einmal, als mich weder meine Mutter noch das Mädchen beobachteten, beschloß ich, es meinem Vater gleichzutun und eine Kurve auf der Straße zu drehen. Ich kam bis zu dem flachen, gepflasterten Abhang, der von der Auffahrt zur Straße führte, verlor die Kontrolle und rollte genau in dem Augenblick auf die Park Avenue, in dem ein Lastwagen vorbeifuhr, der mich nur um Zentimeter verfehlte. Worauf man in rascher Folge das Quietschen von Bremsen hörte, eines bleichgesichtigen Lastwagenfahrers ansichtig wurde sowie einer schreienden Mutter und eines hysterischen Dienstmädchens, die beide abwechselnd Strafe und beruhigende Umarmungen anboten und schließlich das Säubern meiner Abschürfungen, Schnittwunden und blauen Flecken mit Kernseife und Wasserstoffsuperoxyd vornahmen. Noch heute habe ich den charakteristischen, scharfen Geruch der Mischung aus gelber Seife und H_2O_2 in der Nase und fühle das Brennen.

In den dreißiger Jahren war Newton eine ländliche Vorstadt – vor allem der noch unerschlossene Teil, in dem wir wohnten. Obwohl gerade ein Lastwagen vorüberfuhr, als ich auf die Park Avenue rollte, ratterte nur wenig Verkehr vorbei. Während meiner Kindheit bestand dieser spärliche Verkehr zum großen Teil aus Pferdefuhrwerken – Milchkarren, Schneepflügen für die Fußwege, die von dampfenden Ponys gezogen wurden, sogar privaten Kutschen. Im großen und ganzen war es ein vornehmer Wohnbezirk, weitgehend von Nichtjuden bewohnt, mit großen Wiesenflächen, eingerahmt von Buchen- und Eichenbäumen. Die meisten Häuser an den von Gaslaternen beleuchteten Straßen waren alt und ansprechend, der Landschaft angepaßt und von mäßig wohlhabenden protestantischen Familien bewohnt. Ein paar jüdische Familien hatten sich dort schon in den zwanziger Jahren niedergelassen, und als sich noch mehr Juden den Weggang von Roxbury leisten konnten, bildete ihre Zahl eine ansehnliche Minorität innerhalb der Gesamtbevölkerung. Unser Haus war weder alt noch ansprechend, noch paßte es in die Landschaft, aber es war groß – meine Mutter nannte es eine »Arche von einem Haus«, als sie vor der Aufgabe stand, die zehn riesigen Zimmer zu möblieren. Mit seinen Außenmauern aus roten Ziegeln und den stuckverputzten Innenwänden war es so solide gebaut wie ein Bunker, und tatsächlich rief die schmucklose Fassade bei Besuchern diesen Eindruck hervor, wenn sie nicht eher an ein W.P.A.* Postamt erinnert wurden. Es enthielt Räume für das Personal, eine geräumige Küche, eine Anrichte und ein Eßzimmer, eine Bibliothek (Sams Refugium), mehrere Schlafzimmer (ein Elternschlafzimmer für Jennie und Sam) und mehrere Badezimmer, einen riesigen ausgebauten Boden und (mein Lieblingsort) einen labyrinthischen Keller mit einem Abstellraum für Koffer und einer geheimnisvollen Waschküche voll wundersamer Maschinen einschließlich einer Wäscheschütte, die groß genug war für eine Kinderrutschbahn. Was dem Haus an Charme fehlte, machte es wett durch luxuriöse Weiträumigkeit – ehemalige Gettobewohner wußten dies mehr als alles andere zu schätzen.

Innerhalb des Freundeskreises meiner Eltern gab es eine stillschweigend akzeptierte Hierarchie, die abhängig war von den wirtschaftlichen Verhältnissen der jeweiligen Person. Am untersten Ende dieses Totempfahles, der den Besitz anzeigte, rangierte derjenige, von dem gesagt werden konnte: »Er besitzt nicht einmal zwei Fünfcentstücke, die er aneinanderreiben könnte«. Solch ein Unglücklicher hatte in der Depression seine Arbeit verloren und lebte kümmerlich von Zuwendungen seiner Verwandten oder von Gelegenheitsarbeiten. Etwas besser ging es dem Mann, der »genug zum Leben« verdiente, also sein Auskommen hatte, seine Familie ernährte und – nach Möglichkeit – seine Rechnungen bezahlte. Der Nächsthöhere war der »Mann mit Gehalt« und einer gesicherten Tätigkeit im öffentlichen Dienst und somit unabhängig von Protektion. Dann kam der Mann, der ein »eigenes Geschäft« hatte. Unter Umständen verdiente er weniger als der »Mann mit Gehalt«, aber er war zumindest sein eigener Herr, ein Status, der Respekt einflößte. Entwickelten sich die Dinge für jemanden in dieser Kategorie gut, sagte man »er verdient *gut*« oder »er kann bequem von seinem Einkommen leben«. Der nächste war der »Mann von Stand« – Arzt, Rechtsanwalt, Lehrer, Geistlicher (nicht aber

* W.P.A. = Work Project Administration

Künstler) –, der ein Recht auf ein anständiges Einkommen hatte, verdiente er doch sein Leben mit Geist und Talent. Am oberen Ende des Totempfahles befanden sich in aufsteigender Folge der »Mann, für den ein Dollar nichts bedeutet«, der Zeitgenosse, der genügend »Geld hatte, um es zum Fenster hinauszuwerfen«, der wohlhabende Typ, dem es richtig gut geht, und an der obersten Spitze (mit unverhohlener Bewunderung ausgesprochen) der »vermögende Herr«. Das Wort »reich« wurde nie benutzt. Wenn man es in Amerika wirklich zu etwas gebracht hatte, war man »vermögend«.

Während meiner Kindheit bewegten wir uns, glaube ich, zwischen den Kategorien »er verdient gut / er lebt bequem« und »wohlhabend«, obwohl kaum je von Sam Bernstein gesagt wurde, »ein Dollar bedeutet ihm nichts«. In den dreißiger Jahren besaßen wir alle äußeren Zeichen der Wohlhabenheit: das Haus in Newton, das Haus in Sharon, eine Packard Limousine, einen Plymouth Sportzweisitzer mit Notsitz, wertvolle Möbel, eine Riege von Dienstmädchen in ständigem Wechsel und, für kurze Zeit, einen westindischen Diener-Chauffeur namens Zeno. Aber Sam ließ sich nie wirklich auf Geldgeschäfte ein. Ein für Geschäfte begabter Mann hätte seine Gewinne eingestrichen und neu investiert; er hätte Kapital riskiert, es vermehrt und gemischt angelegt. Auf dem Gipfel seines Erfolges erlaubte sich Sam nur zwei bescheidene Wagnisse. Er eröffnete eine Filiale in Providence Rhode Island und schloß sie nach ungefähr sechs Monaten, als Manager und Bargeldquittungen verschwanden. Er zog aus dieser Erfahrung, wie er sagte, die bittere Lehre, daß er von nun an alles selbst überwachen mußte und keinem Angestellten mehr trauen konnte – selbstverständlich ausgenommen den tugendhaften Abe Miller. Das andere Mal engagierte er einen Chemiker, der verschiedene neue Produkte für Frisiersalons zusammenstellen sollte; diese Produkte sollten dann unter dem Firmennamen »Avol Laboratorien« patentiert werden. Nur ein Produkt überdauerte die kurze Lebenszeit von »Avol« – ein weißes Schampoo: »Fome«, das während vieler Jahre in großen Kanistern exklusiv an Frisiersalons geliefert wurde.

Sam war klug genug zu erkennen, daß er nicht zum Unternehmer geboren war und daß sein geschäftlicher Erfolg auf der Kombination von Glück und harter Arbeit beruhte, nicht aber auf seinen merkantilen Fähigkeiten. Wie gewinnträchtig die Erfolgswelle mit Frederics-Apparaten auch gewesen war, sie konnte seiner Meinung nach nicht ewig dauern. (Er hatte recht.

Um das Jahr 1940 kam die Kaltwellen-Methode auf und löste die komplizierten Frederics-Apparate ab. In chinesischen Frisiersalons sind Frederics allerdings immer noch zu finden.) Würde in diesem unberechenbaren Geschäft das, was nach Frederics kam und an die Stelle der Haarteile oder der modischen Kurzhaarschnitte trat, ähnlich gewinnbringend sein? Sicher nicht. Es war besser, für Notzeiten zu sparen, in denen Reserven gebraucht werden könnten, um zahlungsfähig zu bleiben. Je mehr Geld er besaß, desto größer wurde die Angst, es zu verlieren – eine Einstellung, die ihren Ursprung vielleicht im russischen *Stetl* hatte.

Als die Euphorie über den neuen materiellen Besitz abgeklungen war, brachen die Ehestreitigkeiten um Geld wieder aus. Sam war absolut kein Anbeter des goldenen Kalbs – im Gegenteil, er nahm die biblischen Strafprediger gegen Habgier sehr ernst, aber Geld an sich diente ihm als symbolischer Vorwand, um der Unzufriedenheit mit seiner Ehe, mit der Familie seiner Frau, mit ihren Freundinnen, mit dem andersgearteten Lebensstil seiner Kinder, Luft zu machen. Es ist kein Zufall, daß in Lennys Kurzoper »Trouble in Tahiti« der Ehemann und seine Frau (genannt Sam und Dinah) sich zunächst um Geld zanken, bevor es zu tiefergreifenden Auseinandersetzungen kommt. Dinah singt in der Anfangsszene: »Ach übrigens, mein Geld ist fast alle«, worauf sofort zwischen Sam und ihr wieder ein hoffnungsloser häuslicher Streit beginnt. Und daß Dinah ihren Mann verdächtigt, mit seiner Sekretärin, einer Miß Brown, ein Verhältnis zu haben, beruht auf einer wahren Begebenheit.

Eines Tages bekam Jennie den Anruf der böswilligen Frau eines Angestellten meines Vaters, die ihr andeutete, Sam habe mit einer Mitarbeiterin seines Büros eine Liebesbeziehung. Das war unwahr – wäre Sam je eine solche Idee gekommen, er hätte sie ausgelöscht aus Angst vor Gottes Zorn und möglicher Entdeckung –, aber die niederträchtige Klatschgeschichte löste bei Jennie Weinkrämpfe und Depressionen aus und führte zu neuen Zänkereien mit Sam.

Die Kämpfe um Geld begannen meist mit Jennies Bitte um zusätzliches wöchentliches Wirtschaftsgeld. Den Zeitpunkt für diese Bitten wählte sie meistens nicht besonders glücklich. Zum Beispiel bat sie Sam um weitere zwanzig Dollar, während sie ihn am frühen Morgen zum Bahnhof in der Lake Street fuhr, von wo eine orangefarbene, quietschende Straßenbahn ihn zunächst entlang und schließlich unter der Commonwealth Avenue nach Boston brachte. Diese Taktik entzündete einen teils mürrischen, teils schuldbewußten Dialog, dem gereiztes Schweigen folgte, das manchmal Tage anhielt. Wenn Jennies Vorgehen auch ungeschickt war, so hatte sie doch ein selbstloses Motiv. Die zusätzlichen zwanzig Dollar (oder zehn, oder fünf, oder wieviel sie auch immer herausschlagen konnte) wanderten in einen Briefumschlag, der sofort an die Resnicks geschickt wurde. Fast alle Resnicks hatten Lawrence, wo die Webereien und Pearls Grundstücksgeschäft von der Depression schwer getroffen worden waren, verlassen und waren nach Dorchester gezogen. Ihre muffige Wohnung nahe der Eisenbahn in der Angell Street in Dorchester beherbergte Pearl, Samuel, Betty, Bertha, Dorothy (alle drei Töchter waren unverheiratet) und einen grindigen Hund, Prinny. (Joseph und Louis hatten ihre eigenen Familien und verdienten ihren bescheidenen Unterhalt als Altwarenhändler beziehungsweise Graveur.) Bertha und Dorothy arbeiteten nach wie vor in Sams Perückenabteilung, und Betty arbeitete bei Stearns in Boston als Verkäuferin für Schals.

Die Eltern Resnick führten einen kleinen Süßwarenladen in der Blue Hill Avenue, gleich um die Ecke von ihrer Wohnung. Die Cent- und Zehncentmünzen, die der Laden einbrachte, reichten kaum, um die Miete zu bezahlen, aber für mich war der Laden ein Kindermärchenland, das Wirklichkeit geworden war. Der winzige, enge Raum war vollgestopft mit Regalen, Vitrinen und Ständern, in denen Zeitungen (einschließlich jiddischer, polnischer und russischer Zeitschriften), Illustrierte (von *Photoplay* bis *Superman*), billiges Spielzeug wie Wunderkerzen und Pistolen mit Zündplättchen, Konserven, Brot und ein unbegrenzt scheinender Vorrat an Eincentbonbons angeboten wurden. Die krümeligen Halvah- und die trockenen, splittrigen Minzeblätter waren meine Lieblingsbonbons. Eine beschlagene rot-weiße Eistruhe, geschmückt mit dem Coca-Cola-Markenzeichen, enthielt jede nur denkbare Sorte Limonade (oder »tonic«, wie wir sie in Massachusetts nannten), sogar Birkenbier und Moxie.

Ich durfte in dem Laden ein- und ausgehen und mir Spielzeug, Comic-Hefte und Süßigkeiten in vernünftiger Menge nehmen, für die meine Mutter ihren Vater später doppelt und dreifach bezahlte. Besuche in der Märchenwelt von Blue Hill Avenue waren auch die Belohnung für tapferes Betragen in der nahe gelegenen Praxis des Dr. Isidor Finkelstein. Dr. Finkelstein war praktischer Arzt und Hausarzt der Familie – er hatte mich im Evangeline Booth Hospital auf die Welt gebracht, und einige Jahre später nahm er mir die Mandeln heraus, während ich betäubt auf unserem Frühstückstisch in Newton lag –, und da ich mir leicht Erkältungen einfing, brachte man mich alle paar Wochen zu »Dr. Finky« zum Impfen mit sogenannten »Erkältungsspritzen«. Diese Erkältungsspritzen hatten keinerlei Erfolg (ebensowenig wie die Ermahnungen meines Vaters »knöpf dir den Hals zu!«), aber falls ich nicht weinte, wenn mir die subkutane Spritze in den Arm verabreicht wurde, dann gehörte der Süßigkeitenladen meines Großvaters mir. Ich weinte selten. Und direkt vor diesem herrlichen Laden sah ich im Herbst 1936 Franklin Delano Roosevelt in einer offenen Limousine vorbeifahren, auf dem Wege zu einer Wahlveranstaltung. Nur für einen flüchtigen Augenblick war diese lächelnde, gottähnliche Erscheinung, flankiert von einer ohrenbetäubenden Motorrad-Eskorte, zu sehen, aber die begeisterte Menge entlang der Blue Hill Avenue blieb noch eine Stunde stehen, nachdem der Präsident vorbeigefahren war, ließ ihn hochleben und sprach über die Erscheinung. »Daß er in die Blue Hill Avenue gekommen ist«, sagte mein Großvater, »ist das nicht toll!«

Die Resnicks gehörten zu den Juden der Arbeiterklasse, die durch die Depression in Bedrängnis geraten waren. Aber mein Vater sah die Dinge anders. Nach seiner Meinung waren die Resnicks faul, phantasielos und verschwenderisch mit dem, was sie besaßen. War es nicht genug, daß er ihre älteste Tochter geheiratet hatte und angemessen für sie sorgte, daß zwei weitere Töchter in Lohn und Brot bei ihm standen und er seinen angeheirateten Verwandten in Notfällen Schecks zukommen ließ? (Er wußte nichts von Jennies wöchentlichen Briefumschlägen oder davon, daß unsere ausrangierten Kleider und Schuhe in die Familien von Louis und Joe wanderten.) Noch immer gab er unsinnigerweise den Resnicks die Schuld an allem Dummen und Gewöhnlichen und an seinen Eheproblemen.

Die Sorgen der Resnicks wurden immer schlimmer. An einem Sommerabend in Sharon im Jahre 1935 kam ein Telefonanruf für Jennie. Nach einem langen Gespräch ging sie in die Küche und weinte, und ihre Tränen flossen in Strömen in das Spülbekken. Ich fragte erschrocken, was denn los sei, und sie sagte: »Großmutter Pearl hat einen Schock«, womit sie sagen wollte:

einen Schlaganfall. Da ich oft davor gewarnt worden war, meine Finger oder irgendwelche Utensilien in eine Steckdose zu halten, nahm ich an, daß meine Großmutter, die es eigentlich hätte wissen müssen, diesen gefährlichen Fehler begangen hatte. (Es dauerte lange, bis ich wieder irgend etwas Elektrisches anfaßte.) Pearls Schlaganfall hatte eine einseitige Lähmung zur Folge; sie konnte auch nicht mehr sprechen, was bedeutete, daß sie in einem Pflegeheim untergebracht werden mußte und daß Sam für die Kosten aufzukommen hatte. Mürrisch übernahm er diese Pflicht – es gab wirklich keine Alternative, da alle Mitglieder der Familie Resnick arbeiteten und sich tagsüber nicht um Pearl kümmern konnten, aber seine Verpflichtung dauerte nicht lange. Am 25. August 1935 (an Lennys siebzehntem Geburtstag) starb Pearl. Für die Resnicks war das eine Katastrophe. Pearl war der Motor der eng verbundenen Familie, die Quelle ihrer Kraft und ihres Überlebens gewesen. Ihr Mann wurde durch ihren Tod unheilbar verwundet. Er betrieb den Laden weiter, aber ohne Begeisterung. Seine Kinder sorgten gut für den gütigen, warmherzigen alten Mann, und Jennie schickte mehr Briefumschläge als je zuvor. Aber das Leben ohne Pearl war für ihn nicht mehr dasselbe. Fast auf den Tag sechs Jahre danach starb auch er.

Je mehr Erfolg und wirtschaftliche Sicherheit Sam während der wirtschaftlichen Depression erwarb, desto gründlicher wurde er Opfer seiner eigenen Depression. All seine alten Zwiespältigkeiten wurden ihm deutlicher bewußt denn je, vielleicht, weil er mehr Zeit hatte, über sie nachzugrübeln. Noch einmal durchlitt er die Mühsal seiner Jugend, nur wurde sie jetzt durch das Auge des Erwachsenen vergrößert. Welches war sein wirklicher Standort im Leben? War er ein Geschäftsmann oder ein Gottesmann? Wenn er wirklich eine Säule der Bostoner Geschäftswelt war – wie sein Idol und Mitbewerber, dieser großartige Yankee Russell B. Tower –, warum konnte er nicht entsprechend handeln und sich so fühlen? Sam versuchte es – bei Gott! Wie bemühte er sich! Er trat dem Pine Brook Sportclub bei, im Glauben, daß ein erfolgreicher Geschäftsmann (wie Mr. Tower) Golf spielen müsse und sich gelegentlich nachmittags freimachen sollte, um ein paar Runden auf dem Golfplatz zu spielen. – Aber das Ergebnis war, daß Sam ein schlechtes Gewissen hatte, wenn er das Büro früher verließ, ohne krank zu sein. Am Sonnabend, dem Sabbat, kam es nicht in Frage, Golf zu spielen, und irgendwie konnte er sich am Sonntag selten zur Fahrt in den Club aufraffen. Außerdem war er nicht begabt für Golf – eigentlich für keine Art von aktivem Sport, vielleicht mit Ausnahme des Stockwerfens. Seine Mitgliedschaft im Pine Brook Club erlosch nach etwa einem Jahr. Er legte auf dem Grundstück in Sharon einen Tennisplatz an und gab sich damit zufrieden, seinen Kindern und deren Freunden beim Spiel zuzusehen, bis die Betrachtung dieses mysteriösen Spiels ihn zu Tode langweilte. Und sogar bevor er in den frühen dreißiger Jahren in elegantere Büroräume zog – im Blake Gebäude am Temple Place –, aß er unumstößlich in »Thompson's Spa« am Temple Place zu Mittag, dem von Mr. Tower und Dutzenden anderer vornehmer Bostoner Geschäftsleute, Bankiers und Rechtsanwälte bevorzugten Restaurant. Fünfundzwanzig Jahre lang nahm er dort ein leichtes, gutes Mittagessen zu sich, bis er an einem unglückseligen Nachmittag ein verbranntes Streichholz in seinem Reispudding entdeckte. Er verließ »Thompson's Spa«, um nie wiederzukehren. Danach aß er bei »Schrafft's«, einem ähnlichen »Yankee«-Restaurant in der Nähe seines Büros. (Bei besonderen Gelegenheiten, wie zum Beispiel wichtigen Geschäftsessen, speiste er im Locke-Ober-Restaurant, einem Bostoner Feinschmeckertreff, aber das schwere Essen brachte seinen empfindlichen Magen in Unordnung.) Wie sehr er sich auch mühte, er wußte: nie würde er ein überzeugend wirkender Yankee-Kaufmann werden. Wenn er aber kein geborener Geschäftsmann war, war er dann doch ein Mann Gottes? Und wenn ja, von welcher Art? Seinem neuen Status gemäß hatte er die orthodoxe *Schul* verlassen und sich dem Tempel Mischkan angeschlossen, der der freieren, sogenannten konservativen Richtung angehörte. Aber er fühlte sich dort nicht wohl. Eine innere Stimme sagte ihm, daß es sich bei Mischkan Tefila nicht um den wahren Glauben handelte, daß der wahre Glaube seiner Väter sich in der traditionellen Orthodoxie offenbare. Diese innere Stimme trieb ihn oftmals in die ultraorthodoxe Synagoge in der Crawford Street, in der die Frauen auf der Galerie saßen und die Männer, tief eingehüllt in ihre Gebetsmäntel, laut wehklagten, und nicht eine Silbe der langen Lithurgie ausgelassen wurde. Diese Besuche läuterten ihn, und doch stießen sie ihn schließlich ab. Gewiß, er fühlte sich diesen Traditionalisten näher, aber die dumpfe beschränkte Welt, die sie verkörperten, konnte er nicht ertragen – es war die Welt, der er 1908 entflohen war. Die Crawford Street war auch nicht der Ort, an den er seine Familie mitbringen konnte. Er war zwar ein tief religiöser Mann, aber er fühlte sich in keiner der beiden Religionsgemeinschaften zu Hause. Die dritte Möglichkeit, die jüdische Reformbewegung, deren Anhänger keine Kopfbedeckung trugen, kam überhaupt nicht in Frage.

Sam war wohl mehr ein intellektueller Jude, mehr ein Gelehrter als ein eifriges Gemeindemitglied. Nie hörte er auf, im Talmud zu lesen, und er suchte die Gesellschaft gelehrter Professoren und Rabbis. Jedoch, welchen praktischen Nutzen konnte er aus ihrer Gelehrsamkeit und ihrer minuziösen Auslegung der Gesetze ziehen? Es war für ihn viel zu spät, ein gelehrter Rabbi zu werden. Die mystische Anziehung der ekstatischen Chassidim, die sich ihrem Glauben völlig hingaben, war vielleicht unterhaltender und erbaulicher als die trockene Haarspalterei der Gelehrten, doch es war fast unmöglich, als überzeugter Chasside im zwanzigsten Jahrhundert in Newton, Massachusetts, zu leben, noch dazu als Haupt einer amerikanischen Familie. Die heftigen religiösen Konflikte, die ich während meiner Kinderzeit bei meinem Vater beobachtete, fanden in meinen Augen damals ihren Niederschlag in seinen Anordnungen für die *Kaschruth,* die jüdischen Speisevorschriften. Bei uns zu Hause hatte das Essen absolut koscher zu sein. Außerhalb des Hauses durften wir essen, was wir wollten – gebackene Muscheln, gebratenen Hummer, Eier mit Speck, kurzum, alles. Ich vermochte damals den Sinn dieser Anordnung nicht einzusehen, sie ist mir bis heute unverständlich.

Wenn Sam von den ihn quälenden Schwierigkeiten überwältigt wurde, versank er zeitweise in tiefe Melancholie. Meist konnten wir das Heraufziehen dieser Attacken von Schwermut und Verzweiflung schon in dem Augenblick erkennen, in dem er nach einem langen Tag im Büro das Haus betrat. Fast ohne Gruß nahm er seine Brille und seine Armbanduhr ab, holte das Kleingeld aus seinen Taschen, legte alles auf den Kaminsims im Wohnzimmer und begann, auf dem Orientteppich auf und ab zu gehen, bis das Essen angerichtet war. Kurz bevor er sich an den Tisch setzte, goß er sich einen Schluck guten Whisky ein und trank ihn in seiner üblichen russischen Manier – rasch und in einem Zug, mit einem leichten Grunzen. Das Abendessen wurde in fast völligem Schweigen eingenommen, mit Ausnahme der Nachrichtensendung von Lowell Thomas, und mit dem deutlichen Wunsch jeden Teilnehmers, es so schnell wie möglich hinter sich zu bringen. Danach ging Sam zurück ins Wohnzimmer und nahm sein Hin- und Hergehen wieder auf, ohne irgendwelche Anstalten zu machen, seine Bücher oder die Zeitungen zu lesen, was er für gewöhnlich nach dem Abendessen tat. Um Punkt zehn Uhr ging er zu einem zwanzigminütigen Spaziergang hinaus. Gegen zehn Uhr dreißig lag er im Bett, ohne gute Nacht gesagt zu haben. »Er fühlte sich während seiner Depressionen so ungeliebt, so isoliert, so verstoßen von uns allen, daß er noch melancholischer wurde«, erzählte Shirley. »Es jagte mir Angst ein. Ich wußte nie, ob wieder ein Donnerwetter auf uns niedergehen würde.«

Wir alle hatten Angst und lernten, ihm aus dem Wege zu gehen während dieser schlimmen Anfälle, hoffend, daß sie in ein paar Tagen vorübergehen würden, was oft der Fall war. Hielten sie länger an, bekam vor allem Sam selbst die größte Angst und griff zu seinen eigenen Gegenmitteln. Eins dieser Rezepte war der Besuch eines Sanatoriums in Stoneham, Massachusetts, das von Siebenten-Tags-Adventisten geleitet wurde. (Während seines Aufenthalts widerstand er geschickt allen Bekehrungsversuchen und schöpfte Trost aus der Heilighaltung des Sonnabends als des Sabbats.) Die Massagen, die Dampfbäder, die strenge Diät und die ärztliche Versorgung in Stoneham taten ihm »riesig gut«, wie er zu sagen pflegte. Danach kam er in einer leicht euphorischen Stimmung zurück, bestens gelaunt und voll drolliger Geschichten, bereit, das Leben so zu nehmen, wie es war. Ähnlich wirkte sein anderes Universalheilmittel – eine Winterkreuzfahrt in die Karibik oder nach Florida, auf die er manchmal Lenny mitnahm, doch niemals Jennie. Auch die Seeluft tat ihm »riesig gut«, und besonders das »Weg-von-allem« – womit er die quälenden Widersprüche seines Lebens meinte.

Jennie bot ihm kaum Hilfe bei der Klärung und Besänftigung des Zwiespalts in seiner Seele. Wann immer sie Anstalten machte, mit ihm darüber zu sprechen, endete die Unterhaltung unweigerlich mit harten Worten, Türenknallen und langandauerndem Verstummen. Mehr und mehr konzentrierte sich Jennies Interesse auf ihre Kinder (besonders auf Lenny und seine Musik), auf Filme (Anne Shirley war noch immer einer ihrer Lieblingsstars), voluminöse romantische Romane (wie zum Beispiel ›Antonio Adverso‹) und das Zusammensein mit ihren Schwestern und ihren *»Jachna«*-Freundinnen, wie mein Vater sie nannte. (Eine *»Jachna«* ist eine *»Jente«* schlimmster Sorte, mit anderen Worten: ein ganz besonders zänkisches Weib.) Ihre beste Freundin – die Sam am wenigsten leiden konnte – war Bessie Zarling, eine Witwe, die in einer schäbigen Wohnung in

Roxbury lebte und unter der Last ihres schweren Lebens litt. Da Besuche bei Bessie Zarling oft mit Besuchen bei »Dr. Finky« und dem Resnickschen Süßwarenladen kombiniert wurden, war ich bei mehreren Zusammenkünften Jennies mit ihrer Freundin zugegen. Sie begannen jedesmal damit, daß die früher einmal attraktive Frau die Tür einen Spalt öffnete, mit ihren großen, feuchten Augen blinzelte, bis die Tränen kamen, und dann mit einem tiefen Seufzer kundtat: »Ach, Jennie, ich bin so unglücklich.« Bessie war eine *Kwetsch*, ihr Jammern war chronisch. Wenn die Rede darauf kam, wer von beiden die Unglücklichere sei, war sie Jennie haushoch überlegen. Der geliebte Ehemann war allzu früh gestorben; sie hatte Schwierigkeiten mit ihren Kindern; ihr Einkommen war kaum ausreichend; die Wasserleitung war in schlechtem Zustand; die Nachbarn machten zuviel Lärm; ihre Galle war nicht in Ordnung; und so fort und fort. Sprach meine Mutter von einem ihrer seelischen Probleme (ich sollte im Nebenzimmer spielen, aber ich hörte alles mit), konterte Bessie sofort mit einer noch viel traurigeren Geschichte. Dieser seltsame Wettstreit wurde für Jennie zu einer Art Sicherheitsventil. Wie schlecht auch immer Jennies Lage zu Hause war, Bessie Zarlings Lage war schlimmer.

Der überraschende Aufstieg Adolf Hitlers, die Judenverfolgung durch die Nazis und die Unausweichlichkeit eines Krieges in Europa ließen die Depressionsphasen meines Vaters anschwellen. Er las die Berichte aus Deutschland und hörte die Radioübertragungen von Hitlers Hetzreden (und aus Detroit Pater Coughlins Unterweisungen in Antisemitismus) mit der apathischen Faszination eines zum Tode Verurteilten. Manchmal sprach er mit seiner Familie über die deprimierenden Tagesereignisse oder hielt beim Essen am Sonntagnachmittag einen Vortrag darüber – aber im allgemeinen trieben besonders schlechte Nachrichten ihn erneut in grüblerisches Verstummen. Wir aber begriffen nicht, daß sich in seinem Innern ein ganz neuer, zermürbender Konflikt abspielte – bei dem es sich wortwörtlich um eine Frage von Leben und Tod handelte: mußte er nicht sofort etwas unternehmen, um seine noch in Rußland lebenden nahen Verwandten nach Amerika und damit in Sicherheit zu bringen?

Die potentielle Gefahr für seinen Bruder Schlomo oder Semjon war nicht groß. Die Brüder hatten in den zwanziger und dreißiger Jahren in unregelmäßigen Abständen miteinander korrespondiert, und Sam wußte, daß Schlomo so sicher war wie ein kommunistischer Funktionär nur sein konnte. In seinen wenigen Briefen an Sam hatte Schlomo ihm klargemacht, daß er mit seiner Frau und dem kleinen Sohn in angemessenen Verhältnissen lebe, daß er in den Genuß aller Vergünstigungen gekommen sei, die das Arbeiterparadies für Fachleute bereithielt, und daß er seinen Platz im Leben um nichts in der Welt tauschen würde. (Er bemerkte auch, daß es unklug von Sam sei, für seine Briefe an ihn Briefpapier mit dem Firmenkopf der Samuel Bernstein Hair Company zu benutzen.) Schlomo wollte also Rußland nicht verlassen, ebensowenig wie beider Schwester Sura-Rivka. Sam hatte in Erfahrung gebracht, daß sie mit ihrem Mann, Srulik Zwainbom, und ihren Söhnen noch in Mecziritsch lebte, das nach Unterzeichnung des russisch-deutschen Nichtangriffspaktes von 1939 der russischen Ukraine zugeschlagen worden war. Obwohl Sura-Rivka Zwainbom auf einer sehr viel geringeren Stufe innerhalb des russischen Systems stand als Schlomo, hatte sie sich darauf eingerichtet, bis an ihr Lebensende dort zu bleiben. Von den nächsten Verwandten blieben also nur seine betagten Eltern, Judel und Dina, deretwegen Sam sich aufregte und die er so schnell wie möglich in Sicherheit bringen mußte.

Er regte sich weiß Gott auf. Die Wurzel seines neuen Dilemmas war pures Schuldbewußtsein. Trotz des Nichtangriffspaktes spürte Sam, daß Judel und Dina zu den sicheren Opfern der Nazis gehören würden; der Pakt würde nicht von Dauer sein, und die Juden in der Ukraine würden schließlich dasselbe Schicksal erleiden wie die Juden in Deutschland und Polen. Die beste Überlebenschance für seine Eltern war, ein neutrales Schiff zu besteigen und so schnell wie möglich nach Amerika zu reisen. Aber würden sie sich wohl fühlen in Amerika? Sie waren alt, und ihre vom *Stetl* geprägten Lebensgewohnheiten hatten auch zweiundzwanzig Jahre kommunistischer Herrschaft nicht verändern können. Ihre Anwesenheit würde ihm zur Last werden und ihn ständig an all das erinnern, was ihn zur Flucht getrieben hatte. Aber trotz alledem waren sie seine Mutter und sein Vater, und es lag in seiner Macht, ihr Leben zu erhalten, so wie sie ihm das Leben geschenkt hatten. Er hatte das Geld und den Einfluß, sie nach Amerika herüberzuholen; aus dem Briefwechsel wußte er, daß sie bereit waren, zu kommen. Nur seine Selbstsucht stand ihrer Ausreise im Wege, und diese unentrinnbare Wahrheit machte ihn nur noch schuldbewußter.

Endlich schien eine Lösung gefunden. Seine Schwester Clara,

die von ihrem zweiten Mann geschieden war und ein Geschäft für Brautkleider in Brooklyn betrieb, erbot sich, für Judel und Dina zu sorgen, wenn Sam sie aus Rußland herausholen würde. Clara wollte sie in einer Wohnung in Williamsburg, einem von orthodoxen Juden bewohnten Teil Brooklyns, unterbringen, wo sie unter Gleichgesinnten leben konnten und weit genug von Massachusetts entfernt waren, so daß Sam sie nicht häufig sehen würde. Das war eine brauchbare Regelung. Im Winter des Jahres 1940 – während die Engländer und Franzosen hinter der Maginotlinie unruhig auf die Deutschen warteten und die Russen die finnische Mannerheimlinie durchbrachen – fand Sam Mittel und Wege für die Flucht seiner Eltern. Sie sollten von Beresdiw nach Moskau fahren, dann einen Zug nach Leningrad nehmen, von wo ein Schiff, das unter neutraler Flagge segelte, sie nach New York bringen sollte. Als Sam diese umständliche Reise festgelegt hatte, war es, als ob sich eine dunkle Wolke über seinem Haupt plötzlich verflüchtigt hätte.

Das Einwandereramt, das diese Reise durchführte, informierte Schlomo, daß seine Eltern kurze Zeit in Moskau bleiben müßten, bevor sie an Bord des Schiffes nach Amerika gehen konnten. Der abtrünnige Sohn, der seit seinem Weggang die Eltern kaum gesehen noch Verbindung mit ihnen gehalten hatte, war bereit, sie in seiner Wohnung aufzunehmen. Das Wiedersehen in Moskau war verkrampft, aber höflich. Zum ersten Mal befanden sich Judel und Dina außerhalb der Ukraine. Die große Stadt und der Mangel an Tradition in Schlomos Haushalt verschreckten sie. Schlomo und seine Frau Fanny waren überzeugte Kommunisten, die jede Erinnerung an die Vergangenheit ausgemerzt hatten. Ihre alten Eltern hatten lange genug unter dem sowjetischen System gelebt, um sich, wenn auch widerwillig, mit der Situation abzufinden. Keine *Mesusa* an den Türpfosten der Zimmer, kein einziges Gebetbuch im Hause, dazu Schlomos fehlerhaftes Jiddisch und Hebräisch – das war abscheulich, aber halbwegs verständlich. Ein Sakrileg konnten sie allerdings nicht durchgehen lassen. Judel hatte den Verdacht, daß Alexander, der fünfjährige Sohn Fannys und Schlomos, nicht beschnitten war, was bei den Söhnen der jüngeren russisch-jüdischen Kommunisten häufig vorkam. Am Morgen seiner Abreise nach Leningrad konnte Judel die Ungewißheit nicht mehr aushalten. Als er mit dem Jungen in der Küche allein war, gelang es ihm, seinen dunklen Verdacht bestätigt zu sehen. Ohne zu überlegen, ergriff er ein kleines Tranchiermesser und vollzog den Beschneidungsritus auf der Stelle. Als Judel und Dina schließlich das Haus verließen, um nach Leningrad zu fahren, hallten aus der Tür Schreie und Verwünschungen hinter ihnen her. Nach Auffassung meines Vaters – der mir mit zitternder Stimme die Geschichte etwa zwei Jahrzehnte später erzählte – hatten sie Glück gehabt, Moskau lebend verlassen zu können. Sohn und Vater hatten sich voneinander losgesagt.

Als der Zeitpunkt näher kam, zu dem Sam seine Eltern an den New Yorker Docks begrüßen sollte – seine erste Begegnung mit ihnen nach zweiunddreißig Jahren –, wurde ihm bewußt, daß er diesen Augenblick nicht allein würde durchstehen können. Clara und einige andere Verwandte aus Brooklyn würden sie in Williamsburg willkommen heißen, aber es war selbstverständlich Sams Pflicht, sie in jenem Winter des Jahres 1940 nach ihrer Reise über den Atlantik bei der Landung zu empfangen. Merkwürdigerweise bat er weder Onkel Harry (Dinas Bruder) noch Abe Miller (Dinas Neffen), noch Jennie oder Lenny, ihn auf dieser bewegenden Reise zu begleiten, sondern Shirley, die damals Oberschülerin der Newton High School war.

»Daddy lud mich ein, mit ihm nach New York zu fahren, was für mich damals eine tolle Sache war«, erzählte Shirley Jahre später. »Wir fuhren mit dem Schiff von Row's Kai in Boston durch den Cape Cod Kanal bis in den Hafen von New York. Es war sehr aufregend – eine große Reise mit meinem Vater. Noch nie vorher war ich auf einem richtigen Schiff gewesen. Der Krieg in Europa lag fern und schien mir unwirklich; ebenso unwirklich waren meine russischen Großeltern für mich. Vielleicht hatte er mich deshalb als Begleiterin gewählt – mit mir brauchte er nicht viel über die Angelegenheit zu sprechen. Ich weiß es nicht.

Jedenfalls übernachteten wir im Hotel ›New Yorker‹, das damals ein ziemlich schickes Hotel war. Es wurde hauptsächlich von Geschäftsleuten besucht, und Daddy wohnte immer dort, wenn er zu Tagungen und Messen nach New York fuhr. Am nächsten Morgen gingen wir zu einem Pier in Manhattan. Mir fiel auf, daß er immer nervöser und blasser wurde, je näher wir dem Pier kamen. Er schien mir äußerst aufgeregt, und ich fragte ihn, was mit ihm los sei. Er sagte, daß er sie seit seinem sechzehnten Lebensjahr nicht mehr gesehen hätte und sich fürchte. Also, *das* konnte ich nun gar nicht verstehen. Ich konnte mir ja kaum vorstellen, daß Daddy überhaupt Eltern hatte. Das Schiff fuhr ein und legte an, und wir standen nahe bei der Laufplanke.

Ich glaube, es war ein holländisches Schiff. Viele Flüchtlinge kamen die Gangway herab, einige waren recht elegant, und alle waren überglücklich, daß sie da waren. Daddy schaute verzweifelt in jedes Gesicht. Plötzlich entdeckte er einen kleinen, gebeugten und bärtigen Mann mit einem hohen Persianerhut auf dem Kopf. Es war ein Schock für Daddy. In seiner Erinnerung war sein Vater ein imposanter Mann, so wie sich alle Kinder ihre Eltern vorstellen, wenn sie sie lange genug nicht gesehen haben. Doch da stand sein Vater, krumm und gebeugt. Neben ihm – und das war die große Überraschung – stand eine kleine, zierliche, blauäugige, zarthäutige Frau, die ein großes Kopftuch trug. Sie war so *klein.* Ich konnte sehen, daß sie sehr große Hände hatte, die nicht zu der übrigen Gestalt passen wollten. Ich war natürlich auch aufgeregt, aber nicht eigentlich beteiligt. Daddy sah aus, als ob er jede Minute ohnmächtig werden würde. Und dann gab es eine unglaubliche Szene: Umarmungen, Tränen, ein Durcheinander von jiddischen Reden. Da ich kein Wort verstand, hielt ich mich zurück und sah nur zu. Ich muß ein seltsamer Anblick für sie gewesen sein. Wahrscheinlich wußten sie nicht, was sie mit dieser Enkelin anfangen sollten, die amerikanische Kleider trug und ihre Sprache nicht verstand. Sie waren so müde und so überwältigt. Es stellte sich heraus, daß sie auf dem Schiff fast nichts gegessen hatten, weil das Essen nicht koscher war. Sie aßen nur ein paar Eier und Brot und tranken Tee – viel Tee. Sie hatten von Tee gelebt.

Nachdem sie den Zoll passiert hatten, fuhren wir mit ihnen und ihrem Gepäck im Taxi nach Brooklyn, wo Clara eine Wohnung für sie eingerichtet hatte. Im Taxi versuchte Daddy, mit ihnen über die vergangenen Jahre zu reden, aber es gab zu viel zu erzählen, und zudem waren sie zu erschöpft, um viel zu sagen. Dina wirkte lieb und reizend. Sie sah mich immer an und lächelte. Sie entsprach überhaupt nicht dem Bild, das ich mir von ihr gemacht hatte. Seltsamerweise empfand ich kein Gefühl der Familienzusammengehörigkeit. Für mich kamen sie von einem anderen Planeten.«

Sam brachte seine müden und von Unwettern gebeutelten Eltern in ihrer Williamsburger Wohnung unter. Überzeugt, daß sie von Clara, den übrigen Verwandten in Brooklyn und der orthodoxen Nachbarschaft gut versorgt werden würden, hielt er sich nicht lange auf und fuhr mit Shirley zurück nach Boston. Die Gemütsbewegung, die das Wiedersehen verursacht hatte, war zu viel für ihn gewesen. Er war sicher, daß seine Eltern die

Verpflanzung nach Williamsburg, wo an jeder Ecke eine Synagoge stand und weit und breit keine Nazis zu sehen waren, glücklich überstehen würden. Er hatte seine Sohnespflicht erfüllt. Bevor er und Shirley abfuhren, regelte er ihren finanziellen und leiblichen Bedarf, einschließlich neuer, fester Winterkleidung.

Ein Kleidungsstück – ein schwerer, wollener Mantel mit einem Futter aus Leinen – wurde sofort gekauft, ein notwendiger Ersatz für den dünnen Kaftan, den der alte Mann seit seiner Abfahrt von Beresdiw getragen hatte. Aber Sam hatte vergessen, daß die Bibel das Mischen der Arten verbot – wie zum Beispiel Flachs und Schafwolle –, und Judel war so taktvoll oder so schockiert, ihn nicht auf diese Mißachtung aufmerksam zu machen. Judel hängte das unziemliche Kleidungsstück in den Schrank und weigerte sich, es zu tragen, auch nicht bei der kältesten Temperatur. Da er auch den Wasserleitungen in der Wohnung mißtraute, ging er zum Baden in ein von einem orthodoxen Gemeindezentrum betriebenes öffentliches Bad, so wie er es auch in Beresdiw gehalten hatte. An einem besonders kalten Tage, kurz nach seiner Ankunft in Amerika, kam er aus dem öffentlichen Bad mit einem trockenen Husten und hohem Fieber nach Hause zurück. Der Arzt diagnostizierte eine Lungenentzündung und empfahl ihm, sich im nahe gelegenen Beth Moses Hospital behandeln zu lassen. Judel lehnte das eigensinnig ab; Krankenhäuser waren ihm so fremd wie alles sonstige in Moskau und New York. Mehrere Monate lang lag er krank in einem großen Bett, seinen schmächtigen Körper mit einer Daunensteppdecke zugedeckt. Blanche Brenner, eine unserer kleinen Kusinen aus Brooklyn, wurde regelmäßig zu ihm in die Wohnung gebracht, um ihm Gesellschaft zu leisten. »Schon lange vor ihrer Ankunft hatten wir viel über diesen großen Mann und seine Frau gehört, die in unsere Nähe ziehen sollten«, erinnerte sie sich. »Man erzählte uns, wie gelehrt und verehrungswürdig er war, ein wahrer Gottesmann. Wir hatten so viel Ehrfurcht vor ihm, daß wir in seiner Wohnung nur auf Zehenspitzen gingen, um ihn nicht bei seinen Studien und Gebeten zu stören. Obwohl er so klein war, wirkte er auf mich wie eine Gestalt aus der Bibel – so wie ich mir Gott vorstellte. Dann wurde er krank, und obgleich er dahinsiechte in seinem großen Bett, sah er doch immer noch gottähnlich aus.«

Dina – die *Mima* (eine Variante von *Muhme* oder Tante), wie ihre entfernteren Verwandten sie nannten – war wieder eine andere Sache. Als sich der Zustand ihres Mannes verschlechterte, verwandelte sich die alte Frau, die Shirley so liebenswürdig und reizend erschienen war, in eine Furie. Die Schuld an Judels Misere gab sie Amerika und seiner gesamten Bevölkerung – besonders den Amerikanern, die mit ihr verwandt waren und ihr am nächsten standen. Sie und Judel waren die unschuldigen Opfer einer großen Verschwörung. Keinen verschonte sie mit ihren Verwünschungen, am wenigsten ihren Sohn Schmuel Josef, der mehrmals unerwartet in Brooklyn auftauchte, um nach seinen Eltern zu sehen. Ihrer Meinung nach waren beide Söhne undankbare Geschöpfe. Und sogar Clara war ohne Verständnis, weil sie immer darauf drängte, Judel ins Krankenhaus zu bringen. Im Sommer 1940 fiel Judel schließlich in Bewußtlosigkeit und wurde eiligst in das Beth Moses Hospital eingeliefert, wo er innerhalb weniger Tage starb. Das Gefühl der Schuld, das Sam überwunden zu haben glaubte, als er seine Eltern nach Amerika holte, kehrte nach ihrer Ankunft dort dreimal heftiger zurück. Die Wege, die er eingeschlagen hatte, um ihnen das Leben zu retten, waren mit Stolpersteinen gepflastert. Sein Vater war gestorben an dem Zusammenprall gegensätzlicher Kulturen, und seine untröstliche Mutter bat inständig darum, nach Beresdiw zurückfahren zu dürfen. Ihm blieb zum Schluß nichts anderes übrig, als sie in sein Haus und zu seiner Familie zu bringen.

Die Situation war von Anfang an unerträglich. Wir waren noch in unserem Sommerhaus in Sharon, wo wir bis zum Labor Day* bleiben wollten. Sam teilte uns telefonisch Dinas unmittelbar bevorstehende Ankunft mit und gab uns gleichzeitig einige strenge Anweisungen: das Gästezimmer im Dachgeschoß war für sie gründlichst zu reinigen; das ganze Haus sollte nach jedem Krümel von *Tref* (nichtkoschere Speise) genauestens durchsucht werden; Shirley und ihre Freundinnen mußten davor gewarnt werden, im Badeanzug herumzulaufen (das Zurschaustellen von nacktem Fleisch bei Frauen war ebenso verboten wie *Tref*); neues Geschirr für koscheres Essen mußte gekauft werden; ein Vorrat eines bestimmten russischen Tees (von dem sie große Mengen trank) mußte angelegt werden; Lennys Klavierspiel hatte am Sabbat zu unterbleiben; an jeden Türpfosten sollte, deutlich sichtbar, eine *Mesusa* genagelt werden. (Wir

* Amerikanischer Tag der Arbeit, der erste Montag im September (Anm. d. Übers.)

hatten nur eine, am Haustürpfosten.) Die letzte Anweisung war am schwierigsten zu befolgen. Sharons Eisenwarengeschäft führte keine *Mesusas.* Wir mußten eine Extrafahrt nach Boston unternehmen, um in einem Devotionaliengeschäft die in einem Gehäuse steckenden Pergamentrollen zu kaufen, die wir dann an jeden Türpfosten, sogar an die Türpfosten der Schrankkammern, nagelten. Da das Wetter drückend heiß und feucht war, kaufte Jennie ein paar ärmellose Baumwollkleider für ihre Schwiegermutter.

Dinas Ankunft in Sharon nahm die Ausmaße eines Staatsbesuches von Winston Churchill an. Meine Familie – überhaupt die ganze Einwohnerschaft der Lake Avenue – war geschrubbt, geweiht und geläutert, als Sam in seinem Oldsmobile vorfuhr, seine Mutter neben sich auf dem Vordersitz. Von meiner ersten Begegnung mit ihr, an jenem heißen Augusttag meines neunten Lebensjahres, habe ich hauptsächlich in Erinnerung behalten, daß ich total unfähig war, mich mit ihr zu verständigen. Die zierliche Frau mit dem eisernen Willen machte mir ein Zeichen, mich ihr zu nähern. Ich gehorchte, ließ mit erstarrter Miene ihre Küsse und Umarmungen über mich ergehen, hörte den Strom ihrer jiddischen Fragen und konnte nicht eine beantworten. Ich war wie gelähmt. Sie nannte mich »Bezalkele« – eine zärtliche Verkleinerungsform meines hebräischen Namens Bezalel –, und von da an geriet ich in eine Art Panik, wann immer ich dieses Wort von ihren Lippen hörte. Wie fremd sie mir auch war, so zweifle ich nicht, daß auch ich ihr vorgekommen bin wie ein Wesen von einem anderen Stern. Ich konnte keine ihrer Sprachen sprechen, ich lief ohne Kopfbedeckung umher, ich las nie in einem Gebetbuch, ich schwamm den größten Teil des Tages im See, und ich flirtete mit der niedlichen Elaine Golden, die in derselben Straße wohnte. Unsere Zusammenkünfte – in der Regel nach dem Abendessen – endeten meist damit, daß Dina tief aufseufzte vor Enttäuschung über ihren unnützen, heidnischen Enkelsohn. Wir lernten bald, einander aus dem Wege zu gehen.

Ein ähnlicher Kontaktmangel wie zwischen Dina und mir bestand in unterschiedlicher Art und Stärke auch in ihrem Verhältnis zu den übrigen Familienmitgliedern. Nie hatte ich meinen Vater in einer derart andauernden Aufregung erlebt. Auch Lenny und Shirley hatten große Schwierigkeiten, sich mit ihr zu verständigen; in ihrer Verzweiflung versuchten sie es mit Zeichensprache, mit Lateinisch, mit Französisch – kurzum mit allem. Nur mit Jennie schien sich eine zarte Freundschaft zu entwickeln, weil sie ihr half, *Challas* zu backen (Zopfbrote aus weißem Mehl und Eiern) und ihr erlaubte, jeden Winkel und jede Ritze auf Spuren von Unreinheit zu untersuchen. Als Dina die kühlen Baumwollkleider nicht anziehen wollte, weil sie ärmellos waren (und also das entblößte Fleisch ihrer Arme zu sehen war), setzte Jennie ihr gutgelaunt Ärmel ein, die ich »Baseballspielerärmel« nannte. Aber es war klar, daß dieser bedrückende Zustand nicht andauern konnte. Im Haus herrschte Durcheinander, und Dinas Seufzer und unmißverständliche Klagen trieben meinen Vater auf die Suche nach neuen Auswegen. Drei grundverschiedene Generationen lebten unter einem Dach, und der Aufeinanderprall der Kulturen war fürchterlich.

An einem Abend, wenige Wochen nach Dinas Ankunft, ereignete sich ein Zwischenfall, der sozusagen dem Faß den Boden ausschlug. Sie hatte sich in ihrem Dachgeschoßzimmer zur Ruhe begeben, aber mitten in der Nacht wachte sie auf. Sie war beunruhigt, weil sie versäumt hatte, vor dem Zubettgehen die *Mesusa* zu küssen. Sie stand im Dunkeln auf und wollte dieses wahrscheinlich nur eingebildete Versäumnis nachholen, dabei fiel sie die unmittelbar vor ihrer Zimmertür gelegene Dachgeschoßtreppe hinunter und brach sich den Arm. Der in Sharon ansässige Arzt wurde geholt, aber Dina weigerte sich hartnäkkig, ihm ihren bloßen Arm zu zeigen, trotz großer Schmerzen und trotz der dringenden Bitten meines Vaters. Wie es der Zufall wollte, war der Arzt, Georg Hochman, der Sohn unseres Gemeinderabbis, Isaak Hochman. Nach vielem Hin und Her einigte man sich auf einen Kompromiß: wenn Rabbi Hochman selbst käme und bezeugte, daß der Arzt wirklich sein Sohn sei, und wenn der Arzt ihren Arm behandeln konnte, ohne von dessen Blöße über Gebühr Notiz zu nehmen, dann wäre Dina einverstanden. Der Rabbi erfüllte ihre Bitte, und sein Sohn schiente den Arm. Schuld an dem Unfall gab Dina meinem Vater. Das war der letzte Anstoß. Schon am nächsten Tag veranlaßte er den Umzug der *Mima* nach Roxbury, zu Abe Miller und seiner Frau Annie. Als Dina weg war, sagte Sam: »Ich hatte vergessen, wie groß das Haus ist.«

Für Annie und Abe war das Leben mit ihrer *Mima*, um mit Annies eindeutigen Worten zu sprechen, eine *»Gehenna«* – eine Hölle. Während aller Jahre des Zweiten Weltkrieges wohnte Dina bei den Millers und beherrschte ihre Wohnung und ihr

Leben. »Wir konnten niemanden einladen, uns zu besuchen, weil sie das Wohnzimmer ganz für sich allein haben wollte«, erzählte Annie. »Nichts war koscher für sie – nicht einmal die Stühle. Sie bedeckte alle Möbel mit Zeitungspapier, um sie koscher zu machen. Ich war ihre Sklavin: brauchte sie bestimmte große Backpflaumen für ihre Kocherei, dann mußte ich sofort losrennen, um sie ihr zu kaufen; pfundweise wollte sie Butter und Zucker haben, trotz der Rationierung, um ihre Kuchen zu backen; ihre Wäsche mußte so und nicht anders gewaschen werden. Alle wollten sie vergiften, sagte sie. Ich bewies ihr, daß ich dasselbe Essen auch meinen Kindern gab, aber nein, sie wurde vergiftet. Sie mußte das, was sie aß, selbst kochen. Dafür zahlte Sam mir im Monat vierzig Dollar Aufwandsentschädigung. Kein Geld war genug, um die Betreuung der *Mima* zu bezahlen. Schließlich wurde ich krank. Der Arzt stellte fest, daß mein Puls zu schnell und mein Blutdruck zu hoch seien und daß ich am ganzen Leibe zitterte. Daraufhin brachte Sam sie in einem Altersheim unter.«

Auch im Hebräischen Altersheim in Dorchester tyrannisierte Dina ihre Umgebung. Moris Citrin, der Heimleiter, rief regelmäßig an und äußerte Beschwerden über Dinas Benehmen: sie war mitten in der Nacht mit einem Taxi ausgerissen und zur Wohnung der Millers gefahren; sie hatte eine Mitbewohnerin verdächtigt, ihren Tee zu vergiften; sie hatte ein Foto von Judel mit Wasser und Seife bearbeitet, und als es daraufhin streifig und blaß wurde, steif und fest behauptet, daß jemand sie behext habe. Zu einem späteren Zeitpunkt schloß sie Freundschaft mit einem gebildeten alten Witwer, und es gab Gerüchte über eine mögliche zweite Heirat für beide. Alle hofften inständig darauf, aber dann kam Dina zu dem Schluß, daß es ihr nach einer Wiederheirat verwehrt sein würde, im Himmel neben Judel zu sitzen. Trotz Mr. Citrins häufigen Androhungen, Dina an die Luft zu setzen, lebte sie in dem Heim – mit gelegentlichen Unterbrechungen in unserem Haus oder dem der Millers –, bis sie im Jahre 1956 im Alter von dreiundachtzig Jahren starb. Sie wurde neben ihrem Ehemann begraben, im Familiengrab der Bernsteins auf dem Friedhof der Mischkan Tefila Gemeinde in West Roxbury, Massachusetts, sechstausendfünfhundert Meilen* entfernt von Beresdiw.

* Zehntausendfünfhundert Kilometer (Anm. d. Übers.)

Während des Krieges war es weder Dina noch anderen Familienmitgliedern gelungen, etwas über das Schicksal der in Rußland lebenden Verwandten in Erfahrung zu bringen. Die Nachrichtensendungen legten allerdings eine schlimme Vermutung nahe. Mein Vater hatte an einer Wand eine Landkarte von Europa aufgehängt, auf der er mit verschiedenfarbigen Stecknadeln die Vor- und Rückwärtsbewegungen der einzelnen Armeen markierte. Im Sommer 1941 waren die schwarzen Stecknadeln, die die Nazis darstellten, bereits tief in der Ukraine; die roten, die russischen, waren auf dem Rückzug nach Osten in Richtung Moskau. Ich erinnere mich, daß mein Vater meiner Mutter eines Tages erzählte, daß er im Radio einen Bericht über eine heftige Schlacht bei Schepetowka gehört habe, der Nachrichtensprecher habe die Stadt als »wichtigen Eisenbahnknotenpunkt« erwähnt. Meine Mutter hatte keine nahen Verwandten mehr dort, aber die Nachricht ließ ihr die Tränen in die Augen steigen. Wenn Schepetowka fiel, würden auch die *Stetlach* im Umkreis überrannt werden. Wir glaubten zu wissen, daß Schlomo und seine Familie in Moskau in Sicherheit waren, aber wie würde es Sams Schwester, Sura-Rivka Zwainbom, ihrem Mann und ihren Kindern ergehen, wie den Malamuds in Korez? Wenn die Berichte über Massenerschießungen russischer und polnischer Juden der Wahrheit entsprachen, dann gab es für sie keine Rettung. Wie sehr man Hitler auch verachtete, 1941 war niemand bereit, den Berichten wirklich Glauben zu schenken. Eine so vollkommene Verderbtheit schien nicht möglich – sie war jenseits jeder menschlichen Erfindung oder Vorstellung.

Da es keinen Weg gab, mit Sura-Rivka Verbindung aufzunehmen, wurde der schreckliche Gedanke verdrängt. Aber als der Krieg sich immer länger hinzog, wuchs die Gewißheit, daß sie und die Korezer Verwandten Opfer der Judenvernichtung geworden seien. Niemand sprach es aus, aber stillschweigend und ergeben wurde es als Tatsache hingenommen. Sam erinnerte sich nur noch schwach an Sura-Rivka – sie war noch ein Kind von acht Jahren, als er Rußland verließ –, aber manchmal sprach er liebevoll von ihr. »Sie war so klein, mit blonden Zöpfen und hübschen blauen Augen«, sagte er dann wohl. »Sie konnte nicht verstehen, warum ich von zu Hause wegging. Ich habe es ihr nie richtig erklärt.«

Nach Kriegsende kam ein Brief von Schlomo. Er und seine Familie waren am Leben und gesund in Moskau. Sura-Rivkas Los war, wie wir gefürchtet, ja, gewußt hatten, weniger glücklich gewesen. Sie, ihr Mann und drei ihrer Söhne wurden fünfzehn Monate nach Besetzung der Ukraine von den Deutschen ermordet.

Aber – Wunder über Wunder – ihr ältester Sohn, Mikhael, hatte überlebt. Aus späteren Briefen und verschiedenen anderen Quellen erfuhren mein Vater und ich mehr über dieses Wunder. Aus einem bestimmten Grund waren anstelle der regulären Wehrmacht spezielle SS-Einheiten, die berüchtigten *Einsatzgruppen*, in die vorwiegend jüdischen Gebiete der Ukraine abkommandiert worden: um sicher zu gehen, daß ohne das geringste Zögern jeder nur auffindbare Jude, ob Mann, Frau oder Kind, vernichtet werden würde. Keine Ausnahmen. Die SS erfüllte die in sie gesetzte Erwartung. Am Feiertag *Sukkot** wurden fünftausend Juden aus Mecziritsch – unter ihnen Sura-Rivka, ihr Mann und ihre drei jüngeren Söhne – in eine Ziegelfabrik außerhalb der Stadt getrieben und von den Nazis mit Maschinengewehrsalven niedergemacht. Allerdings war Mikhael schon lange vorher aus der Gegend geflohen. Zur Zeit der Besetzung der Ukraine hatte er eben sein Abitur bestanden und verließ mit einigen Freunden und gegen den Willen seiner Eltern zu Fuß die Heimat in Richtung Osten. Vor kurzem schrieb mir Mikhael einen Brief:

»Vater und Mutter versuchten, mich zu überreden, die Heimat nicht zu verlassen: ›Wenn es uns bestimmt ist, umzukommen, dann laß uns zusammenbleiben.‹ Aber wir Jüngeren entschieden uns für einen anderen Weg: ›Wenn es uns bestimmt ist, umzukommen, dann laß es mit einem Gewehr in unseren Händen sein.‹ Zunächst liefen wir zu Fuß zum Bahnhof von Nowograd-Wolhynsk, von dort fuhren wir mit dem Zug nach Kiew, dann von Kiew nach Aktijubinsk, im nördlichen Kasakhstan. Dort wurde ich zur Reserve einberufen, diente dann aktiv in der Roten Armee und nahm später an der Befreiung der russischen Heimat, Polens und der Tschechoslowakei teil. Ich war Artilleriesoldat in einer Panzerabwehrbrigade. Für Tapferkeit vor dem Feind wurde mir der Slawa-Orden verliehen und verschiedene Medaillen ... Nach dem Krieg wurde ich nach Dnjepropetrowsk versetzt, wo ich weiter Dienst tat. Im Jahre 1949 wurde ich aus dem Militärdienst entlassen und begann als Vulkaniseur in einer chemischen Fabrik zu arbeiten ... Man könnte ein gan-

* Laubhüttenfest = Erntedankfest (Anm. d. Übers.)

zes Buch über die Kriegsereignisse schreiben. Volle fünfunddreißig Jahre sind seit dem Ende dieses entsetzlichen Krieges vergangen, aber die Schrecken meiner Kriegsjahre sind mir noch immer gegenwärtig.«

Mikhael heiratete 1947 ein jüdisches Mädchen, das gleich ihm überlebt hatte, Lena Neischtat aus Dnjepropetrowsk. Im Jahr darauf kam ein Sohn zur Welt, den sie Alexander nannten, wie Schlomos Sohn. Mein Vater schickte Pakete mit Lebensmitteln und Kleidung, um ihnen über die Wiederaufbaujahre nach Kriegsende hinwegzuhelfen. Mikhael antwortete mit Dankesbriefen in jiddischer Sprache. Als die Beziehungen zwischen der Sowjetunion und Amerika sich verschlechterten, stellte Schlomo den Briefwechsel mit Sam ein.

Einer von Mikhaels Briefen, datiert vom 8. November 1948, läßt etwas von der tiefen Dankbarkeit des Überlebenden spüren. Auszugsweise übersetzt, lautet er wie folgt:

»Lieber Onkel,

Du kannst Dir nicht vorstellen, wie ich mich über einen Brief von Dir freue. Denn außer Dir und Onkel Schlomo sind keine meiner Verwandten am Leben geblieben.

Lieber Onkel! Schreibe mir oft Briefe. Schreibe mir über Deine Kinder, Deine Frau und unsere Großmutter.

Da unser kleiner Sohn am 3. 11. 48 sechs Monate alt geworden ist, haben wir ihn fotografiert und schicken Dir sein Bild.

Ich bin sehr froh zu hören, daß Dein Sohn ein berühmter Dirigent ist, und ich kann mir denken, daß Du viel Freude an ihm hast.

Ich bekomme regelmäßig Briefe von Onkel Schlomo, in denen er Dich grüßen läßt. Und ich grüße ihn auch von Dir. Bleib gesund und grüße die Großmutter, Deine Frau, die Kinder und alle Verwandten.

Herzliche Grüße von meiner Frau und meinem Sohn.

Dein Neffe Mikhael

Ich möchte Dir nochmals sehr danken für das Paket. Wir konnten alle Kleidungsstücke sehr gut gebrauchen.«

In meiner Familie herrschte Trauer über den Tod Sura-Rivkas und ihrer Angehörigen und über die Vernichtung der *Stetl*-Kultur. Aber wie viele erschütternde Berichte über die Judenvernichtung ich im Laufe der Jahre auch gesehen oder gehört habe – das Grauen hat mich nie ganz persönlich gepackt. Vielleicht lag es daran, daß es weder Beerdigungen noch Grabsteine noch Totenscheine für die Ermordeten gegeben hat; kaltblütig und anonym waren sie umgebracht, dann von Planierraupen untergepflügt oder zu Asche verbrannt und dem Vergessen anheimgegeben worden. Wenn irgendein Jude das Kriegsende nicht als D. P. (displaced person = Verschleppter) überlebt hatte, mußte man davon ausgehen, daß er irgendwann während des Krieges eben aufgehört hatte, zu existieren. Nur selten waren Zeit, Ort oder Umstände seines Todes schriftlich festgehalten worden. Wie ich annahm, traf das auch für meine Verwandten Malamud aus Korez zu. Aber als ich vor kurzem im YIVO*-Institut für Jüdische Forschung in New York nach Unterlagen über das Leben in den *Stetlach* der Ukraine suchte, fiel mir eine der seltenen Auflistungen, eine Denkschrift mit dem Titel ›Das Korez Buch‹, in die Hände. Mehrere Überlebende aus Korez hatten sich nach dem Krieg in Israel wiedergetroffen und hatten ihr trauriges Wissen in Form einer Liste von den Namen der Toten aus ihrer Stadt aufgeschrieben. Als ich die Seiten las, die man mir aus dem Jiddischen und Hebräischen übersetzte, fand ich Dutzende Bernsteins und Malamuds, aber keiner der angegebenen Vornamen war mir vertraut. Erst als ich auf eine Eintragung stieß mit der Überschrift »Familien von Khedwa und Ahuwa Malamud (Israel) und Abraham Malamud (Amerika)«, wurde mir klar, was ich da las. Der »Abraham Malamud (Amerika)« war natürlich mein Vetter Abe Miller, dieser gütige, rechtschaffene Mann, der sich für meinen Vater seit dessen Frankel & Smith-Tagen abgerackert hatte. Unter der Überschrift stand eine lange Liste:

Israel	Bruder	Ermordet in Korez
Yudis	seine Frau	"
Zile	ihre Tochter	"
Mosche	ihr Sohn	"
Freidl	Schwester	Ermordet in Meczіritsch
Mosche (der Grobschmied)	Onkel von Altstein	"
Kasje	seine Frau	"
Schlomo	ihr Sohn	"
Reizel	ihre Schwiegertochter	"
Mindel	ihre Enkeltochter	"
Schmuel	ihr Enkelsohn	"

* YIVO = Jiddisches wissenschaftliches Institut, ursprünglich gebildet in Wilna (Anm. d. Übers.)

Ascher-Leib	ihr Sohn	Ermordet in Mecziritsch
Mindel	ihre Schwiegertochter	"
Pesje	ihre Enkeltochter	"
Menukke	ihre Enkeltochter	"
Kobke	ihr Sohn	"
Towe	ihre Schwiegertochter	"
Josef	ihr Enkelsohn	"
Nisn	ihr Enkelsohn	"
Schaike	ihr Enkelsohn	"
Kaye-Feige	ihre Tochter	"
Frojim	deren Ehemann	"
und ihre drei Kinder		
Slate	ihre Tochter	"
Dwosil	ihre Tochter	"

Als ich diese Totenliste gelesen hatte von Menschen, die ich nicht gekannt habe, begriff ich nicht nur, was das Wort »Judenvernichtung« bedeutete, sondern auch – und eigentlich zum erstenmal – aus was für einer Familie ich stamme.

II
Die junge Generation

Der Generationenkonflikt zwischen meinem Vater und seinen Eltern wiederholte sich unglücklicherweise bei Sam und seinen Kindern – den »Kids«, ein Sammelbegriff, den Sam und Jennie benutzten, unabhängig vom Alter des einzelnen – nach dem Prinzip: »Alles im Leben wiederholt sich«. Der neuerliche Eltern-Kind-Konflikt im Hause Bernstein war zunächst noch ganz normal, er weitete sich aber mit alarmierender Geschwindigkeit aus. Die Kluft hatte 1941 bereits das Ausmaß eines kleinen Canyons und führte dazu, daß Sam sich als Opfer einer Verschwörung fühlte. In seinen schwärzesten und depressivsten Stunden konnte er manchmal sagen: »Wenn es nach euch ginge, könnte ich ebensogut tot sein!«

Das Jahr 1941 brachte eine schwierige Phase für Sam. Neben der von Schuldkomplexen belasteten Verpflichtung, für Dina zu sorgen, zog der Krieg sein Geschäft in Mitleidenschaft. Ein paar chemische Grundstoffe, die man zur Herstellung von Kosmetikpräparaten benötigte, wurden knapp, und Sam befürchtete den Ruin seines Geschäftes. Seit 1927 hatte er die Vertriebsrechte in Neu-England für den seinerzeit umwälzenden Frederics-Dauerwellenapparat, aber dieses einst lukrative Exklusivrecht war durch die Einführung der einfacheren Kaltwelle etwa um 1940 fast wertlos geworden; ähnliche Exklusivrechte für die verschiedenen Kaltwellenapparate waren nicht zu bekommen. Und noch immer war es ihm nicht gelungen, sich die Vertretung für die bekannten Revlon-Artikel zu sichern. Lenny war nach seiner Abschlußprüfung in Harvard im zweiten Studienjahr am Curtis Institute of Music, und Shirley begann gerade ihr Studium am Mount Holyoke College*. Geschäftsprobleme, Sorgen wegen der Ausbildung der Kinder und mangelndes Vertrauen in die Zukunft versetzten Sam in Panik. Er stellte sein Traumschloß – das Haus in Newton – zum Verkauf und ließ das Haus in Sharon ausbauen und winterfest machen. Die Ausbildung seiner Kinder war ihm wichtiger als jedes Haus.

Der Umzug nach Sharon im Sommer 1941 war ein Umzug auf Dauer. Als wir zum letzten Mal mit dem Auto über die Auffahrt unseres Hauses in Newton fuhren, sah ich, daß mein Vater weinte. Nie vorher hatte ich ihn weinen gesehen. Sein ältester Sohn war offenbar an die ihm fremde, unverständliche Welt der Musik verloren, seine Tochter war glücklich in der ihm ebenso fremden, wenn auch grundsätzlich zu bejahenden

* Ältestes Mädchen-College der USA. Holyoke ist ein Ort in Massachusetts.

Welt der Hochschule, sein Geschäft – sozusagen ein weiteres Kind – war unsicher geworden; und nun hatte er sein herrliches Haus in Newton, Symbol seines Erfolges in Amerika, verloren. Von all seinen Geschöpfen war nur ich übriggeblieben, um ihm Trost zu sein in der Mitte seines Lebens, und aus mir war plötzlich ein widerborstiger, introvertierter Neunjähriger geworden, der wütend war, aus dem Haus im heimatlichen Newton und dem dortigen Freundeskreis fortzumüssen.

Aber obwohl die Kinder sich zunehmend von ihm entfernten, zweifelte Sam zu Unrecht an ihrer Liebe zu ihm. Sie war ganz sicher vorhanden, ebenso sicher wie die Liebe, die er seinen Eltern entgegengebracht hatte. Dennoch nagten Zweifel an ihm: wenn ich meinen Kindern doch jede Möglichkeit gegeben und für ihre Ausbildung Opfer gebracht habe, warum ziehen sie nicht mit mir »am selben Strick«, warum sehen sie die Dinge nicht so wie ich, warum bereiten sie mir keine *Naches*? Das alte jüdische Prinzip der *Naches* – der inneren Genugtuung, die ein Vater empfindet, wenn zum Beispiel der älteste Sohn nach einer guten Ausbildung das Geschäft der Familie übernimmt und seßhaft wird, oder wenn eine hübsche, begabte Tochter einen netten jungen Mann heiratet, oder wenn einer der jüngeren Söhne mit Eifer dem Glauben seiner Väter anhängt –, das war sein eigentliches Problem. Je mehr man für die Bildung seiner Kinder tat, um mehr *Naches* dadurch zu erlangen, desto größer wurde die Kluft, die letztlich jegliche *Naches* zunichte machte.

Es war ein Paradoxon, charakteristisch für das Amerika des zwanzigsten Jahrhunderts, und es gab anscheinend keine Lösung dafür.

Die Schlüsselfigur des Konflikts der Generationen war Lenny – der Erstgeborene, der den Weg für die anderen vorzeichnete. Von seinen ersten Lebensjahren an war er etwas Besonderes. Asthmatisch, empfindsam, intelligent wie er war, beeindruckte er jedermann, sei es durch sein chronisches Schniefen oder durch seine unüberhörbare Altklugheit. Jennie war sich durchaus bewußt, ein ungewöhnliches Kind zu haben. »Wenn er als kränklicher kleiner Junge wegen seines Asthmas plötzlich blau anlief, waren Sam und ich jedesmal halbtot vor Angst«, erzählte sie. »Bei jedem Anfall dachten wir, er stürbe gleich. Oft war ich die ganze Nacht auf und hielt dampfendes Wasser und heiße Tücher bereit, um ihm das Atmen zu erleichtern. Wenn Lenny nur nieste, wurden wir schon blaß vor Angst. Kam Sam abends aus dem Büro, war seine erste Frage: ›Wie geht es Lenny?‹ Aber ob kränklich oder nicht, Lenny war ein so außergewöhnlicher Junge – immer der Anführer seiner Gruppe, immer der Beste in der Schule.«

Und, hätte sie hinzufügen können, immer der Erfinderischste. Zum Beispiel erschuf er, als er zehn Jahre alt war und die Familie in der Schuyler Street in Roxbury wohnte, einen ganzen Staat mit eigener Kultur und Sprache. Das wäre, für sich genommen, vielleicht nicht sonderlich bemerkenswert, aber wie viele solcher Kindheitserfindungen haben die Zeit überdauert, sich sogar weiterentwickelt, und dies bis zum heutigen Tag? Lenny und sein bester Freund, Eddie Ryack, hatten an der William Lloyd Garrison School Unterricht in alter Geschichte. Beeindruckt von dem Verwaltungssystem der Römischen Republik beschlossen sie, Konsuln eines Landes namens »Rybernia« – Abkürzung ihrer beider Nachnamen – zu werden. Als gleichberechtigte Staatsführer erließen sie strenge Bestimmungen für den Erwerb der Staatsbürgerschaft, die hauptsächlich in Mutproben bestanden, bei denen man allerlei Schikanen über sich ergehen lassen mußte. Die Elite, die für tauglich befunden wurde, in diesen geheimen Staat aufgenommen zu werden, waren Daniel Salamoff (ein Nachbar), Sid Ramin (auch aus der Nachbarschaft, heute ein bekannter Komponist-Arrangeur), Harold Zarling (der Sohn Bessie Zarlings, jener klagsamen Freundin meiner Mutter) und Shirley (ein fünfjähriges Maskottchen).

Die Sitten und insbesondere die Sprache Rybernias hatten ihre Wurzeln in prä-pubertärer Grausamkeit. Eine benachbarte Familie hatte zwei Kinder, die beide mit Kosenamen Sonny hießen; der kleinere Sonny – »Baby Sonny« – litt an einer Sprachstörung und gelegentlichen Anfällen von *petit mal*, während derer er für ein paar Augenblicke im Krampf erstarrte. Mit jugendlicher Herzlosigkeit hielten die Rybernier Baby Sonny auf der Straße an und fragten ihn nach seinem Namen, der sich in seiner gestörten Sprechweise wie »Babü Chonnü« anhörte. Drangen sie weiter in ihn, bekam er einen kleinen Anfall und blieb steif und verkrümmt stehen. Die kichernden Rybernier ahmten seine Sprache und seine Haltung nach, und so entstand eine verhunzte, lächerliche Redeweise, die zur Nationalsprache des gegründeten Staates erhoben wurde. Fast alles konnte man irgendwie in eine Babü-Chonnü-Variante umwandeln; zum Beispiel wurde aus dem Rybernier namens Salamoff ein »Schlaudümopsch«, und Shirley, das Maskottchen, hieß »Maskodü«.

Die Nationalhymne Rybernias war in etwa den Worten und der Melodie von »When the Moon Comes Over the Mountain« nachempfunden, was dann so klang: »Wenn da Moonjagen cam objagen das Montanü ...« Bei bestimmten Silben hatten die Sänger der Nationalhymne Absencen zu simulieren, so wie Babü Chonnü sie hatte, und in der Haltung zu bleiben, die sie gerade einnahmen, ohne sich zu rühren.

Der große Aufschwung in der Entwicklung rybernischen Brauchtums kam ein paar Jahre später mit dem Umzug der Familie in eine größere Wohnung in der Pleasonton Street, ebenfalls in Roxbury. Dort diente ein großer Boden als Clubraum und »Labrztopsch« (Laboratorium) für den sich erweiternden Mitgliederkreis. Seit Lennys Einschulung in die renommierte Bostoner Lateinschule hatte sich die Staatsführung Rybernias der modernen Wissenschaft zugewandt, und das »Labrztopsch« wurde für Experimente benutzt, zum Beispiel für das Destillieren von reinem Alkohol aus siebzigprozentigem Spiritus. »Wir bauten einige beiseite geschaffte Geräte auf, einen Bunsenbrenner und kommunizierende Glasröhren und fingen an, von uns stibitzten Spiritus zu destillieren«, erzählte Lenny. »Als der reine Alkohol herauskam – wir kamen nie auf die Idee, ihn zu trinken –, war das ein solcher Triumph, ein solches Wunder, daß wir überzeugt waren, eine große wissenschaftliche Entdeckung gemacht zu haben. Wir sangen dann stehend und in Ehrerbietung die Nationalhymne.« (Davor war ein Experiment nicht so erfolgreich gewesen. Lenny und Shirley hatten zwei Eier in ein Wolltuch eingewickelt und hinter einen warmen Heizkörper gelegt im Glauben, daß aus den Eiern Küken ausschlüpfen würden. Als nach einigen Tagen noch nichts passiert war, vergaßen sie die Eier. Nach einer Woche jedoch verbreitete sich ein merkwürdiger Gestank im ganzen Haus. Als Sam schon drauf und dran war auszuziehen, löste Jennie das ärgerliche Rätsel, indem sie die Bescherung hinter dem Heizkörper entdeckte.) In der Pleasonton Street entstand auch ein neues rybernisches Lied über den jüngsten Gegenstand unserer Belustigung – Agnes, das liebebedürftige Dienstmädchen. Es begann ungefähr so: »Die aufgeregte Aggü, die heißblütige Momjagen ...«

Der scharfsichtige Linguistiker wird in der Sprache einen gewissen fremdländischen Einfluß gewahren, besonders im U mit Umlaut und in den Endungen auf »agen«. Wie man daraus entnehmen kann, trugen der Akzent meines Vaters und vieler seiner Freunde zur Entwicklung der rybernischen Sprache bei. Tatsächlich wurde jeder, dessen Sprechweise irgendwie Anlaß zu Spott gab – oder, wie Lenny manchmal sagte, »jeder, der komisch spricht« –, Freiwild für eine Weiterentwicklung der Sprache. Lange nach der Zeit in Roxbury, als Eddie Ryack und Baby Sonny längst aus dem Blickfeld und dem Gedächtnis geschwunden waren, wurde der rybernische Wortschatz durch eigentümliche Wortschöpfungen von allen möglichen Menschen erweitert. Zum Beispiel sagte Onkel Harry Levy in Hartford immer »I'll migh« statt »I might«, und so wurde »I'll migh« zum Standardausdruck. Auch Annie Miller, die polnische Frau von Abe, dem Vetter meines Vaters, hatte eine sehr eigenartige Ausdrucksweise, die die unbarmherzigen Bernsteinkinder immer zu kaum unterdrückten Lachanfällen veranlaßte. Mit ihrem breiten polnischen Akzent sagte sie zum Beispiel: »I'm decoratink with new drepps, and I got to hank them mitt rots and rinks and festooents.« (Orthographisch richtig sagt sie: I am decorating with new drapes, and I have got to hang them with rods and rings and festoons. Übersetzt: Ich möchte neue Gardinen anbringen und sie mit Ringen und Volants an der Gardinenstange aufhängen.) Alle Straßen waren »straats« für Annie (Roxbury Harold Street, nahe der Wohnung der Millers, war daher »Harralt-Straat«), und am köstlichsten war, daß sie von ihrem Mann als von »Ape« (Affe) sprach statt Abe. Das Wort »ape«, benutzt als Eigenname, Gattungsname oder als Adjektiv, wurde ein wichtiges Element der rybernischen Sprache.

Ein weiterer polnischer Einfluß ging von Alice aus, einer der späteren Hausangestellten, die zum Beispiel auf die Frage nach der Uhrzeit antwortete: »It smose snapas seven« (orthographisch richtig: It is almost half past seven, übersetzt: gleich halb acht). Als Folge war die rybernische Normalzeit immer »smose snapas – irgend etwas«. Ein etwas zurückgebliebener Junge in Sharon konnte, allen physischen Regeln zum Trotz, durch die Nase murmeln, und diese Anomalität eröffnete der rybernischen Diktion ganz neue Sprechmuster – heimliche, verlegene, kaum verständliche Erklärungen, zumeist der Zuneigung. Vielleicht der eigenartigste Einfluß auf die Sprache rührte von Sergej Koussewitzky, dem Dirigenten des Boston Symphony Orchestra, der nicht nur Lennys Förderer, sondern auch sein geistiger Vater wurde. Es war in Musikerkreisen weithin bekannt, daß Koussewitzky die englische Sprache in charmantester Weise verballhornte. Ein Beispiel dafür, das seinen Schützling

»Lenjuschka« besonders amüsierte, war der Gebrauch des Imperfekts eines Verbums statt des Imperativs; unvergeßlich, wie er einmal einen unpräzisen Schüler beim Dirigieren verzweifelt anschrie: »Took it a tempo *und* kept it!« So fand der falsche Gebrauch des Imperfekts Eingang in unser privates Wörterbuch. »How ya gonna did it?« (Wie willst du das schafftest?) ist eine sehr gebräuchliche rybernische Frage, die oft mit tiefer Bedeutung angereichert wurde. Rybernisch ist eine lebende Sprache, die sich noch immer weiterentwickelt, wie das jede gute, lebende Sprache sollte. Zwar sind Änderungen und Zusätze nicht mehr so verletzend und spöttisch wie früher, aber Lenny, Shirley und ich – inzwischen alle drei in reifen Jahren – reden uns noch immer mit unseren rybernischen Namen an und vollführen noch immer gewisse rybernische Rituale (gewöhnlich dann, wenn niemand zusieht).

Ich erschien erst in den späten dreißiger Jahren auf der rybernischen Szene, in einem zarten und beeinflußbaren Alter. Ich war damals »Baudümü«, und das bin ich noch heute. Lenny war »Laudü«, aber dieser Spitzname wurde später von »Lennuhtt« abgelöst (ein Einfluß von Annie Miller). Shirley wurde nach ihrer »Maskodü«-Periode »Sujaumü« genannt, woraus im Laufe der Jahre aus vielerlei Gründen »Heilie« wurde. Wir drei waren – und sind es in gewissem Sinne noch – eine geschlossene Gesellschaft mit unserem eigenen Humor, eigener Lebensform und eigener Sprache. Vor allem unserem eigenen Humor. Andere haben sich bemüht – wurden sogar dazu ermuntert –, in diese Gesellschaft einzudringen, aber irgendwie ist es ihnen nie ganz gelungen. Natürlich fanden die meisten, die mit unserer eng begrenzten Welt in Berührung kamen, unsere esoterischen Scherze und Anspielungen einfach langweilig (und das aus gutem Grund), aber einige machten doch mutige Anstrengungen, die Wälle der Festung Rybernia zu stürmen. Lennys Frau, Felicia, kam dem Ziel am nächsten, und Lennys und meine Kinder fallen gelegentlich in ein imitiertes Rybernisch. Aber sie haben sich nie wirklich wohl gefühlt in diesem merkwürdigen Land. Jennie und Sam waren von Anfang an eingeweiht, und manchmal versuchten sie, ihre Zugehörigkeit zu demonstrieren, indem sie mit schrecklicher Ungenauigkeit eines der Wörter benutzten. Dennoch könnte ich mir vorstellen, daß Rybernia sich sofort in nichts aufgelöst hätte, wenn sie Geist und Inhalt des Ganzen verstanden hätten. Es war der Kernpunkt dieser Welt der Kinder, daß sie eben ganz ihre eigene Kinderwelt war, getrennt von der Welt ihrer Eltern. Was wir drei tatsächlich erreicht hatten, war die Gründung einer fiktiven Gegenfamilie innerhalb der wirklichen Familie. Unsere rybernische Familie hatte einen Vater (Lenny), eine Mutter (Shirley) und ein Kind (mich).

Wahrscheinlich war es nur Zufall – wenn auch ein bemerkenswerter Zufall –, daß Lennys Erfindung der rybernischen Sprache und seine Liebesbeziehung zur Musik im selben Jahr begannen. Schon vorher hatte er Gefallen an Musik gefunden – an den kratzigen Melodien, die aus Onkel Harrys Victrola Grammophon in Hartford kamen, an chassidischen Melodien, die Sam in seinen aufgeräumteren Momenten oder unter der Dusche sang, an der fast opernhaften liturgischen Musik in der konservativen Mischkan Tefila Synagoge, der Sam angehörte –, aber erst im Alter von zehn Jahren, als er in der Schuyler Street wohnte, war er von der Idee besessen, selbst Musik zu *machen*. Tante Clara, die eine Zeitlang in Massachusetts gewohnt, sich aber entschlossen hatte, zurück nach New York zu ziehen, stellte ihr altes, gebrechliches Klavier bei ihrem Bruder Sam unter. (Clara, eine begabte, aber unausgebildete Musikerin, pflegte sich auf dem Klavier zu begleiten, wenn sie »Pagan Love Song« oder ähnliche Schnulzen sang.) Von dem Augenblick an, in dem das Klavier in der Schuyler Street eintraf, war Lenny wild darauf. Die Klänge, die er durch das Berühren der Tasten erzeugen konnte, verfolgten ihn, und er brachte die Familie zur Verzweiflung durch verbissenes Herunterhämmern von bekannten Tagesschlagern und eigenen improvisierten Melodien. In Umkehrung des üblichen Eltern-Kind-Zwistes in Sachen Musik war er es, der lange um Klavierstunden betteln mußte, bis er schließlich seinen skeptischen Vater überreden konnte.

Die Nachbarfamilie Karp hatte zwei Töchter, Frieda und Sarah, die beide Klavierlehrerinnen waren. Frieda Karp wurde dazu ausersehen, Lenny die Grundlagen des Klavierspiels für einen Dollar pro Stunde zu vermitteln. Einmal in der Woche kam sie in die Wohnung der Bernsteins und brachte ihrem übereifrigen Schüler Tonleitern und Anfängerstücke wie »The Mountain Belle« und »On to Victory« bei. Lenny schilderte das so: »Das war ungefähr ein Jahr lang gut und schön. Frieda brachte mir Notenlesen bei – ich lernte das sehr schnell –, aber es dauerte nicht lange, bis ich lauter und schneller spielte als sie, ob auch besser, weiß ich nicht. Aber es wurde mir klar, daß ich nicht mehr viel von ihr lernen konnte, denn sie taugte nur für Anfänger. Und so sah ich mich nach einem Lehrer für Fortgeschrittene um. Auf eigene Faust ging ich zum Neu-England-Konservatorium, weil ein Bekannter mir gesagt hatte: Um ein guter Pianist zu werden, muß man da hingehen. Ich kam in die Klasse einer Miß Susan Williams. Sie nahm *drei* Dollar pro Stunde, und nun brach zwischen Sam und mir die Hölle los. Er begriff, daß es mir ernst war, war aber nicht bereit, drei Dollar für eine Unterrichtsstunde auszugeben. Damit begannen die Kämpfe.«

Der wahre Grund für die Kämpfe war nicht das Geld, sondern Lennys beängstigende Hingabe an sein Klavierstudium. Geld war für Sam ein Mittel, seine manchmal rebellische Familie in Schach zu halten; Geld lieferte ihm die einleuchtende, wenn auch lahme Rechtfertigung, Dinge, die ihm nicht gefielen, zu verhindern. In diesem Fall jedoch hatte Sam ein klares Konzept: sein Sohn sollte eine ordentliche Ausbildung bekommen und später in sein Geschäft eintreten. Nur einen Grund hätte er gelten lassen, von diesem Plan abzuweichen: daß Lenny sich zur Religion berufen fühlte; voller Stolz hätte Sam dann einen weiteren Rabbi in der langen Tradition der Bernsteins vorweisen können. Aber ein *Klesmer* durfte Lenny unter keinen Umständen werden. Ein *Klesmer* war ein mittelloser Musiker, zumeist ein Fiedler, der von *Stetl* zu *Stetl* wanderte und für ein paar Kopeken und kostenloses Essen und Logis bei Hochzeiten und *Barmizwas* aufspielte. In Sams Augen war so ein Kerl ein minderwertiger Vertreter der Alten Heimat, ein wurzelloser Liederjan, der meist schon in jungen Jahren am Hunger oder an der schlimmen Krankheit starb. Die amerikanische Ausgabe dieses Typs vertrödelte ihr Leben damit, in Cocktailbars oder als Mitglied einer Band zur Unterhaltung aufzuspielen. Woher sollten da die *Naches* kommen? Die großen Pianisten waren berühmte Europäer, die in Amerika mit Orchestern spielten, die von anderen berühmten Europäern dirigiert wurden. Amerikanische jüdische Jungens hatten keine Aussicht auf Erfolg in der ernsten Musik.

Aber Jennie war auf der Seite ihres Sohnes, wenn es um Musik ging, und das führte wieder zu neuen Eheschwierigkeiten. Sams abendliche laute Kommandos »hör auf mit dem verdammten Klavier!« wurden wettgemacht von Jennies stillen Ermutigungen. Sie, die als Kind den umherziehenden *Klesmern* bis weit an die Stadtgrenze von Schepetowka nachgelaufen war, liebte Musik, und sie war glücklich bei der Vorstellung, daß ihr Sohn fähig war, in ihrem Hause einem Klavier schöne Töne zu entlocken. (Wenn sie sich unbeobachtet glaubte, schlich sie zum Klavier und spielte das einzige einfache Stück, das sie auswendig gelernt hatte, es hieß »Dollys Walzer«.) Es kam ihr nie der Gedanke, daß der Beruf eines Musikers vielleicht keine einträgliche Beschäftigung für ihren Sohn sein könnte. Aber Sam war Herr im Hause, und er entschied, die Stunden am Konservatorium von Neu-England nicht zu bezahlen.

Es sollte sich herausstellen, daß Lenny ebenso dickköpfig war wie sein Vater. Seine Leidenschaft für Musik war so heftig, daß er nicht von ihr abzubringen war. Er nahm Gelegenheitsjobs bei ad hoc zusammengestellten Tanzkapellen an und fand Kinder, die, kaum jünger als er, bei ihm Anfangsunterricht im Klavierspiel nahmen; mit dem verdienten Geld bezahlte er seine Stunden.

Es dauerte nicht lange, bis er mit einem Saxophonisten und einem Schlagzeuger eine eigene Band gründete, die bei Hochzeiten und *Barmizwas* spielte, wobei für jeden ein paar Dollar heraussprangen. Sams gefürchteter Alptraum vom *Klesmer* schien trotz allem Wirklichkeit zu werden. Zwei Jahre lang zahlte Lenny seine Klavierstunden bei Miß Williams selbst, und ihre Foltermethode bei der Unterweisung – die Finger über den Tasten so zu halten, daß die dritten Knöchel nicht zu sehen waren – brachte Lenny fast zu der Überzeugung, der Handel mit Kosmetika sei vielleicht doch angenehmer. Inzwischen war Sam – obwohl sehr beeindruckt von der Zähigkeit seines Sohnes – davon überzeugt, daß Lenny allmählich das Klavierspielen leid sein und sich zukunftsträchtigeren Interessen, wie dem Familienunternehmen, zuwenden würde. Es kam zum Waffenstillstand, und Sam steuerte sogar etwas Geld zu den Klavierstunden bei.

Merkwürdigerweise war es Sam, der Lenny im Alter von vierzehn Jahren in das erste Konzert seines Lebens führte – ein Boston -»Pops«-Benefizkonzert zugunsten der Tempel-Mischkan-Gemeinde. Auch für Sam war es das erste richtige Konzert, und die Aufführung von Ravels »Bolero« hatte eine umwerfende Wirkung auf beide. Während Lennys musikalische Vorlieben schon bald über den »Bolero« hinausgingen, geheimniste Sam noch Jahre danach alle möglichen programmatischen und philosophischen Bedeutungen in das Werk hinein. Kurze Zeit nach dem »Pops«-Konzert bekam Sam von einem Geschäftsfreund zwei Karten für einen Klavierabend des Komponisten Rachmaninoff. Wieder lud Sam Lenny ein, ihn zu begleiten. »Das Programm war sehr anspruchsvoll mit einer schwer verständlichen späten Beethoven-Sonate«, erinnerte sich Lenny. »Sam verstand nichts davon, aber er hielt bis zum Ende durch. Ich platzte fast vor Begeisterung.« Heute scheint es kaum glaublich, daß Lenny erst im reifen Alter von vierzehn Jahren zum ersten Mal in einem richtigen Konzert war, in einem Alter also, in dem Mozart bereits in ganz Europa Konzerte gegeben hatte. »Ich war durchaus kein Wunderkind«, sagte Lenny. »Ich hatte kaum eine Ahnung, daß es so etwas wie Konzerte gab. Ich war so provinziell, obwohl ich doch weiß Gott in der Großstadt Boston lebte!«

Als Lenny genug hatte von Miß Williams und ihrer lähmenden Methode, überredete ihn ein Freund, endlich einen erstklassigen Klavierlehrer zu nehmen, vielleicht den bekannten Heinrich Gebhard, den besten Lehrer in Boston. Lenny fühlte sich noch nicht reif für diesen gewaltigen Schritt, aber es konnte nicht schaden, Gebhard vorzuspielen, obzwar der Meister für das Anhören fünfundzwanzig Dollar verlangte. (Eine Unterrichtsstunde kostete bei Gebhard den astronomischen Betrag von fünfzehn Dollar.) Der hochangesehene deutsche Konzertpianist hörte sich Lennys steifes, keine dritten Knöchel zeigendes Vorspiel eines bescheidenen Programms höflich an. Dann sagte er, daß er zwar Musikalität besitze, aber weder Technik noch eine entsprechende Vorbereitung. Gebhard empfahl Lenny, sich von seiner besten Assistentin, Miß Helen Coates, unterrichten zu lassen, einer gewissenhaften Dame aus Rockford, Illinois, die bei Gebhard studiert hatte, und die nur sechs Dollar pro Stunde nahm. In gewissen Abständen sollte er dann dem Meister vorspielen, um seine Fortschritte überprüfen zu lassen. »Als Sam von dieser neuen Regelung hörte, schrie er Zeter und Mordio«, erzählte Lenny. »Wieder hielt er diese schrecklichen Schmähreden auf *Klesmer,* daß ein *Klesmer* nichts anderes als ein Bettler sei, daß ich als Bandspieler in einem Hotelwintergarten enden würde. Ein Studium an sich wäre eine gute Sache, aber es müßte ein praktisches Studium sein.« Als Folge von Sams neuerlichem Widerstand mußte Lenny mehr als je zuvor in Tanzkapellen spielen, um das Geld für den teuren Unterricht bei Helen Coates zusammenzubekommen.

Lennys neue Klavierlehrerin erkannte sofort die musikalische

Begabung und Intelligenz ihres jungen Schülers sowie seine rasche Auffassungsgabe. Sie führte ein strenges Regiment, soweit es Tonleitern und Etüden betraf, aber sie förderte auch seine natürliche Begabung für Musik im allgemeinen, einschließlich seiner eigenen, höchst inspirierten Kompositionen. Sie war so angetan von Lenny, daß sie aus einer Unterrichtsstunde zwei werden ließ; die zusätzliche, kostenlose Stunde wurde oft dazu verwandt, Klavierauszüge von Opern gemeinsam durchzugehen – Lennys neue Leidenschaft, die Shirley nur zu gern teilte, indem sie zu Hause mit ihm die verschiedenen Rollen lauthals sang. Schließlich schien Lenny, inzwischen achtzehn Jahre alt und Student in Harvard, für ein Vorspiel bei Gebhard gerüstet zu sein. In der Zwischenzeit hatte Sam zwar einiges Geld lokkergemacht, aber Lenny konnte jetzt auch schon ganz ordentlich verdienen durch Klavierstunden, die er seinen Mitstudenten gab. Durch Gebhard bekam er den letzten Schliff für den Beruf eines Musikers. Und Helen Coates engagiertes Interesse für Lenny hat nie nachgelassen. Seit 1944 ist sie seine loyale, kompetente Assistentin, und vielleicht kennt sie ihn besser als er sich selbst.

Je mehr Lennys Talente sich entfalteten, desto größer war Jennies Entzücken über diese Talente. Der Teenager Lenny gab ihrem Leben einen neuen Sinn, so wie damals, als er geboren wurde. Sie ging mit ihrem Sohn in die Konzerte des Boston Symphony Orchestra, stand in der Schlange nach Karten an, um dann mit ihm zu den obersten Galeriesitzen in der Symphony Hall hinaufzuklettern. Sie badete in Musik, auch wenn sie nicht viel davon verstand – und schon gar nicht von »diesen Modernen«, wie sie sie nannte. Ihr Enthusiasmus färbte auch ein wenig auf Sam ab. Die Auseinandersetzungen mit Lenny dauerten an, aber Sam machte ihm klar, daß er Musik nur als Beruf ablehne. Lenny erzählte, wie Sam zu ihm sagte: »Also, du kannst Klavier spielen, soviel du willst. Es ist eine feine Sache, abends nach einem anstrengenden Tag nach Hause zu kommen und sich am Klavier zu entspannen. Aber wenn du ein *Mensch* werden und eine Familie gründen willst, kannst du kein *Klesmer* sein.« Sam gestand es sich zwar kaum ein, aber die musikalischen Talente seines Sohnes bereiteten ihm gewisse *Naches*. Er äußerte durchaus Stolz, als Lenny den wärmsten Applaus bekam bei einem Schülerabend in Gebhards Studio. Und als Lenny aufgefordert wurde, bei einem Festessen der Mischkan-Tefila-Gemeinde zu spielen, hatte der Vater des talentierten jungen

Pianisten absolut nichts dagegen, die Komplimente seiner *Schul*brüder entgegenzunehmen. Sam nahm Lenny auf eine seiner Kreuzfahrten in die Karibik und später auf eine andere nach Florida mit, und da ein Klavier zur Standardausrüstung eines Kreuzschiffes gehört, unterhielt Lenny die Passagiere mit Schlagermelodien oder musikalischen Späßen. (Am liebsten spielte er einen Schlager so, als ob beispielsweise Bach, Beethoven oder Rachmaninoff ihn geschrieben hätte.) Zu seinem Repertoire gehörte außerdem leichte Klassik. Das beliebteste Stück: eine fälschlicherweise »Die Ungarische« genannte Klavierfassung der ›Hora Staccato‹ von Grigoras Dinicu, einem rumänischen Komponisten. Der Zuruf der Freunde seiner Eltern »Spiel die Ungarische« verfolgte Lenny noch viele Jahre. Als er dann später ein fertig ausgebildeter Pianist war, spielte er für sie eine Original-»Ungarische«, wie zum Beispiel die ›Ungarische Rhapsodie‹ von Liszt.

Sams Glück und Genugtuung darüber, Vater eines so vielseitigen, unterhaltsamen Sohnes zu sein, wuchs zunehmend. In den späten dreißiger Jahren gelang es ihm sogar, sein Geschäft mit Lennys Musik zu kombinieren. Er finanzierte als Sponsor ein wöchentliches Radioprogramm von fünfzehn Minuten Dauer: »Avol präsentiert ...« bei einem Bostoner Sender, um für die kurzlebigen Kosmetikartikel der Firma Avol zu werben, für deren Zubereitung er einen Chemiker engagiert hatte. Der Künstler, den Avol unweigerlich präsentierte, war Leonard Bernstein am Klavier, der leichte Klassik wie »Malagueña« und natürlich verschiedene »Ungarische« zum Besten gab. Dennoch, für einen Sohn von Samuel J. Bernstein war Klavierspielen keine Lebensbeschäftigung.

Am sorglosesten waren für Lenny in diesen schwierigen Teenagerjahren die Sommermonate, die die Familie in Sharon verbrachte. *Sharon!* Der Name weckt bei mir einen Mahlstrom sinnlicher Wahrnehmungen. Der Geruch von Sea Breeze, einer kampferhaltigen Flüssigkeit, die mein Vater im Großhandel an Frisiersalons verkaufte und an die er glaubte wie an ein Wunderheilmittel für jede Art von Krankheit, von der gewöhnlichen Erkältung bis zum verstauchten Fuß. Die hellgrünen Flaschen mit Sea Breeze standen in allen Bade- und Schlafzimmern und in jeder Veranda unseres Sharoner Hauses, zwecks vielseitiger Anwendung als Gurgelmittel, Mundwasser, Haarpflegemittel,

Adstringens, Desinfektionslösung, Einreibemittel – als was auch immer. »Es tötet die Bazillen«, pflegte Sam zu verkünden und schob die immer präsente Flasche einem klagenden Familienmitglied oder Gast zu. Am besten wirkte Sea Breeze gegen entzündliche Rötungen, die die Stiche der berüchtigten Sharoner Mücken auf der Haut hervorriefen. Bei Dunkelwerden setzten diese Peiniger mit einer Heftigkeit zum Angriff an, wie ich es nirgendwo sonst erlebt habe. Der Geruch von Kampfer verscheuchte auch die weniger aggressiven Vertreter der Spezies. (Sams frühzeitiger Glaube an Sea Breeze hat sich als wohlbegründet erwiesen. Ich sehe dieses Produkt zur Zeit in Drogerien, und es wird auch im Fernsehen in Werbespots gebracht.)

Das Geräusch von Motorbooten – vor allem dem meinen –, das über den See scholl wie das Summen wild gewordener Wassergrillen, und dazwischen die Rufe wütender Fischer in ihren vor Anker liegenden Skiffs und Seglern in ihren schaukelnden Schaluppen. Und in all diesem Spektakel die Stimme meiner Mutter, die den langen Tag immer wieder mit der Aufforderung unterbrach: »Komm raus aus dem Wasser, du hast schon ganz blaue Lippen!« Die Rufe anderer Mütter, die ihre Kinder vor Blutegeln, herannahenden Gewittern und zu vielen Milky-Way-Barren vorm Abendessen warnten.

Der unglaubliche Anblick und das Stimmengewirr, wenn mein Vater und seine Freunde über *Schul*-Politik sprachen oder beim Kartenspiel in einer überdachten Veranda krakeelten und ihren Ärger oder ihre Zufriedenheit in jener komischen Redeweise vorbrachten, die für Mittelklassejuden, die es sowohl mit der Alten wie mit der Neuen Welt hielten, spezifisch war.

Die Gerichte des *Kiddesch** am Sonnabendvormittag nach der *Schul*, zur Feier des Sabbat, die jede Woche von einer anderen Familie unserer Sharoner Sommerkolonie, die inoffiziell »The Grove« hieß, mit liebevoller Sorgfalt zubereitet wurden. Geschmack und Duft von Leberhaschee, auf ein Dutzend verschiedene Arten angerichtet; Hering – in Sahne, *mit Schmaltz* und sauer; *Teiglach*, das sind süße, klebrige Hefeteigstücke; kleine Mazzesknödel, aufgespießt auf farbige Zahnstocher, mit rotem und weißem Meerrettich; *gefilte Fisch*, das Standardgericht des »Grove«; eingelegte Zunge, Corned Beef, Huhn, Pu-

* Ursprünglich die Segnung des Weins vor dem Essen am Freitagabend, dem Vorabend des Sabbats. Später Bezeichnung für eine feierliche Mahlzeit am Sabbat nach dem Gottesdienst.

te – säuberlich aufgeschnitten und auf Servierbrettern angerichtet; frisches Gemüse mit oder ohne saure Sahne; eingelegte Gurken, süß und sauer und mit Knoblauch; Berge von Kraut- und Kartoffelsalat; Gallonen* eines roten Weines, der wie Karo Sirup schmeckte; Syphons mit Sodawasser und Krüge mit Limonaden der verschiedensten Geschmacksrichtungen: Orange, Zitrone, Sahne, Traube, Root-beer; Apfelstrudel. Das alles aufgereiht auf weiß gedeckten großen Tischplatten, die auf hölzernen Böcken ruhten, im sonnenbeschienenen Garten irgendeines Nachbarn.

Die erschreckende Umarmung meiner Großmutter Dina, wenn sie zu kurzen, störenden Besuchen nach Sharon kam. Das rauhe, aber angenehme Gefühl eines frisch gewaschenen Baumwollpullovers auf meinem frisch geduschten, sonnenverbrannten Rücken.

Mein Vater hatte die kleine Stadt am See, etwa zwanzig Meilen südlich von Boston, für den Bau seines Sommerhauses gewählt (das dann für drei Jahre unsere ständige Bleibe wurde), nachdem er dort im Juli 1941 Ferien in einem gemieteten Haus verbracht hatte. Damals standen den Juden noch nicht viele ländliche, von Boston schnell zu erreichende Wohngebiete offen, sei es als Ferien- oder als Dauerdomizil. Die Einwohner von Sharon waren zumeist »Swamp-Yankees«, Leute, die sich in einer schwierigen wirtschaftlichen Lage befanden und daher ihr von Gestrüpp überwachsenes unfruchtbares Land an diese merkwürdigen Städter verkauften – Land, das an den Massapoagsee grenzte, die künstliche Überflutung einer Eisenerzmine, die im Bürgerkrieg Metall für Kanonen geliefert hatte. Abgesehen davon, daß er hier an der Seepromenade ein Stück Land erwerben konnte, war Sam begeistert von der reinen Waldluft, dem kühlen weiten See und der Nachbarschaft von Menschen seiner Art – jüdischen Einwanderern, die es in Amerika zu etwas gebracht hatten. Das Wäldchen (The Grove) war in Wirklichkeit ein amerikanisches *Stetl* für die Mittelklasse.

Jeder Nachbar konnte eine Geschichte erzählen, die der meines Vaters sehr ähnlich war. Sie waren aus Rußland, Polen, Ungarn oder, in wenigen Fällen, aus Deutschland gekommen. Sie hatten sich als Hilfsarbeiter abgemüht, bevor sie in der Lederwarenbranche, bei Möbeln, Damenkonfektion, Lebensmitteln, Pelzen, Versicherungen und, gerüchteweise, in einem Fall

* 1 Gallone = 3,78 Liter

sogar bei einem Wettbüro landeten. Gemäß ihrer spezifischen Hierarchie des wirtschaftlichen Aufstiegs waren die meisten »wohlhabend«. Einige der jüngeren Männer waren noch in der Kategorie »er verdient gut« oder »er lebt bequem«, aber schon ziemlich dicht am nächsthöheren Rang; ein paar der älteren Männer, deren Lebensmittelläden sich zu Supermärkten ausgewachsen hatten, waren tatsächlich »vermögend«, und man betrachtete sie mit gebührendem Respekt. Fast alle lebten den größten Teil des Jahres in Brookline oder Newton; einige waren noch in ihren Häusern im besseren Teil von Roxbury geblieben. Sie waren eine eng verschworene, gutnachbarliche, streitsüchtige, scharfzüngige, gutmütige, freundliche, vulgäre, gottesfürchtige, alltägliche, engstirnige, ängstliche, standhafte Gemeinschaft, oder, wie es in einer alten Redewendung heißt: Sie waren so wie alle Leute, nur von allem etwas mehr.

Die Bewohner des »Grove« hatten es mir derart angetan mit ihrem Gemisch aus Vorzügen und Schwächen, daß ich sie als Vorlage für einige Personen in meinen ersten Kurzgeschichten benutzte, die später unter dem Titel ›The Grove‹ in einem Buch zusammengefaßt wurden. Als die erste Geschichte erschienen war, bekam ich einen Brief von einer Frau, deren Onkel eines der exzentrischsten Mitglieder der Siedlung war, Morris Finn, ein muskulöser, düster dreinschauender, großmäuliger Kriegsveteran aus dem spanisch-amerikanischen Krieg, meist bekleidet mit einer Badehose, die nicht lang genug war, die Unterhosen zu bedecken, schmutzigen Turnschuhen und einem zu engen Unterhemd. Seine Nichte, eine New Yorkerin, war regelmäßiger Sommergast im Wochenendhaus der Finns in Sharon gewesen. Sie schrieb mir, daß ihr Onkel, »der Ungebildetste und Ungehobeltste unter den Sterblichen«, dessen einziges Interesse offenbar seinem asthmatischen Terrier und dem Angeln galt, »die besten Blaubeermuffins backen und die besten Fische braten konnte, die ich je gegessen habe«, und sie fuhr fort in ihrem Brief: »Ganz früh am Morgen ging er zum Angeln, kam zurück nach Hause, säuberte die Fische, briet sie, buk die Muffins und rief mich dann zum Frühstück. Ich kann mich nicht erinnern, jemals etwas Köstlicheres gegessen zu haben. Nach seinem Tod habe ich nicht mehr oft an ihn gedacht, aber wenn, dann erstaunlicherweise nicht an seine grobschlächtige Art und seine schlechten Manieren, sondern an seine großzügige Gastfreundschaft, die er mir mit diesen Frühstücken erwies. Und ich bin froh darüber. Irgendwo unter der zu langen Unterwäsche schlug ein Herz. Es muß so gewesen sein! Und war er nicht fast ein Doppelgänger von Wallace Beery?«

Ich glaube, daß niemand, der je Sommergast im »Grove« war, den Ort und die Menschen dort vergessen könnte. Jeder Gast – ob Kind oder Erwachsener, ob männlich oder weiblich, Jude oder Nichtjude – war verpflichtet, wenigstens an einem Wochenendgottesdienst der Gemeinde Adath Sharon teilzunehmen, einer quasi-konservativen Synagoge, die 1930 von den ersten etwa zwei Dutzend Familien der Kolonie gegründet worden war. Bis zum Jahre 1942, in dem eine neue *Schul* gebaut wurde, kamen die Gläubigen in dem kleinen Haus von Rabbi Isaak Hochman zusammen. Welcher Fremde wäre nicht gefesselt gewesen von dem Chaos dieser Gottesdienste: der Unverständlichkeit der heruntergeleierten Litaneien, die Rabbi Hochman in seinen schütteren, angegrauten Bart murmelte, den endlosen jiddischen Predigten des alten Rabbis, denen er ein eigenartiges Begrüßungszeremoniell für Amtsträger und Gemeindemitglieder voranstellte (»Presiden ... Vize ... Treja ... Secreta ... Membekes ...«) und die er scheinbar mitten im Satz beendete, was bei der dösenden Gemeinde zu verlegenem Erwachen führte. Und diese Amtsträger – der aalglatte, gutaussehende Benjamin Sacks, unbesiegbarer Präsident und unbestrittener Wortführer des »Grove«; der behäbige Samuel Pearlman und der stocktaube I. M. Kaplan, die Vizepräsidenten; der grüblerische, belesene Samuel J. Bernstein, der Schatzmeister – sie alle hatten ihre eigene Vorstellung vom Ablauf des Gottesdienstes und tüftelten gelegentlich am Protokoll einer bestimmten Zeremonie so lange herum, bis sie, von Hitze und Gereiztheit überwältigt, auf der Stelle abdankten und sich weigerten, mit dem Gegner noch ein weiteres Wort zu wechseln, worauf dann Friedensverhandlungen folgten. Unvergeßlich auch die spontan angesetzten Versammlungen, bei denen viel gebetet wurde, wenn einer der Söhne der Grove-Familien in den Krieg zog, oder die ebenso spontanen und gebetsintensiven Feierstunden, wenn ein bedeutender Sieg errungen worden war oder ein Sohn heimkehrte.

Unter allen Besuchern, die unser Haus in Sharon bevölkerten, ist Tante Clara sicher die Unvergeßlichste – ungeachtet meiner Großmutter Dina und ihres jäh abgebrochenen Besuchs. Mein Vater und seine Schwester hatten schon seit den Kindertagen in Beresdiw keine enge Beziehung zueinander. Es war ein Fall von geschwisterlicher Abneigung; auch Sams Hilfe bei ihrer Überfahrt nach Amerika und später bei der Einrichtung ihres Geschäfts für Brautausstattungen in Brooklyn besserte die Beziehung nicht. Für ihn blieb sie immer die »verrückte Clara«. Nach einer Ehe, die durch den Tod des Mannes während der Grippeepidemie 1918 schon früh endete, heiratete sie einen gewalttätigen Geflügelzüchter namens Goldman, mit dem sie in unglücklicher Ehe auf seiner Geflügelfarm in Massachusetts lebte. Sie wurde von Goldman so gequält, daß sie einen seelischen Zusammenbruch erlitt und in eine psychiatrische Klinik eingeliefert wurde. Sam besuchte sie dort, sooft er den Mut dazu aufbrachte. Seine Besuche nahmen meist ein schlechtes Ende – Clara schimpfte über das schlechte Essen und ihre Lebensumstände, die Schwestern führten Clara in einer Zwangsjacke ab, und Sam ging verzweifelt fort. Das Epithethon »verrückte Clara« bekam für uns eine neue Bedeutung; eine Zeitlang glaubten wir tatsächlich, daß unsere Familie anfällig für Wahnsinn sei. Auch körperlich brach Clara zusammen. Sie wurde zuckerkrank, erblindete fast und bekam Schwindsucht. Ein Arzt sagte ihr, sie habe nur noch sechs Monate zu leben.

Schließlich wurde Clara aus dem psychiatrischen Krankenhaus entlassen und von Goldman geschieden. Sam sah diese beiden Ereignisse mit Bestürzung; in seinen Augen war sie immer noch verrückt, und nun war sie auch noch geschieden, eine entehrte Frau. Außerdem war durch sie dieses verdammte Klavier ins Haus gekommen, das so viel Unruhe mit sich gebracht hatte. Aber er unterschätzte seine Schwester gewaltig. Nach ihrer Befreiung aus dem Krankenhaus und von Goldman ging sie zurück nach Brooklyn, entdeckte die vegetarische Kost und besuchte eine Diätschule, die sie als überzeugte Vegetarierin und wunderbar geheilt von allen körperlichen und geistigen Gebrechen verließ. Sie machte ihren Laden für Brautausstattungen wieder auf und schloß eine neue, diesmal glückliche Ehe. Sie hatte ihr Leben aus eigener Kraft gerettet, aber in den Augen ihres Bruders war sie immer noch die »verrückte Clara«.

Wir anderen hielten sie zwar auch für »verrückt«, aber in übertragenem Sinne – eher ungewöhnlich und vielleicht etwas launisch. Ihre jährlich wiederholten Besuche waren vergnügliche und turbulente Ereignisse für uns und die ganze Kolonie. Ohne je wirklich eingeladen zu sein, pflegte sie uns mitzuteilen, daß sie mit einem bestimmten Zug in Providence, Rhode Island, ankäme, von wo wir sie abholen sollten. Meine Mutter (nie mein Vater) fuhr dann mit dem Auto zur angegebenen Zeit nach Providence, und da war sie und strahlte über ihr ganzes freundliches und rundliches Gesicht, während sie mit ihren verschnürten Bündeln und Kartons kämpfte – ihrem »Heckel-Pekkel«, wie sie sagte – und es sich nicht nehmen ließ, sie selbst zum Auto zu tragen, um zu beweisen, wie kräftig sie wieder geworden war. Wirklich, sie war stark wie ein Ochse, ein lebendes Aushängeschild für vegetarische Ernährung.

War ihr Heckel-Peckel ausgepackt, dann wurde unsere Lebensweise für die Dauer ihres Aufenthaltes total durcheinandergebracht. Üblicherweise war es eine Woche – das Äußerste, was mein Vater ertragen konnte. Die Bündel und Kartons enthielten als wichtigstes Utensil einen riesigen elektrischen Entsafter und Mixer und dann alle Naturalien, die entsaftet und gemixt werden sollten: biologisch gezüchtete Zitrusfrüchte, Rote Beete, Kopfsalat, Sellerie, Lauch, Tomaten und verschiedene exotische Gemüse, von denen wir noch nie gehört hatten. Sie befahl »alles raus aus der Küche« und fing an, das Abendessen vorzubereiten; das hieß Frikadellen aus Sojabohnen, die wie Hamburger aussehen sollten, Gehacktes aus Weizenkeimen, ein bitter schmeckendes, dünnes Gemüsepüree aus dem Mixer und rohe Minze zum Nachtisch. Als sie meinen hageren Körperbau entdeckt hatte, entschied sie, mich mit »Zitrusfrüchten zu füttern«, um Erkältungen vorzubeugen und »die Nieren durchzuspülen«. Shirley und Lenny brauchten als Heranwachsende »Vitaminkonzentrate und Naturzucker«, Sam und Jennie sollten »Ballaststoffe für den Magen« zu sich nehmen. Ich bin sicher, sie hatte recht, und es machte viel Spaß – wenigstens an den ersten zwei Tagen. Dann ertappten wir Kinder uns gegenseitig beim heimlichen Besuch in Harry Hortons benachbartem Kramladen, wo es herrlich fette Würstchen, altbackene Hostess-Napfkuchen, extra saure Pickles, tiefgefrorene Milky Ways und Eisgetränke mit Orangengeschmack gab. Sam hielt durch, weil er ausgiebige fleischhaltige Mittagsmahlzeiten in Thompson's Spa in Boston zu sich nahm. Nach einer Woche, am Ende ihres Aufenthalts, erlaubte uns Clara großmütig, in einem Restaurant in Foxboro ein richtiges Abendessen zu uns zu nehmen – neben diesem Restaurant lag das nächstgelegene Kino. Die Unmenge von Zitrusfrüchten, die sie mir eintrichterte und die von diesem unglaublichen Entsafter samt Schale und Fruchtfleisch zu einem dicklichen Brei, einer Erbsensuppe ähnlich, zerkleinert wurde, verursachte mir einen Widerwillen gegen Obst, der viele Jahre anhielt. Und trotzdem: ich erkältete mich immer wieder.

Wie viele andere begeisterte Gesundheitsapostel versuchte Clara, jeden, dem sie begegnete, zu bekehren. Sie fand viele Jünger im »Grove«, nicht nur für ihre vegetarische Diät, sondern auch für ihre gymnastischen Übungen. Sie brachte Gruppen von übergewichtigen Frauen und Männern zusammen, die ihrem Beispiel mit »Beugen und Strecken« folgten, entweder am Ufer des Sees oder in unserem Obstgarten. Einige wurden zu überzeugten Konvertiten. Sie ermunterte alle und jeden, sie im Morgengrauen in Feldern und Tannenwäldern beim »Tautreten« zu begleiten. Dieses Tautreten sollte dazu anregen, mit der Natur Zwiesprache zu halten und, wie sie es nannte, »inneres Atmen« zu lernen. Wenn der Morgen dämmerte, weckte sie unsere Familie und die ganze Kolonie, was meinem Vater neuen Anlaß zum Zorn bot. Aber er mußte sich eingestehen, daß es doch eindrucksvoll war, dem langen Zug von unausgeschlafenen Nachbarn zuzusehen, wie sie, von Clara angeführt, durch die taunassen Felder und Wälder tanzten und sprangen, innerlich atmeten und äußerlich oft sangen. Als Clara jedoch eine weibliche Gruppe zum nackten Sonnenbaden auf dem Dach über der Schlafzimmerveranda aufforderte, gebot mein Vater ihr sehr deutlich Einhalt. Ich bedauerte dies, denn mir und meinen jungen Freunden blieben dadurch aufregende Momente versagt.

Lenny empfand für Tante Clara besondere Zuneigung, die sie erwiderte. Er war ihr »lieber Neffy«, und sie nannte ihn »ein richtiggehendes Musikgenie«. Clara huldigte der Musik in jeder Form, was die Abneigung ihres Bruders Sam noch verstärkte, und sie drängte Lenny zu einer musikalischen Karriere, so wie sie mich mit Zitrusfrüchten bedrängte. Natürlich ließ ihre Begeisterung für Musik sie in Sams Augen nur noch verrückter erscheinen. »Ich war immer schon davon überzeugt, daß Tante Clara ein großer Wagner-Sopran hätte werden können«, sagte Lenny. »Diese Stimme konnte Glas zerspringen lassen. Nie werde ich vergessen, wie sie ›Pagan Love Song‹ und ›Eli, Eli‹ sang, wobei ich sie am Klavier begleitete. Was für eine Musikalität sie hatte! Man stelle sich vor, was aus ihr mit etwas Schulung und einigem Ansporn hätte werden können! Ich denke heute an sie mit großer Wärme, obgleich wir sie damals ausgelacht haben, und ich werde ihr dankbar sein bis ans Ende meiner Tage. Sie liebte mich so sehr, auch ich liebte sie. Nie habe ich verstanden, warum Sam sie nicht ausstehen konnte. Ich glaube, sie brachte ihn ständig in Verlegenheit.« Nach dem Tod ihres dritten Ehemanns verließ Clara Brooklyn und ihr Brautgeschäft und zog nach Florida, wo sie fast auf den Tag genau zwei Jahre nach Sams Tod starb. (Sie war zwei Jahre nach ihm geboren worden.) Vielleicht war die glänzendste Bestätigung, die sie in ihrem Leben erfuhr, der einzigartige Erfolg, den ihr »lieber Neffy« in der Welt der Musik errungen hat.

Tante Clara war nicht der einzige Gast in Sharon, der Sam in Verlegenheit brachte. Während seiner Studienjahre in Harvard lud Lenny verschiedene Collegefreunde – angehende Dichter, Schriftsteller, Musiker – übers Wochenende nach Sharon ein. Für Sam waren sie alle »verrückte Künstlertypen«, und er verzog sich schmollend, bis sie abgefahren waren. Ihr Aussehen bestärkte ihn in der Ansicht, daß die Welt der Kunst nicht das Richtige für Lenny sei. Doch keiner der Freunde Lennys wirkte so bohèmehaft wie Adolph Green. Lenny war kurze Zeit Musikberater in Camp Onota im westlichen Massachusetts und hatte dort die Aufführung von Gilbert & Sullivans Operette ›Die Piraten von Penzance‹ inszeniert. Für die Rolle des Piratenkönigs war ein dunkelhaariger Bursche aus der Bronx mit leicht vorstehenden Zähnen verpflichtet worden. Lenny und Adolph wurden auf Anhieb Freunde, beide waren fasziniert von dem Sinn für Humor und der musikalischen Bildung des anderen. Greens Musikkenntnis war und ist erstaunlich, denn er hat nie richtig Musik studiert. Er ist in der Lage, fast jedes symphonische Werk, ob klassisch oder modern, aus dem Gedächtnis a cappella vorzutragen und dabei jedes Orchesterinstrument schaurig zu imitieren – bis zum letzten Beckenschlag. Er bestand in Camp Onota Lennys strenge Prüfung bei der Identifizierung verborgener musikalischer Themen, und dort wurde der Grundstein zu einer lebenslangen Freundschaft und Zusammenarbeit gelegt. (Aus der Zusammenarbeit, in die dann Betty Comden einbezogen wurde, entstanden später die Produktionen der beiden Broadway-Shows ›On the Town‹ und ›Wonderful Town‹.)

Wenn Green in Sharon war, verbrachten Lenny und er viele Stunden im Hause und veranstalteten gegenseitige Quizbefragungen über, beispielsweise, Beethoven-Scherzi, oder sie erfanden herrliche musikalische Parodien, während Sam innerlich kochte und hin- und herlief. »Wer ist dieser Verrückte?« fragte er dann Jennie, die auch leicht verwirrt war. »Er soll mein Haus verlassen!« Viele Jahre später entfalteten Sam und Jennie eine herzliche Zuneigung für Adolph Green (und für andere unkonventionelle Freunde Lennys), aber im Gegensatz zu Jennie gelang es Sam nie, Greens besondere Talente und Fähigkeiten ganz zu erfassen, ebensowenig wie die seines Sohnes oder Claras oder überhaupt irgendeines Künstlers.

Ein Stück auf die Bühne zu bringen wie in Camp Onota und mit geringen Mitteln in Szene zu setzen, hatte Lenny in Sharon vielfach geübt und gelernt. Als er vierzehn Jahre alt war und einen seiner ersten Sommer dort verlebte, konzipierte er eine Aufführung der ›Carmen‹ von Bizet, für die er nur die am Ort verfügbaren Talente einsetzte. Aber in der von Lenny selbst bearbeiteten Fassung – Co-Autor war ein Klassenkamerad der Bostoner Lateinschule, Dana Schnittkind, – spielten die Jungen die Mädchenrollen und umgekehrt. Davon abgesehen, blieb das Grundschema Carmen – Don José – Escamillo unverändert. »Naiv wie wir waren«, sagte Lenny, »fanden wir es wahnsinnig komisch, daß Dana Schnittkind, der schon einen dichten dunklen Bart hatte, Micaela spielte, dieses zarte, liebevolle Geschöpf, und ich, egoistisch wie ich bin, die Carmen und meine damalige Freundin, Beatrice Gordon, den Don José. Wenn ich mich recht erinnere, spielte Rose Schwartz den Stierkämpfer Escamillo. Da wir für den Chor fast nur Mädchenstimmen zur Verfügung hatten, wurde der ursprünglich für Männerstimmen gesetzte Chor von Mädchen gesungen, die wir als kleine alte Männer verkleidet hatten, mit Yarmulken auf dem Kopf. Wir liehen uns Abendkleider von Mrs. Finn, die Perücken lieferte natürlich niemand anderer als die Samuel Bernstein Hair Company. Ich begleitete am Klavier, wenn ich nicht als Carmen auf der Bühne stand; dann löste Ruth Potash mich ab. Die Partitur hatte ich sehr vereinfacht durch zahlreiche Striche, und unsere Fassung des Librettos steckte voller persönlicher Neckereien und Anspielungen auf die Verhältnisse in Sharon. Weil wir so viel gestrichen und dadurch die Handlung geändert hatten, mußte den Zuhörern die Geschichte erzählt werden. Ich schrieb also zusammen mit Dana Schnittkind einen Prolog, der von Shirley aufgesagt wurde, die damals neun Jahre alt war und gerade ein paar Vorderzähne verloren hatte. Arme kleine Shirley. Sie mußte die Vorstellung eröffnen, eine Riesenaufgabe, nicht nur für ein Kind – für jeden. Aber sie machte ihre Sache sehr gut – sie hatte ihren Text auswendig gelernt, trat an die Rampe und sprach den Prolog.«

Am Abend der einzigen Vorstellung (fünfundzwanzig Cents Eintritt) erschien die gesamte Einwohnerschaft des »Grove« in

Singers Gasthaus, dem am See gelegenen Ferienhotel. Man hatte den Speisesaal mit Bettlaken, die als Bühnen- und Pausenvorhänge dienten, in eine Bühne verwandelt. Singers Gasthaus spielte auch eine Rolle im Libretto, außerdem ein wiedererstandener Torero, der sang: »Mit Appetit kann ich Hering essen/ mit zehn Stieren auf einmal kann ich mich messen«. Den Zuschauern wurde viel geboten: Shirley in einem neuen Festkleid, die quäkend und tapfer ihren Prolog lispelte; Lenny mit schwarzer Perücke und Mantilla, der abwechselnd Klavier spielte und die Carmen sang; Dana Schnittkind mit blonder Perücke und weißem Kleid, der die sanfte, treue Micaela darstellte; Beatrice Gordon mit schwarzem Kohleschnurrbart, die als Don José einherstelzte; und, selbstverständlich, einen lautschallenden weiblichen Chor im Gewand alter jüdischer Männer, ähnlich denen, wie man sie im Publikum sehen konnte. Und wäre er nichts anderes als das, so ist der jüdische Witz der Inbegriff der Selbstverspottung, und alle amüsierten sich köstlich.

»Wir waren toll«, sagte Lenny. »Sogar Sam gefiel es. Schließlich hatte er uns seine Perücken geliehen. Es war die Art unschuldigen musikalischen Spaßes, die er mir erlaubte – gut für die Entspannung, aber keine Laufbahn.« Es war eine Art jüdischer Andy-Hardy-Film mit Lenny in der Rolle von Mickey Rooney (»Sagt mal, Leute, warum machen wir nicht unsere *eigene* Show, gleich hier in Sharon!«).

Zwei Sommer später fühlten sich Lenny und seine Freunde sicher genug, um ein viel anspruchsvolleres Vorhaben zu realisieren. Sie nannten sich jetzt die »Sharon Community Players« und führten Gilbert & Sullivans ›Mikado‹ fast ungekürzt im Rathaussaal von Sharon auf. Der Eintritt kostete einen Dollar; die Einnahmen deckten die Saalmiete, das Honorar für die Mitwirkenden von je fünfundsiebzig Cents und darüber hinaus einen Betrag für wohltätige Zwecke. Wieder übernahm Lenny die Hauptrolle des Nanki-Poo selbst (diesmal wurden die Geschlechter nicht vertauscht, nach der ›Carmen‹ war der Witz abgenutzt), und nachdem er im vergangenen Winter den Text und die Musik dem elfjährigen Kopf seiner Schwester eingetrichtert hatte, gab er ihr die weibliche Hauptrolle der Yum-Yum. Shirley war inzwischen eine erfahrene Amateurschauspielerin. Dazu wurden ein paar Semiprofis engagiert, Glockenspieler aus einer Familie ortsansässiger Klavierlehrer und Sänger namens Bock. Einen ganzen unbeschreiblichen Monat lang wurde, begleitet von einem scheppernden Klavier, in unserem Wohnzimmer mit etwa zwei Dutzend jugendlichen Mitwirkenden geprobt. Sie saßen die Sprungfedern der Sofas und Stühle durch, leerten den Kühlschrank und ließen, nachdem der fahrende Eiswagen vor dem Haus geklingelt hatte, überall auf Möbeln und Fußböden leere Pappbecher und klebrige Holzstiele herumliegen. Die Geduld meiner Mutter, noch grenzenlos im Sommer davor, geriet in Gefahr zu versiegen. Das tägliche Durcheinander, die ungezähmte jugendliche Kraft, das Aufräumen hinter diesen saloppen Teenagern her nervten sie – aber im geheimen war sie doch stolz. Mein Vater verzog sich einfach in ruhigere Gefilde, wann immer er konnte, und sparte seine empörten Ausbrüche für das Wochenende auf. »Es ist Sabbat!« schrie er Lenny an. »Hör auf mit dem Klavierspielen und geh in die *Schul!«* Ich war damals erst drei Jahre alt, aber ich weiß noch, daß die Aufregung im Haus mir viel Spaß machte. Man sagt, ich hätte fast die ganze Partitur des ›Mikado‹ durch reines Nachsingen auswendig gelernt, allein durch Zuhören, in den Stunden, in denen ich eigentlich hätte schlafen sollen.

Morris Finns Nichte, die mir später, anläßlich der Veröffentlichung meiner ersten »Grove«-Geschichten, jenen Brief schrieb, wirkte auch beim ›Mikado‹ mit. Über dieses Ereignis schrieb sie: »Wir haben bei den Proben viel Spaß gehabt, und als wir zu dem Song kamen ›I've Got a Little List‹, bestand Lenny darauf, eine Rolle Toilettenpapier als Liste in der Hand zu halten und daraus vorzulesen. Heute klingt das albern, aber ich finde es immer noch komisch. Leider mußte ich den großen Abend der Aufführung im Krankenhaus verbringen mit einer akuten Blinddarmentzündung, und ich war bitter enttäuscht. Aber Lenny besuchte mich während der Rekonvaleszenz, die ich bei meiner Kusine, Beatrice Gordon, in Roxbury verbrachte. Er spielte und sang mir am Klavier den ganzen ›Mikado‹ vor und stellte jede Rolle dar. Er war wunderbar. Keines seiner Fernsehkonzerte, die ich seitdem gesehen habe, hat mich so gepackt wie diese improvisierte Vorstellung ...«

Der ›Mikado‹ wurde ein Riesenerfolg, so daß Lenny sich im darauffolgenden Sommer – inzwischen war er ein flotter Harvard Sophomore (Student im zweiten Jahr) – dazu entschloß, die Gilbert-und-Sullivan-Oper ›H. M. S. Pinafore‹ ungekürzt zu inszenieren mitsamt einem von ihm choreographierten ›Aida‹-Ballett. »In der ›Pinafore‹-Zeit schwärmte ich gerade für ›Aida‹, besonders für die Ballettmusik«, erklärte Lenny später. »Ich war fest entschlossen, sie irgendwie in ›Pinafore‹ unterzubringen. Wenn also Kapitän Corcoran Sir Joseph Porter an Bord willkommen heißt, habe ich einfach eine Zeile eingefügt, die Kapitän Corcoran sagen muß, um seinem Gast eine Unterhaltung zu bieten: ›Führt die ägyptischen Tänzerinnen herein!‹ Woraufhin Shirley und die Kaplan-Zwillinge, Jean und Thelma, als ägyptische Bauchtänzerinnen in Tüllschleier gewandet, schlängelnde Bewegungen zu Verdis Ballettmusik vollführten. Es war alles sehr willkürlich und dauerte nur wenige Minuten. Danach ging es sofort weiter mit ›Pinafore‹.«

Inzwischen hatte sich Lennys Stimme zum Bariton gesenkt, und daher konnte er die Hauptrolle, den Ralph Rackstraw, eine Tenorpartie, nicht für sich beanspruchen. (Diese Partie übernahm der junge Victor Alpert, der spätere Notenarchivar des Boston Symphony Orchestra.) Statt dessen sang Lenny den Baritonpart des Kapitän Corcoran und konnte daher selbst den überraschenden Satz anbringen: »Führt die ägyptischen Tänzerinnen herein!« Aber die Sensation der Aufführung war unser neues Dienstmädchen, Lelia Giampietro, der Lenny die Rolle der Josephine übertragen hatte, der Tochter des Kapitäns. Lelia war im Frühsommer angestellt worden als Nachfolgerin für eine andere Haushaltshilfe, die sich offenbar mit einer Gonorrhöe infiziert hatte. (Nachdem unser Hausarzt, »Dr. Finky«, die Diagnose bestätigt hatte, wurde sie unverzüglich entlassen, und meine Eltern schrubbten das ganze Haus wie Scheuerfrauen besessen mit Lysol und Sea Breeze. Für Sam war es der Höhepunkt seines lebenslangen mühseligen Kampfes gegen Bazillen. Tagelang roch es bei uns wie im Krankenhaus.) Lenny war sofort aufgefallen, daß das neue Mädchen beim Abwaschen und Saubermachen mit einer zarten, reinen Stimme vor sich hin sang. Er überzeugte Jennie davon, daß Lelia die geborene Josephine sei, und zum Erstaunen aller erlaubte sie ihr, mitzumachen. Vielleicht wurde sie nachgiebiger, als sie erfuhr, daß die Proben nicht mehr in ihrem Wohnzimmer, sondern im Rathaus stattfinden würden. Lenny beschlagnahmte auch Jennies Plymouth-Sportwagen, den mein Vater zur ausschließlichen Benutzung seiner Frau angeschafft hatte. Aber der Plymouth war ein ausgezeichnetes Transportmittel, um die Spieler zu den Proben zu fahren. So stand also Jennie an jedem Morgen an der Küchentür, den Besen in der Hand, und glaubte ihren Augen nicht trauen zu dürfen bei dem Anblick, der sich ihr bot: mindestens zehn Jugendliche fuhren in *ihrem* Auto mit *ihrem*

Dienstmädchen für den ganzen Tag davon. Lenny war wirklich Spitze in der Kunst des Überredens. Er hätte seiner Mutter einreden können, den Atlantik in einem Einmaster zu überqueren, wenn er es sich in den Kopf gesetzt hätte.

Sogar bei seinem Vater hatte er einen gewissen Erfolg. Ohne ernsthaften Widerstand erlaubte ihm Sam, in Harvard Musik als Hauptfach zu belegen, obwohl er von ganzem Herzen gehofft hatte, daß Lenny etwas Praktisches, etwa Wirtschaftswissenschaften, wählen würde. Sam drückte sich noch immer davor, Lennys Meisterkurs bei Heinrich Gebhard zu bezahlen, aber Lenny hatte genug eigene Schüler und Möglichkeiten, mit Bands zu spielen, und konnte die Stunden selbst bezahlen. Während Gebhard seinem begabten Schüler vielfältige Repertoirekenntnisse vermittelte und sein musikalisches Wahrnehmungsvermögen schärfte, vertiefte das Studium in Harvard seine geistigen und politischen Interessen. Er bekam Zugang zu ineinandergreifenden Fächern wie Geschichte, Philosophie und Literatur, er geriet in die leidenschaftlichen Auseinandersetzungen mit linker Politik, denn der spanische Bürgerkrieg tobte in voller Heftigkeit. Aber vor allem anderen beschäftigte er sich mit Musik. Er studierte Komposition und Theorie bei so hervorragenden Professoren wie Walter Piston, Arthur Tillman Merritt und Edward Burlingame Hill und nahm teil an dem aktiven Musikleben der Stadt Cambridge: als Pianist im Glee Club oder bei zwangloseren studentischen Veranstaltungen, für die ein Musiker mit Sinn für Humor gebraucht wurde, und sogar bei Stummfilmvorführungen im Filmclub der Universität spielte er. (Eine Aufführung des Films ›Panzerkreuzer Potemkin‹ begleitete er am Klavier mit Teilen aus Coplands unergründlichen ›Piano Variations‹, Strawinskys ›Petruschka‹ und einigen russisch-jüdischen Volksweisen, die er von Sam gelernt hatte.) Daneben schrieb er geistreiche und beißende Kritiken über Konzerte von Serge Koussewitzky (den er erst später kennenlernen sollte) mit dem Boston Symphony Orchestra, und einmal war er der Solist in einem Konzert des State Symphony Orchestras, einer Gründung der Works Progress Administration*, mit einer Aufführung des Klavierkonzerts von Ravel.

Ende 1939, in seinem letzten Studienjahr, schrieb Lenny die Bühnenmusik zu Aristophanes' ›Die Vögel‹, einer Aufführung

* Amerikanische Einrichtung zur Arbeitsbeschaffung für Arbeitslose, existierte von 1933–1944 (Anm. d. Übers.)

des Harvarder Klassik-Clubs in der altgriechischen Originalfassung. (Teile dieser Komposition tauchten später in ›On The Town‹ wieder auf.) Lenny dirigierte auch das kleine Orchester und stand damit zum ersten Mal am Dirigentenpult. Als die Studentenvertretung von Harvard gegen den Willen der Bostoner Behörden eine Aufführung von Marc Blitzsteins Proletarieroper ›The Cradle Will Rock‹ auf kahler Bühne im Sanders Theater durchsetzte, wurde Lenny dazu ausersehen, die Regie und den Klavierpart für dieses ehrgeizige Unterfangen zu übernehmen. Wieder bat er Shirley, die inzwischen fünfzehn Jahre alt und Schülerin der Mittelstufe am Gymnasium in Newton war, eine Rolle zu übernehmen – er redete so lange auf sie ein, bis sie sich diese Partie zutraute, und bettelte dann bei Sam und Jennie um deren Einverständnis. Er mußte lange betteln, denn die Rolle, die Shirley singen sollte, war die einer gewissen Moll, einer waschechten Prostituierten. Aber Lennys Überredungskunst wirkte immer noch Wunder. Shirley sang die Rolle ausgezeichnet, im Programmheft wurde sie als Shirley Mann aufgeführt, das Publikum hielt sie für eine Studentin des Radcliffe College*. Sam und Jennie hörten mit gemischten Gefühlen zu, aber alle anderen waren begeistert. Die ganze Harvard-Gemeinde und die Bostoner Kritiker waren hingerissen von der Professionalität und der Aussagekraft dieser studentischen Aufführung. (Shirley Mann bekam Sonderlob.) Marc Blitzstein, der zu diesem Anlaß nach Cambridge gekommen war, soll gesagt haben, daß Lenny, der die Sänger am Klavier begleitete, besser als er gespielt habe in jener berühmten Inszenierung mit dem Team Orson Welles-John Houseman in New York im Jahre 1937. Die Bewunderung Bernsteins und Blitzsteins füreinander entwikkelte sich zu einer festen Freundschaft, die bis zu Blitzsteins tragischem Tod im Jahre 1964 dauerte. Der musikalische Einfluß des einen auf den anderen war für beide und für spätere Theaterbesucher deutlich erkennbar.

Zwei andere Freundschaften mit Berufskollegen, die in Harvard begannen, hatten noch weiterreichende Folgen. Während seiner ersten Semester machte Lenny die Bekanntschaft von Aaron Copland und Dimitri Mitropoulos. Copland, damals auf dem besten Wege, zum »Dekan der amerikanischen Komponisten« zu avancieren, hatte Lenny schon beeinflußt, bevor er ihm

* Benannt nach der englischen Schriftstellerin Ann Radcliffe (1764–1823), berühmtes Mädchen-College mit musischem Lehrplan (Anm. d. Übers.)

vorgestellt wurde. Lenny hatte Coplands ›Piano Variations‹ studiert und war von dem spezifisch amerikanischen Charakter seiner anderen Werke sehr angetan. Schon bei der ersten Begegnung erkannte Copland Lennys Talent und empfahl ihm zu überlegen, ob er nicht Komponist werden wolle. Und Mitropoulos, der Gastdirigent des Boston Symphony Orchestra war, lenkte Lennys Gedanken in eine weitere musikalische Richtung. Die Freundschaft der beiden begann mit einem Zufall – einem Wink des Schicksals, bei dem ausgerechnet Jennie, ohne es zu ahnen, Pate gestanden hatte.

Lenny hatte eine Einladung der Harvard-Helicon-Gesellschaft zu einem Sonntags-Empfang für Mitropoulos im Phillips-Brooks-Haus* erhalten, aber er entschloß sich, den größten Teil dieses Sonntags zu Hause in Newton zu verbringen. Als es Zeit für ihn wurde, in sein Zimmer im Eliot-Haus** zurückzukehren, erbot sich Jennie, ihn im Auto nach Cambridge zu fahren. Sie zog einen Mantel über ihr einfaches Hauskleid, und die beiden fuhren mit dem Plymouth Roadster los. Jennies Fahrgewohnheiten konnten einen ebenso rasend machen wie die von Sam. Wenn sie chauffierte, ließ sie meist das Radio laufen, sang und trat im Takt der Musik aufs Gaspedal. Neben dem Schaden, den sie dem Auto damit zufügte, machte sie ihre Mitfahrer nervös, verursachte im Laufe der Zeit einige kleinere Unfälle und war so abgelenkt, daß sie sich verfuhr, selbst in Gegenden, die sie kannte. So geschah es auch an diesem schicksalhaften Sonntag nachmittag. Statt beim Eliot-Haus vorzufahren, verfehlte sie eine Abzweigung und landete vor dem Phillips-Brooks-Haus. Lenny fiel plötzlich der Empfang für Mitropoulos wieder ein, und er drängte Jennie, mit ihm auf die Party zu gehen, trotz der Proteste wegen ihrer unpassenden Kleidung. Schließlich ging sie mit Lenny in den überfüllten Raum, in dem der Empfang stattfand, und hielt ihren Mantel über dem Hauskleid fest geschlossen. Sie reihten sich in die wartende Schlange ein, um dem Maestro vorgestellt zu werden. Nach den Vorstellungen bat Mitropoulos Lenny, ihm etwas vorzuspielen, offenbar hatte er von einigen Gästen gehört, daß Lenny ein Student mit hervorragender musikalischer Begabung sei. Und Lenny spielte mit der unbekümmerten Chuzpe seiner jungen

* Phillips Brooks, 1835–1893, amerikanischer Theologe, von 1891 bis 1893 Bischof in Boston

** Charles William Eliot, 1834–1926, amerikanischer Pädagoge, Präsident der Harvard-Universität von 1869–1909

Jahre. Während Jennie ihm in einer Mischung aus Erstaunen und Stolz zusah, brachte ihr Sohn ein Nocturno von Chopin und einen Satz einer von ihm komponierten Klaviersonate zu Gehör.

Mitropoulos war immerhin so beeindruckt, daß er Lenny an den folgenden Tagen zu seinen Proben in der Symphony Hall einlud. Lenny war überwältigt von der Kraft und dem musikalischen Können des großen Dirigenten Mitropoulos, den er bei der Arbeit mit dem virtuosen Boston Symphony Orchestra aus nächster Nähe miterleben durfte. Der Gedanke, selbst Dirigent zu werden, lag viel zu fern, um mehr zu sein als eine verlockende Möglichkeit, doch war er immerhin vorhanden. Später lud Mitropoulos Lenny zu einem Austernfrühstück ein, nannte ihn einen »genialen Jungen« und rückte die ferne Möglichkeit in deutlichere Nähe, indem er ihm empfahl, sich für die Laufbahn eines Dirigenten zu entscheiden. Zum Komponieren wie zum Dirigieren hatten ihm Männer geraten, die in ihrem Fach den Gipfel erreicht hatten, und der junge Lenny – vielleicht der Vorstellung schon etwas überdrüssig, sein Leben lang an das enge Fach des Konzertpianisten gebunden zu sein – nahm beide ernst.

Die vier Jahre nach Lennys Universitätsabschluß im Juni 1939 waren erfüllt von mannigfaltigen, aber eher ziellosen Bemühungen und Arbeiten bis zu jenem Furore machenden, unerwarteten Debut mit dem New York Philharmonic Orchestra. Lennys Hinwendung zu den noch esoterischeren und noch weniger einträglichen Musikgebieten der Komposition und des Dirigierens erfüllte Sam mit doppelter Sorge. Die Welt stand vor einer Katastrophe; am sichersten war ein Collegeabsolvent – gleichgültig wie künstlerisch begabt er auch sein mochte – in der Geborgenheit des Familienunternehmens. Aber einmal sollte er sich noch austoben dürfen, und so gewährte ihm Sam einen Sommer in New York. Seine Überlegung war, daß Lenny – nachdem er sich selbst von der unglückseligen Lage eines Musikers in New York überzeugt hätte – reumütig nach Boston zurückkehren werde, wo eine leitende Tätigkeit in der Samuel Bernstein Hair Company auf ihn wartete. Um ganz sicher zu gehen, gab Sam Lenny gerade nur genug Geld, um damit über den Sommer zu kommen.

In New York meldete Lenny sich sofort bei Adolph Green,

der damals fünftes Mitglied einer Nachtklubattraktion war, die sich Revuers nannte und ums Überleben kämpfte. (Die übrigen vier dieser avantgardistischen Gruppe intellektueller Satiriker waren Betty Comden, Judy Holliday, Alvin Hammer und John Frank.) Green bot Lenny ein Bett in seiner Wohnung in Greenwich Village und dazu die Möglichkeit, gelegentlich die Revuers im Vanguard Club im Village zu begleiten, wo sie eine kleine, aber treue Gemeinde hatten. Und als man ihnen das Angebot machte, einen ihrer längeren Sketche, eine verrückte Hollywoodgeschichte mit dem Titel ›The Girl with the Two Left Feet‹, auf Schallplatte aufzunehmen, verdiente Lenny fünfundzwanzig Dollar als Begleiter. Andere Arbeit gab es für ihn als Musiker nicht – vor allem deshalb, weil er nicht Mitglied einer Gewerkschaft war, und die Mitgliedschaft in der New Yorker Musikergewerkschaft setzte einen Mindestaufenthalt von sechs Monaten voraus. Aber Lenny gefiel es trotzdem. Er verkehrte mit Leuten aus dem Showgeschäft und der Musikwelt, und sie schienen seine Begabung zu schätzen. Er lernte die Stadt kennen und fand Geschmack an ihr. Dann gingen der Sommer und sein Geld zu Ende. Als letzte musikalische Geste kaufte er in einem Pfandhaus eine Klarinette (ein störrisches Instrument mit einer zersprungenen Klappe, das später in meine ungelenken Hände gelangen sollte) und kehrte verdrossen nach Boston zurück.

Bevor er sich jedoch resigniert in die ihm bevorstehende Geschäftslaufbahn schickte, hörte er von einem Freund, daß Mitropoulos in New York sei und den »genialen Jungen« zu sehen wünsche. Lenny fuhr sofort zurück nach New York. Bei ihrem Treffen bestand Mitropoulos darauf, daß Lenny zur Musik berufen sei, im besonderen zum Dirigieren, und schlug ihm vor, am Curtis Institut in Philadelphia bei dem großen Fritz Reiner, dem Chefdirigenten des Pittsburgh Symphony Orchestra, Unterricht zu nehmen. Das Studienjahr hatte zwar bereits begonnen, aber Mitropoulos sagte, er könne für Lenny ein Probespielen bei Reiner arrangieren. Das Probespiel war erfolgreich, Lenny wurde sofort in das Curtis Institut aufgenommen und bekam ein entsprechendes Stipendium. Mit äußerster Überredungskraft erreichte Lenny, daß Sam ihn widerwillig gehen ließ und ihm dazu noch etwas Taschengeld gab. Zwei Jahre lang studierte er Dirigieren bei Fritz Reiner, Orchestrierung bei Randall Thompson und Klavier bei Isabelle Vengerova – alle drei waren unnachgiebige Meister, gewohnt, Hochbegabte zu unterrichten, die sich für kaum etwas anderes als Musik interessierten. Für einen weltoffenen Harvard-Absolventen war dies ein ungewohntes Milieu, aber Lenny lernte – zwangsweise – Disziplin und Technik. Seine Leistungen waren glänzend, er selbst nicht immer glücklich.

Ebenso wichtig für seinen späteren Beruf waren die nächsten beiden Sommer. Seit einigen Jahren gaben Serge Koussewitzky und das Boston Symphony Orchestra im Sommer Konzerte in Tanglewood, einem Landsitz in den Hügeln von Berkshire, der dem Orchester vererbt worden war. Im Jahre 1940 eröffnete Koussewitzky das Berkshire Music Centre als Teil von Tanglewood. Nach seiner Vorstellung sollten junge, begabte Musiker der verschiedensten Fachrichtungen dort in landschaftlich schöner Umgebung mit hervorragenden Lehrern arbeiten. Angehende Dirigenten – wenige Auserwählte, die von Koussewitzky selbst betreut wurden – sollten dort ihre Fähigkeiten mit einem großen Studentenorchester erproben können. Dank eindringlicher Empfehlungsbriefe wurde Lenny im Eröffnungsjahr als einer von drei studierenden Dirigenten eingeladen.

Ganz bezaubert von Koussewitzky (dessen aus dem neunzehnten Jahrhundert stammende Lebensart ganz Tanglewood bis zum letzten Rasenpfleger gefangennahm), war Lenny von Anfang an im siebten Himmel, wie ein Brief belegt, den er kurz nach seiner Ankunft an seine Eltern schrieb:

»Ihr Lieben –

... eine so schöne Anlage habe ich noch nie in meinem Leben gesehen. Ich habe mit dem Orchester jeden Vormittag gearbeitet & gebe mein erstes Konzert morgen abend. Kouss übertrug mir das schwierigste und längste Stück von allen, die zweite Symphonie von Randall Thompson, 30 Minuten lang – ein modernes amerikanisches Werk – für meine erste Aufführung. Und Kouss ist so zufrieden mit meiner Arbeit. Er mag mich & arbeitet sehr intensiv mit mir in Einzelstunden. Er ist ein ganz wunderbarer Mann – ein herrlicher Kopf, der nie nachläßt oder fehlgeht –, das beflügelt mich unglaublich. Und er sagte mir, daß er davon überzeugt sei, daß ich ein wunderbares Talent habe, & er macht aus mir bereits einen *großen* Dirigenten. (Heute fuhr ich sogar mit ihm in seinem Auto!) Er hat ein fabelhaftes pädagogisches Talent, was ich nie erwartet hätte – & er ist sehr anspruchsvoll –, wenn er also sagt, er sei zufrieden, dann bedeutet das schon etwas. Ich bin so begeistert – war nie glücklicher & zufriedener. Das Orchester ist mir sehr zugetan, mehr als den anderen Dirigenten, & es reagiert so fabelhaft bei den Proben. Natürlich wird erst das Konzert morgen abend (Sabbat, noch dazu!) erweisen, ob ich während der Aufführung einen klaren Kopf bewahren kann. Wir arbeiten sehr hart – das Tempo hier ist atemberaubend –, keine Zeit, darüber nachzudenken, wie müde man eigentlich ist und wie wenig Schlaf man hat – die Begeisterung, die von diesem Zentrum ausgeht, ist groß genug, um uns auch ohne Schlaf auf Trab zu halten. Ich bin so aufgeregt wegen morgen abend – ich wünschte, Ihr könntet alle kommen –, es ist so wichtig für mich – & Kouss setzt fest darauf, daß dies Konzert seiner Überzeugung recht geben wird –, wenn es gut geht, kann man sich kaum vorstellen, was alles geschehen könnte ...

Bitte, kommt her – ich glaube, ich werde jeden Freitag abend dirigieren & an jedem Vormittag proben –, bitte, kommt her –

Alles Liebe – Lenny«

Jennie war außer sich vor Freude, und sogar Sam konnte nicht umhin, Anflüge von Stolz auf seinen Sohn zu empfinden, der offensichtlich Koussewitzkys Lieblingsschüler war. Aber wer war dieser Koussewitzky, der für Lenny so schnell zu einem zweiten Vater geworden war und damit Sam von seinem angestammten Platz verdrängte? Sam wußte, daß Koussewitzky gleich ihm ein in Rußland geborener Jude, aber, im Unterschied zu Sam, zum Christentum übergetreten war, um Karriere zu machen. Was für ein Mensch war das, der so etwas tat? Und würde er versuchen, Lenny zum Übertritt zu bewegen, auch um der Karriere willen? (Sam wußte damals noch nicht, daß Koussewitzky seinem Lenyuschka schon zu verstehen gegeben hatte, daß Leonard S. Burns als Name für einen Dirigenten ratsamer sei, wobei des »S« für Samuelowitsch stand. Lenny dachte eine Zeitlang darüber nach, schlug sich die Idee dann aber wieder aus dem Kopf.) Sam hätte sich nicht zu sorgen brauchen um den jüdischen Glauben seines Sohnes, er war ein unauflöslicher Teil seines Wesens, und selbst ein Koussewitzky hatte darauf keinen Einfluß. Im Gegenteil, Lenny hatte gerade im Jahr zuvor begonnen, ein Stück für Sopran und Orchester zu komponieren, das auf den Klageliedern des Jeremias basierte, und dem er die Widmung »meinem Vater« gab. Wenn das nicht *Naches* war! Aber dennoch war Sam eifersüchtig, verärgert und, was am schlimmsten war, machtlos. Lenny ging ihm verloren, und er konnte dem kaum entgegenwirken, außer daß er den

Daumen auf den Geldbeutel hielt. Als Sam schließlich mit Jennie, Shirley und mir von Sharon nach Tanglewood fuhr, wurde offenbar, daß alles, was Lenny geschrieben hatte, die reine Wahrheit war. Der Ort schien für ihn erfunden zu sein.

Ein weiteres hartes Jahr am Curtis Institut folgte, und danach wieder ein herrlicher Sommer in Tanglewood, in dessen Verlauf es klar zutage trat, daß Lenny *der* Protegé Koussewitzkys war – und vielleicht sogar, wie das Gerücht ging, eines Tages sein Nachfolger sein würde, vorausgesetzt, die Treuhänder des Boston Symphony Orchestra könnten jemals mit der Tradition brechen und einen jungen Amerikaner an die Spitze des Orchesters berufen. Dieses Gerede war jedoch reine Phantasie, ohne ernsthafte Basis. Und mit der Einberufung schien Lennys Laufbahn sich zunächst eher in eine militärische Richtung zu bewegen. Aber bei der ersten ärztlichen Untersuchung für den Militärdienst wurde er wegen seines Asthmas 4-F, das ist »nicht tauglich« eingestuft. (Der Militärarzt, der damit eine Zurückstellung bewirkte, war zufällig ein bekannter Asthmaspezialist.) Für Lenny war es demütigend und frustrierend, nicht die Uniform anziehen zu können, während so gut wie jeder andere sich auf den Kriegsdienst vorbereitete, aber es ließ sich nicht ändern.

Im Herbst 1941 war er ein dreiundzwanzigjähriger, gut ausgebildeter und vielversprechender Musiker ohne Anstellung. Er ging nach Boston zurück, wo die trübe Aussicht auf die Samuel Bernstein Hair Company drohend in der Luft lag. Koussewitzky versuchte nach besten Kräften zu helfen. Er engagierte Lenny als Solisten für die Uraufführung eines Klavierkonzertes von Carlos Chávez mit dem Boston Symphony Orchestra, aber Gewerkschaftsprobleme verhinderten die Aufführung. In seiner Verzweiflung erschlich sich Lenny einiges Geld von Sam, mietete ein zugiges Studio in der Huntington Avenue und verschickte Werbebriefe, in denen er sich als Klavierlehrer anbot. Sam war der Meinung, daß dieser Versuch zum Scheitern verurteilt sei – wodurch Lenny erneut zum Kandidaten für sein Geschäft, das nur wenige Meilen entfernt lag, werden würde – und Sam hatte recht. Lenny eröffnete sein Studio offiziell zwei Tage vor dem Angriff auf Pearl Harbour, aber Klavierstunden hatten in dieser Woche keinen Vorrang im öffentlichen Bewußtsein. Vom Militärdienst war er zurückgestellt, Klavierschüler fanden sich nicht, und es schien, als habe die ganze Welt sich gegen ihn verschworen. Er arbeitete an seinen Kompositionen (einer Sonate für Klarinette und dem Klagelieder-Stück), spielte in ein

Dina Bernstein, um 1950

Samuel und Pearl Resnick in den frühen 30er Jahren

Tante Clara, Onkel Harry und Tante Polly Levy und Sam (sitzend), um 1926

Das Verlobungsfoto von Sam und Jennie aus dem Jahr 1917

Sam, um 1916

Jennie, um 1917

Jennie, Lenny und Sam, um 1922

Jennie und Sam in den frühen 30er Jahren

Onkel Schlomo und seine Frau Fanny in Rußland
vor dem Zweiten Weltkrieg

Mitglieder der Malamuds aus Korez in Rußland
vor dem Zweiten Weltkrieg

Annie und Abraham Miller in den frühen 30er Jahren

Tante Clara nach ihrem Diplomexamen an der Hochschule für Ernährungswissenschaften

Sam, Lenny, Shirley und Jennie im Jahr 1933

Burtie und Shirley, 1932

Burtie und Jennie, 1935

Lenny und Shirley, 1933

Sam und Lenny, um 1935

Unten: Sam bei einem festlichen Anlaß mit *Klesmer* in den späten 40er Jahren

Oben: Shirley, Lenny und Burtie auf dem Rasen in Tanglewood, 1947. (© 1982 Ruth Orkin)

Lenny in Wyoming, 1948

Lenny und Felicia, 1959

Unten: Shirley, Lenny und Burtie im Haus von Freunden in Holland, 1950

Oben: Mikhael, Sam und Schlomo bei einem von Lennys Moskauer Konzerten, 1959

Shirley und Lenny in Irland, 1950

Lenny, Felicia, Sam, Jennie, Shirley, Ellen und Burtie im Bostoner Sheraton Plaza Hotel kurz vor Sams Ehrenbankett am 7. Januar 1962

Jennie bei einem Konzert aus Anlaß von Lennys sechzigstem Geburtstag im Wolf Trap Farm Park for the Performing Arts in Vienna, Virginia, am 25. August 1978 (Foto: Christina Burton)

paar Konzerten kleinerer Vereine und schöpfte aus der Freundschaft mit Koussewitzky gewissen Mut.

Ein Lichtblick in diesem tristen Winter war das Erscheinen von Adolph Green und Betty Comden, die in einem unglückseligen Musical des Komponisten und Texters Irving Caesar ›My Dear Public‹ mitwirkten, das in Boston voraufgeführt wurde. Es war das erste Mal, daß ich in einem richtigen Theater war, und das Stück verwirrte meinen zehnjährigen Kopf nicht weniger als den der zuschauenden Erwachsenen. Ohne zu übertreiben, kann ich sagen, daß, angefangen von der ersten Nummer bis zum Finale, niemand wirklich verstand, was auf der Bühne vor sich ging. (Irving Caesar war ebenfalls der Autor des verworrenen Schlagertextes ›Tea for Two‹.)

Der Sommer 1942 brachte etwas Aufmunterung. Lenny ging wieder nach Tanglewood, nicht als Schüler, sondern als Assistent von Koussewitzky mit gleichzeitigem Lehrauftrag. Aber als der Sommer vorüber war, fing die Mühsal wieder an. Eine Wiedereröffnung des Huntington Avenue Studios hätte bedeutet, leichtsinnig mit finanziellen und seelischen Katastrophen zu spielen, also versuchte Lenny es erneut in New York, als letzten Versuch im Wettlauf mit der Zeit. New York war noch schlimmer als Boston. Diese Zeit pflegte Lenny als sein »Valley Forge«* zu bezeichnen. Er nahm ein billiges möbliertes Zimmer und suchte Arbeit, gleich welcher Art. Er fand einige Gelegenheitsjobs: als Korrepetitor, Probenbegleiter, Klavierlehrer für einen Dollar pro Stunde und – eine Kriegsdienstleistung – als musikalischer Unterhalter bei den Soldaten in Fort Dix, New Jersey. Durch Vermittlung von Irving Caesar fand er eine feste Beschäftigung für fünfundzwanzig Dollar in der Woche bei einem Musikverlag, wo er Jazzimprovisationen transkribierte, Schlager für Klavierstimmen arrangierte und selbst einige Popmelodien schrieb unter dem Pseudonym »Lenny Amber«. Dieser Job rettete ihn wenigstens vor dem endgültigen Fiasko, das die Rückkehr nach Boston in Sams Geschäft bedeutet hätte. Er hatte etwas Geld zum Leben und etwas Zeit zum Komponieren. Sein Stück für Sopran und Orchester über die Klagelieder des Jeremias hatte sich inzwischen zu einer Symphonie ›Jeremias‹ entwickelt. Er reichte sie bei einem Wettbewerb für amerikanische Musik des New England Conservatory ein, gewann

* Ort im Staate Pennsylvania, 1777/1778 Schauplatz des Winterlagers von George Washington während der amerikanischen Revolution (Anm. des Übers.)

aber keinen Preis, und, was schlimmer war, Koussewitzky hielt nicht viel von dem Werk. Aber er gewann damit gewisse Pluspunkte bei Sam, der an dem jüdischen Thema und der Widmung für ihn Gefallen fand.

Obwohl es im folgenden Sommer keinen offiziellen Lehrgang in Tanglewood gab, verlebte Koussewitzky die warmen Monate auf seinem dortigen Landsitz, Seranak, der oberhalb Tanglewoods lag. Er lud Lenny ein, ihn dort zu besuchen und ihm bei einem Wohltätigkeitskonzert zugunsten des Roten Kreuzes zu assistieren. Lenny, dessen Berufschancen offensichtlich nicht besser geworden waren, kam einen Tag vor seinem fünfundzwanzigsten Geburtstag in Seranak an und hörte von Koussewitzky, daß Artur Rodzinski, der vor kurzem zum Chefdirigenten des New York Philharmonic Orchestra ernannt worden war, ihn zu sehen wünsche. Rodzinski besaß eine Farm im nahe gelegenen Stockbridge, und dort besuchte Lenny den Dirigenten am Morgen seines Geburtstags. Sie unterhielten sich freundlich auf einer frischgemähten, asthmafördernden Wiese, und der niesende Lenny fragte sich im stillen, warum er herbeizitiert worden sei. Endlich kam es heraus. Rodzinski erklärte ihm in kurzen Worten, daß er ihn im vergangenen Sommer in Tanglewood beim Dirigieren des Studentenorchesters beobachtet habe und seitdem überzeugt sei, daß Lenny sich für den Posten des Assistant Conductor beim New York Philharmonic Orchestra eigne. Rodzinski, der überzeugter Buchmanist* war und behauptete, mit Gott in direkter Verbindung zu stehen, sagte noch, der Allmächtige habe ihm befohlen, »Bernstein zu nehmen«. Lenny wurde assistierender Dirigent beim New York Philharmonic Orchestra, ohne auch nur einmal vor einem Berufsorchester gestanden zu haben. Das war ein Mordsgeschenk zum Geburtstag.

Nachdem die Aufregung über diese gigantische Neuigkeit abgeklungen war, stellte sich heraus, daß sie nicht ganz so gigantisch war. Die Stellung eines assistierenden Dirigenten bedeutete in Wirklichkeit, ein besserer Bürodiener des Maestro zu sein: zum Beispiel mußte er Akustikproben in der Carnegie Hall abhalten, bei allen Proben anwesend sein, die Partituren der wöchentli-

* Buchmanismus – eine religiöse Sekte, die von dem amerikanischen Wanderprediger Frank Buchman, 1878–1961, gegründet wurde

chen Konzerte studieren, manchmal kleine Botengänge verrichten. Natürlich sollte der Assistent im äußersten Notfall bereit sein, den Taktstock zu übernehmen, obgleich renommierte Dirigenten notorisch in dem Rufe standen, notfalls mit Krücken aufs Podium zu steigen. Aber der Assistent bekam ein anständiges Gehalt (was Lenny in die Lage versetzte, sich eine kleine Wohnung im Häuserblock der Carnegie Hall zu mieten), und sein Name stand in jedem Programm. Prestige und die vage Aussicht, eines Tages selbst dirigieren zu können, waren die Zugaben bei dieser Tätigkeit. Als Lenny von Jennie und Sam einmal gefragt wurde, ob er wohl jemals die Chance hätte, die Philharmoniker zu dirigieren, gebot er ihnen sogar zu schweigen. Jennie nahm es gelassen hin, ihr Sohn hatte ihre Erwartungen schon fast erfüllt. Sam andererseits schöpfte daraus die Hoffnung, daß sein Sohn, der ihm und seinem Geschäft verloren schien, vielleicht doch eines Tages nach Boston zurückkommen würde, wenn er seiner täglichen lästigen Aufgaben überdrüssig werden sollte. Diese Hoffnung wurde allerdings geringer, als Lenny ihnen aufgeregt mitteilte, daß Fritz Reiner ihn nach Pittsburgh eingeladen habe, um dort im Januar 1944 die Welturaufführung seiner ›Jeremias‹-Symphonie zu dirigieren, und daß Koussewitzky dasselbe Werk später in der Saison mit dem Boston Symphony Orchestra unter Lennys Leitung aufführen wolle. Aber unmittelbar bevorstehend und von größter Wichtigkeit für ihn war die Uraufführung seiner neuesten Komposition – ›I Hate Music‹, eines Zyklus von fünf Kinderliedern – durch die Mezzosopranistin Jennie Tourel, die am Sonnabend, dem 13. November 1943, in der New Yorker Town Hall ihren ersten Soloabend gab.

Dieser Soloabend von Jennie Tourel schien eine solche Bedeutung zu haben, daß Lenny seine Familie nach New York beorderte. Meine Eltern und ich lebten damals das ganze Jahr über in Sharon, da das Haus in Newton verkauft worden war. Mein Vater hatte die Angewohnheit, jede Reise peinlichst genau zu planen – in meinen Augen nur vergleichbar der Planung eines Marineangriffs auf ein Atoll im Pazifik –, und so fuhr Sam meine Mutter und mich an diesem nieseligen Novembersonnabend von Sharon zum Back Bay Bahnhof, bereits volle zwei Stunden vor Abfahrt des Zuges nach New York. (Shirley war im College und hatte keine Zeit, uns zu begleiten.) Um die zwei Stunden Wartezeit herumzukriegen, untersuchte ich alle übelriechenden Winkel des Back Bay Bahnhofs, mein Vater sah nervös auf die Uhr, und Jennie las die lokale Hearst-Zeitung. Am Spätnachmittag kamen wir in New York an und bezogen Quartier im Barbizon-Plaza Hotel, Sams neuem Logis, da er mit dem Hotel New Yorker schlechte Erfahrungen gemacht hatte. Er jagte uns durchs Abendessen, damit wir mindestens eine Stunde vor Beginn des Konzertes in der Town Hall sein konnten und etwa eine halbe Stunde vor dem vereinbarten Treffen mit Lenny, der uns an der Abendkasse mit unseren Karten erwarten wollte.

Trotz der Hochstimmung, die der Abend versprach – Lenny wurde erstmalig einem anspruchsvollen New Yorker Publikum als Komponist vorgestellt –, schien mein Bruder merkwürdig verstört, als er uns in der Vorhalle begrüßte. Er wagte nicht, uns zu sagen, daß Bruno Zirato, der stellvertretende Manager des New York Philharmonic Orchestra, ihm kurz zuvor eine bestürzende Mitteilung gemacht hatte: Bruno Walter, Gastdirigent der philharmonischen Konzerte in dieser Woche, war an Grippe erkrankt. Er hatte Fieber und Magenbeschwerden. Es bestand die Möglichkeit – wenn auch nur die schwache Möglichkeit –, daß Maestro Walter nicht in der Lage sein würde, das anspruchsvolle Programm des Sonntagnachmittags-Konzertes zu dirigieren, das von Radio CBS in ganz Amerika übertragen werden sollte. Falls diese Situation einträte und Rodzinski wegen des hohen Schnees von seinem Haus in Stockbridge nicht rechtzeitig mit dem Auto kommen konnte, um für Walter zu übernehmen, dann mußte Lenny einspringen. Es klang alles ziemlich unwahrscheinlich, war aber sehr beängstigend. Zirato bat Lenny, sicherheitshalber Walters persönliche Partituren des Programms zu studieren – Schumanns Ouvertüre zu ›Manfred‹, Miklós Rózsas ›Thema, Variationen und Finale‹, Strauss' ›Don Quixote‹ und Wagners Vorspiel zu ›Die Meistersinger‹.

Der Tourel Soloabend verlief glänzend, und wie ich mich erinnere, war der Beifall für Lennys Zyklus ›Kinderlieder‹ – einer heiteren Unterhaltung für das Publikum – amüsiert und herzlich. (Viel mehr habe ich von diesem Konzertabend nicht behalten. Ich gehörte zu diesen elfjährigen Philistern, die fest entschlossen waren, klassische Musik nicht zur Kenntnis zu nehmen, und schon gar nicht Liedgesang, und meine Mutter mußte mir heimlich einen Stups geben, damit ich wenigstens bei Lennys Stück zuhörte.) Nach dem Konzert hastete Sam mit Jennie und mir zurück ins Hotel, obwohl Jennie so gern mit Lenny zu einer Party in der Wohnung der Sängerin gegangen wäre. Ich nehme an, er war verblüfft darüber, daß sein Sohn Applaus bekommen hatte für ein so kurzes und ihm nicht verständliches Stück. Und überhaupt fühlte er sich unbehaglich zwischen all diesem »Künstlervolk«. Meine Jugend und meine vor Müdigkeit schweren Augenlider dienten ihm als Vorwand, mit uns sofort ins Barbizon-Plaza zurückzugehen. Lenny aber, strahlend vor Freude über seinen Erfolg und kaum fähig, die Nachricht von Bruno Walters Erkrankung für sich zu behalten, ging zu der Nachfeier. Im allgemeinen verläßt er eine Party als letzter, und auch an diesem Abend machte er keine Ausnahme, trotz der auf ihn wartenden Partituren von Bruno Walter und der Möglichkeiten, die sie bedeuten konnten. Allerdings war er mit dem Programm vertraut durch sein vorangegangenes Studium der Partituren, durch das Anhören der Proben und der in dieser Woche von Bruno Walter bereits geleiteten Konzerte. Als der Tag über New York dämmerte, verließ er die Tourel Party und ging in seine Wohnung, um ein paar Stunden unruhig zu schlafen. Um neun Uhr weckte ihn das Telefon: Zirato teilte ihm mit, daß Maestro Walter zu krank sei, um an diesem Nachmittag zu dirigieren, und Rodzinski es zeitlich nicht mehr schaffe, von Stockbridge rechtzeitig zum Drei-Uhr-Konzert in New York zu sein. »Sie werden dirigieren«, sagte Zirato.

Nach Sams exaktem Reiseplan wollten wir mit dem Ein-Uhr-Zug zurück nach Boston fahren, nach einem Mittagessen im Coffeeshop des Hotels und einem Spaziergang im Central Park. (Wenn ich es jetzt überlege, finde ich es merkwürdig, daß Sam uns nicht an die verfallenden Stätten seiner ersten Jahre in New York führte! Vielleicht war es ihm peinlich, obwohl er doch so gern über die Schufterei auf dem Fulton Fischmarkt sprach.) Als wir gerade das Hotelzimmer verlassen wollten, rief Lenny an und sagte im Tonfall jugendlicher Unbefangenheit, daß wir den Plan aufgeben müßten, nach Boston zurückzufahren, und statt dessen das Hotelzimmer für eine weitere Nacht behalten sowie ferner drei Karten für die Dirigentenloge an der Kasse der Carnegie Hall abholen sollten – denn er, Lenny Bernstein, Sohn und Bruder der anwesenden Familienmitglieder, werde an diesem Nachmittag das Philharmonische Orchester dirigieren. *»Oy, Gewalt!«*, sagten meine Eltern, fast unisono, und hielten sich den Kopf, als ob sie verhindern wollten, daß er platze. Lenny erzählte kurz, was passiert war und diese unglaubliche Wendung herbeigeführt hatte. Er sagte, es sei keine Zeit mehr für Proben gewesen, aber er habe Bruno Walter in seinem Hotel besucht und mit ihm die Partituren des Programms durchgesehen, obwohl Walter hohes Fieber und Schüttelfrost hatte. Seine eigene Verfassung beschrieb Lenny als kaum besser, übernächtigt und einem Nervenzusammenbruch nahe. »Wünscht mir Glück«, sagte er, »und kommt in der Pause hinter die Bühne.«

Meine Erinnerungen an den weiteren Tagesverlauf sind folgende: Sam und Jennie, beide blaß vor Aufregung, dachten nicht mehr an das Mittagessen im Coffeeshop. Sie telefonierten mit Shirley in Mount Holyoke und einigen engen Freunden – und sagten allen mehrmals, daß sie das Konzert am *Radio hören* könnten – und gingen dann zu Fuß geradewegs zur Carnegie Hall, die über die Seventh Avenue nur einen Häuserblock vom Hotel entfernt lag. Sam wollte auf keinen Fall zur Premiere seines Sohnes zu spät kommen; tatsächlich war er etwa drei Stunden vor der Zeit da. Wie Lenny gesagt hatte, lagen die Eintrittskarten für die Dirigentenloge für uns bereit – es war wahr –, Lenny war der Dirigent. Da noch viel Zeit totgeschlagen werden mußte, gingen wir zurück ins Hotel. Meine Eltern versuchten, etwas zu ruhen, während ich mich in der Eingangshalle herumtrieb, am Verkaufsstand Charleston Chews kaufte und sie hemmungslos verschlang in einer plötzlichen und unerwarteten Anwandlung erwachsener Unabhängigkeit.

Um zwei Uhr waren wir zurück in der Carnegie Hall und wurden von einem Platzanweiser zur Dirigentenloge geführt. Die Pracht und die Größe des Saales erschienen mir überwältigend, besonders im Vergleich zur Town Hall. Als der Saal sich langsam mit Menschen füllte, kam mir zu Bewußtsein, daß sie alle meinen Bruder sehen würden, ob sie es nun schon wußten oder nicht. Sam und Jennie saßen so würdevoll auf ihren Sitzen, wie ihre Befangenheit es zuließ, meine Mutter flüsterte mir zu, mich nicht zu weit über die samtene Brüstung zu lehnen. Ich hörte, wie mein Vater aufseufzte, als er einiger Fotografen ansichtig wurde, die offenbar den Tip bekommen hatten, daß ein Ereignis mit aktuellem Nachrichtenwert bevorstand. Endlich war der Saal gefüllt – von meinem Platz aus betrachtet, schienen es mehr Menschen zu sein, als ich mir je in einem geschlossenen Raum hatte vorstellen können –, und das Orchester, das auf der Bühne Platz genommen hatte, stimmte mit der üblichen Kakophonie die Instrumente. Ein großer Mann – wie ein Bär – trat vor, und es wurde mäuschenstill. Mit leiser Stimme und italienischem Akzent teilte Bruno Zirato dem Auditorium mit, daß Maestro Walter erkrankt sei, wir alle aber würden Zeuge des

Debüts eines Dirigenten von Rang werden, der in Amerika geboren, aufgewachsen und ausgebildet war. Er sprach von meinem Bruder. Einige Leute verließen den Saal, und ich warf ihnen wütende Blicke nach. Das war nicht fair! Er hatte doch überhaupt noch nicht angefangen zu dirigieren! Dann kam Lenny auf die Bühne, er trug einen grauen Anzug und sah viel weniger elegant aus als die Orchestermitglieder. Er sprang fast aufs Podium. Ich wußte nicht, ob es schicklich war, wenn ich mich an der schwachen Beifallsbekundung beteiligte. Als ich mich schließlich dazu entschloß und anfing zu klatschen, war es zu spät. Ich fühlte, wie ich rot wurde. Sam seufzte wieder, Jennie packte mein Knie, Lenny hob und senkte seine Arme und das Konzert begann.

An die Musik kann ich mich kaum erinnern, außer daß sie in meinen Ohren richtig klang und Lenny anscheinend wußte, was er zu tun hatte. Die Ouvertüre zu ›Manfred‹ war laut (so wie mir klassische Musik am besten gefiel), und ebenso laut war der darauffolgende Applaus. Das Stück von Miklós Rózsa, das unbedeutend war, wurde weniger beklatscht. Lenny verbeugte sich mehrmals, und der Saal wurde hell. Ein Mitarbeiter des Orchesterbüros, der auch in der Loge gesessen hatte, führte uns durch die Menge der Gratulanten, Reporter und Fotografen in den Empfangsraum hinter der Bühne, in dem Lenny sich bereits mit verschiedenen, wichtig aussehenden Leuten unterhielt. Er war verschwitzt und schien viel schmaler zu sein als noch am Abend zuvor – hohläugig wie die Kriegsflüchtlinge auf den Fotoreportagen. Er lächelte über das ganze Gesicht. Er umarmte Sam und Jennie, die vor Staunen und Bewegung glänzende Augen hatten. Als er mich sah, strich er mir übers Haar, drückte mich an sich und gab mir einen Kuß. Er sagte: »Hey, Kid, wie war's?« Ich war in Gegenwart so vieler Leute zu schüchtern, um mehr als ein Gemurmel hervorzubringen, aber ich war stolz. Jemand sagte, Rodzinski sei gerade aus Stockbridge gekommen, und der Empfangsraum wurde geräumt. Lenny küßte uns alle noch einmal, und wir gingen in die Loge zurück. Ein paar Reporter hatten begriffen, daß Sam und Jennie die Eltern des Dirigenten waren, aber der Mann vom Orchesterbüro hielt sie uns fern.

Als Lenny wieder aufs Podium trat, begrüßte ihn heftiger Applaus. In der Aufführung von Strauss' ›Don Quixote‹ wirkten zwei Solisten mit – der Cellist Joseph Schuster und der Bratschist William Lincer. Nach diesem Stück gab es ganz großen Applaus. Als aber Lenny das ›Meistersinger‹-Vorspiel dirigiert hatte – dessen Hauptthemen ich auswendig kannte, weil Lenny sie zu Hause auf dem Klavier gehämmert hatte – und das Konzert zu Ende war, erdröhnte das Haus in einem einzigen Beifallsschrei. Es war die lauteste menschliche Äußerung, die ich je gehört hatte – aufwühlend und beängstigend. Die Menschen riefen zu Lenny und dem Orchester hinauf. Einige drängten sich nach vorn an die Rampe. Wir standen auf und stimmten in den Beifall ein, ohne darüber nachzudenken, ob es sich für uns gehörte oder nicht. Wieder und wieder trat Lenny vor und verbeugte sich, von Mal zu Mal sah er angegriffener aus, aber immer dankte er mit einem strahlenden Lächeln. Einmal winkte er zu unserer Loge hinauf und alle starrten in unsere Richtung.

Schließlich war es vorbei. Alle sprachen auf einmal. Lenny hatte es geschafft, sagten sie – ein schweres Programm, aber er hatte es gemeistert, als ob er jahrelang nichts anderes getan hätte. Das Gedränge im Green Room war entsetzlich. Jemand bahnte uns einen Weg zu Lenny, und wieder gab es viele Umarmungen, Küsse, sogar Tränen. Die Presseleute bedrängten Sam und Jennie, deren Gesichter jetzt gerötet und strahlend waren. Während Jennie einfach wiederholte: »Ich bin so stolz auf ihn«, fand Sam seine Sprache wieder und hielt der Presse stand: »Gerade neulich«, so behauptete er, »sagte ich zu Lenny ›wenn du doch einmal den ›Don Quixote‹ dirigieren könntest!‹ Und er antwortete ›Papa, darauf wirst du zehn Jahre warten müssen.‹« Es war natürlich alles erfunden. Vor diesem Nachmittag hatte Sam noch nie etwas von ›Don Quixote‹ gehört. Ein Reporter kam zu mir und fragte mich nach meinem Alter und meinem Namen. Ich log über mein Alter und sagte, ich sei zwölf (was um genau zweieinhalb Monate übertrieben war), und dann fügte ich hinzu: »Es wäre mir lieber, wenn Sie meinen Namen mit Burtie angäben, wenn Sie über mich in der Zeitung schreiben.« Dieser unsterbliche Ausspruch wurde über das AP Nachrichtennetz verbreitet, und aus irgendwelchen Gründen in ganz Amerika veröffentlicht.

Es schien, als wolle jedermann in New York City Lenny fotografieren, interviewen oder einfach nur in seiner Nähe sein – oder, wenn das nicht möglich war, wenigstens in der Nähe seiner Eltern – sowohl in der Carnegie Hall als auch bei der lauten Nachfeier. Am nächsten Morgen brachten sowohl die ›Times‹ als auch die ›Herald Tribune‹ ausführliche Berichte über das Ereignis auf ihrer Titelseite, die Kritiker waren einmütig voll des Lobes über Lennys jugendlichen Elan, seine Musikalität und seine Souveränität. Sogar die ›News‹ erkannte die Bedeutung der menschlichen Seite dieses Ereignisses, über das sie normalerweise nicht berichtet hätte, und verglich Lennys kurzfristiges Einspringen für Bruno Walter mit einem »Beinahe-Fang« im Baseballmittelfeld (»fängst du ihn, dann bist du ein Held«, schrieb der ›News‹-Reporter, »läßt du ihn entwischen, bist du ein Tölpel ..., er hat ihn gefangen«). Die Presse bemühte sich, vergleichbare Situationen in der Musikgeschichte zu finden. Eine merkwürdige Parallele gab es bei Artur Rodzinski, der im Jahre 1926 zum erstenmal vor einem großen Orchester stand und ›Don Quixote‹ dirigierte, weil er plötzlich für den erkrankten Leopold Stokowski hatte einspringen müssen. Und im Jahre 1886 hatte man in einer Notsituation im Opernhaus von Rio de Janeiro einen jungen Cellisten namens Arturo Toscanini gebeten, den Dirigentenstab zu übernehmen. Die unwiderstehliche Faszination und Einmaligkeit im Falle Lennys aber war, wie Zirato vor dem Konzert gesagt hatte, daß er »ein ausschließlich in Amerika ausgebildeter und dort geborener Dirigent« war. Das Undenkbare war geschehen. Ein fünfundzwanzigjähriger Amerikaner war groß herausgekommen in einem Beruf, der amerikanischen Kids bislang nicht offengestanden hatte. Die ›Times‹ schrieb in einem Leitartikel: »Es ist eine echt amerikanische Erfolgsstory. Die warmherzige Begeisterung darüber füllte die Carnegie Hall und wurde über den Äther hinausgetragen.« Lenny besaß Talent, Eifer und Glück. Auf wunderbare Weise wirkten sie zusammen, um ihn über Nacht berühmt zu machen; und es sollte nicht lange dauern, bis er zu einem der gefeiertsten Männer der Welt wurde. Es war genau wie im Film.

Die ganze Familie war plötzlich zu Filmdarstellern geworden. Wohl oder übel waren wir auf einmal der Öffentlichkeit ausgeliefert, Objekte der Neugier nicht nur für unsere Bekannten, sondern auch für wildfremde Leute. Erschrocken und verwirrt sahen sich Jennie und Sam von Interviewern und plötzlichen neuen Freunden und Beratern verfolgt. Fremde Menschen, die sich das Recht auf Vertraulichkeit anmaßten, fragten zum Beispiel, »wie fühlt man sich denn als Eltern eines Genies? Wie haben Sie das geschafft?« Andere gaben Ratschläge, »sagen Sie Ihrem Sohn, er soll keinesfalls nach Hollywood gehen«, und wieder andere, »Lenny müßte zum Film, er sieht so toll aus – der geborene Showman«. Auch ein paar plötzliche Feinde erschienen auf der Bildfläche und verbreiteten Gerüchte, denen zufolge Lenny im Begriff stehe, zum Christentum überzutreten und Sam Bruno Walter bestochen hätte, eine Krankheit vorzutäuschen, um Lenny die Chance zu geben, die Philharmoniker zu dirigieren. Dies Geschwätz war so absurd, daß meine Eltern sich kaum darum kümmerten, aber immer wieder tauchte es auf.

Inhaber von Kosmetiksalons fingen an, lieber bei Sam direkt als bei seinen Vertretern zu bestellen, um Gelegenheit zu haben, mit ihm in seinem Büro über seinen fabelhaften Sohn zu sprechen. (Die Vertreter beschwerten sich darüber, aber sie waren trotzdem voller Stolz auf ihre direkte Beziehung zu einer Berühmtheit.) Ganz besonders tat sich die jüdische Gemeinde in Boston damit hervor, Lenny als einen der Ihren zu erklären – schließlich war er ein waschechter Bostoner Jude –, und viele Leute aus der Generation meiner Eltern empfanden eine Art von *Naches* einfach durch die Tatsache, daß sie mit Sam und Jennie im gleichen Zimmer waren. Jeder, so schien es, hatte von Lennys unglaublichem Debut und seinen sich rasch anschließenden Erfolgen gehört. Jeder hatte ihn gekannt. Jeder nannte ihn »Lenny«. Der Mann, der uns in Sharon das Heizöl lieferte, hatte alles darüber gelesen. Das gleiche galt für meine Privatlehrerin, Miss Henderson. Entfernte Vettern – manche so entfernt, daß sie völlig unbekannt waren – schickten Presseausschnitte und herzliche Worte voller Familienstolz.

Lennys Berühmtheit füllte seine Familie mit neuem Optimismus. Shirley stand kurz vor ihrem Studienabschluß, und das Geschäft war wieder im Aufschwung, da kosmetische Artikel reichlicher verlangt wurden, nachdem das Ende des Krieges und der Sieg der Alliierten abzusehen waren. Angesichts der guten Entwicklung kaufte Sam Anfang 1944 ein »Winterhaus« in Brookline, wodurch das Haus in Sharon wieder zum Sommer- und Wochenendhaus wurde. In unserer neuen Nachbarschaft in Brookline verbreitete es sich wie ein Lauffeuer, daß Lenny Bernsteins Familie zugezogen war. Vor allem Sam geriet durch Lennys Berühmtheit und die Aufmerksamkeit, die ihm und seiner Familie gezollt wurde, in Verlegenheit und Verwirrung. Schließlich hatte gerade er nie ein Geheimnis aus seiner Enttäuschung über Lennys künstlerischen Weg gemacht. Im Gegenteil, er hatte alle seine Möglichkeiten genutzt, um ihn zu blokkieren. Durfte er jetzt eine Teilhabe an diesem Wunder für sich in Anspruch nehmen? Zunächst versuchte er es. In den ersten

Interviews, die er einer ewig hungrigen Presse gab, kreisten alle Aussagen um den Kern »Ich habe immer gewußt, daß er zu Großem berufen war«. Ein mehrspaltiges Interview, durchsetzt mit Fotos, das auf der »Prominenten«-Seite der Bostoner Sonntags-›Post‹ erschien, löste prompt ein allgemeines Erschrecken aus. Die Überschrift lautete:

VATER WEINT VOR GLÜCK
ÜBER ERFOLG SEINES SOHNES ALS DIRIGENT
BOSTONER KAUFMANN NENNT
TRIUMPH DES SOHNES
»MEIN BEITRAG FÜR EIN AMERIKA, DEM
ICH ALLES VERDANKE«

Der Artikel enthielt Peinlichkeiten wie »Papa Bernstein ließ sich Lennies (Schreibweise der ›Post‹) Ausbildung $ 12000 kosten, aber es hat sich gelohnt«.

Aber Lenny gab noch viel mehr Interviews, und natürlich war auch er ganz unerfahren im Umgang mit der Presse. Er war ungewöhnlich direkt in der Schilderung seines Vaters, den er als eine Art Menschenfresser beschrieb, der alles nur Denkbare getan hätte, um Lenny von seiner musikalischen Laufbahn abzubringen. Sam, der eine Zeitlang einen Ausschnittdienst abonniert hatte und die Artikel über Lenny in einem Album sammelte, las diese Beschuldigungen und war gekränkt, obwohl er zugeben mußte, daß sie im Grunde der Wahrheit entsprachen. Als ein Reporter ihn einmal zu seinem Menschenfressertum befragte, antwortete er: »Seit Anfang des sechzehnten Jahrhunderts gibt es in unserer Familie niemanden, der sein Leben je durch die Ausübung einer künstlerischen Tätigkeit verdient hätte, ich wollte nicht, daß mit dieser Tradition gebrochen würde. Ich war davon überzeugt, daß Lenny als Geschäftsmann besser verdienen könne. Bedenken Sie bitte, daß es damals noch keinen Leonard Bernstein gab ... Ich bin sehr stolz auf Lenny, aber der Talmud lehrt uns ›erwarte keine Wunder‹. Wäre ich heute vor die gleiche Frage gestellt, würde ich genauso handeln.« Sams Argument war stichhaltig: wenn es vorher nie einen Leonard Bernstein gegeben hatte, wie konnte er dann wissen, ob sein begabter Sohn sich zu einem Leonard Bernstein entwickeln würde? Bevor Lenny an jenem Sonntagnachmittag im November aufgetaucht war, hatte es keinen jungen, berühmten, anerkannten amerikanischen Dirigenten gegeben. Theoretisch kann heute jeder junge, ausgebildete Amerikaner Dirigent werden, aber es war Lenny, der den Präzedenzfall schuf. Man konnte Sam vielleicht mangelnden Glauben an die Begabung seines Sohnes vorwerfen, aber sicher nicht Mangel an Voraussicht. Er wollte nur das Beste für Lenny, und das Beste war ein gesichertes, komfortables Leben. Noch Jahre nach Lennys Anfangserfolg hegte Sam Zweifel an der Beständigkeit von Lennys Karriere. Er fürchtete, daß alles wie ein Kartenhaus zusammenfallen würde. Als er mir diese Ängste anvertraute, glaubte ich zu spüren, daß er sich im geheimen immer noch wünschte, daß Lenny eines Tages nach Boston und zum Geschäft mit Schönheitsmitteln zurückkehre. Dann hätte Sams Menschenfressertum seine glänzende Rechtfertigung erfahren.

Es lag in meines Vaters Natur, sich auch dann noch Sorgen zu machen, wenn die Dinge besser liefen, als er es sich je vorzustellen gewagt hätte. Wenn es absolut keinen Grund zur Sorge gab, dann erfand er sich einen. Statt Vergangenes zu vergessen und Gegenwärtiges zu genießen, zog er es vor, zu grübeln – vielleicht aus einem Schuldkomplex, vielleicht aus dem Gefühl, nicht genug Zuwendung zu erfahren. Die Anfälle von Schwermut und trübsinnigem Verstummen kehrten wieder, dieses Mal kamen Magengeschwüre hinzu. Die ersten Anzeichen (wie Magenschmerzen nach einer üppigen *Kiddesch*-Mahlzeit und anhaltende Übelkeit – »varming« war seine Wortschöpfung dafür) versuchte er, möglichst nicht zur Kenntnis zu nehmen. Aber die Symptome verschlimmerten sich, und er ging zum Arzt – »einem berühmten Magenspezialisten des Beth Israel Krankenhauses«. Dieser Magenspezialist verordnete eine strenge Diät und empfahl ihm, sich weniger Sorgen zu machen. Die Diät hielt Sam mehr oder weniger ein; aber es war ihm unmöglich, die zweite Empfehlung zu befolgen. Wenn er von seiner einfachen, milchhaltigen Diät abwich (weil er zum Beispiel einen Geschäftsfreund zum Essen ins Locke-Ober's Restaurant eingeladen hatte), verstand er es, die Schuld an den unangenehmen Folgen anderen anzulasten. Die Person, der die Hauptschuld aufgeladen wurde, war natürlich sein alter Sündenbock und Kampfgefährte Jennie. »Jennie«, schrie er sie von seinem Krankenlager an, »warum hast du mir erlaubt, diesen elenden Hering zu essen, du weißt doch, daß der Arzt mir Hering streng verboten hat!« Oder er beklagte sich, wann immer seine Frau in Hörweite war, in lautem Ton: »Jennie hat mir nach der Eiscreme Tee angeboten, wo ich ihr doch zigtausendmal gesagt habe, sie soll mir keinen Tee anbieten, wenn ich Eis gegessen habe.« Es kam ihm nicht in den Sinn, daß Jennie ihm Knoblauch-Pickles mit Schokoladensauce hätte anbieten können, daß aber niemand ihn zwingen konnte, sie auch zu essen.

Als seine Magengeschwüre und Depressionen für ihn und seine Umgebung unerträglich wurden, versuchten Lenny und Shirley, ihn zu einem Besuch beim Psychiater zu bewegen. Er lehnte strikt ab. Aber dann bekam er eine schmerzhafte Gürtelrose und gab nach. Der Arzt, der die Gürtelrose behandelte, sagte, daß sowohl die Magengeschwüre wie die Gürtelrose psychosomatisch bedingt sein könnten. (Sam sagte natürlich »psychosemitisch«.) Gewillt, nach jedem Mittel zu greifen, das seine Krankheit lindern könnte, ging er zu seiner ersten Verabredung mit einem Psychiater. Es war ein schwarzer Tag für Sam – ihm war, als überantworte er sich einem Irrenhaus, wie es seinerzeit seine Schwester Clara hatte tun müssen. Aber er kam von diesem Besuch so gutgelaunt zurück, wie ich ihn jahrelang nicht erlebt hatte. Sein fröhlicher Bericht von dieser ersten Begegnung mit einem Gefolgsmann des Dr. Freud ging so: »Er sagte zu mir: ›Setzen Sie sich doch, Mr. Bernstein, setzen Sie sich. Sie brauchen sich nicht auf eine Couch zu legen.‹ Also saßen wir und unterhielten uns über viele Dinge – wie Phil*ah*sephie, Gut und Böse, Gott, den Talmud. Er ist Jude, dieser Psychiater. Und nach unserem Gespräch stand der Analytiker auf, schüttelte mir die Hand und sagte zu mir, er sagte: ›Also, Mr. Bernstein, Sie sollten auf meinem Stuhl sitzen, und ich sollte dort sitzen, wo Sie jetzt sitzen. Sie haben weder einen sogenannten Minderwertigkeitskomplex noch irgend etwas Ähnliches. Wenn alle so wären wie Sie, könnte ich meine Praxis zumachen. In der Zeit, in der ich hier mit Ihnen zusammensaß, habe ich allein durch Zuhören mehr gelernt als aus allen Büchern. Es war wirklich ein Vergnügen, glauben Sie mir. Sie sollten weder Geld noch Ihre kostbare Zeit verschwenden, um mit mir zu sprechen. Es wäre an mir, Sie zu bezahlen.‹ Und so sagte er mir, daß ich ganz gesund bin, also ging ich fort.« Einen zweiten Besuch beim Psychoanalytiker gab es nicht. Monate später, nach einem neuerlichen Anfall von Gürtelrose, verbunden mit Depressionen, fragten wir Sam, ob er nicht wieder zum Psychiater gehen wolle. »Nee«, sagte er, »die gleichen Ratschläge kann mir auch mein Rabbi geben.«

Was Jennie betraf, so war der Film, in dem wir plötzlich Hauptrollen bekommen hatten, wie eine Geschichte vom märchenhaften Aufstieg einer kleinen Verkäuferin, vielleicht mit John Garfield und Joan Crawford – jene Art von Film, für die sie schwärmte. Da war ihr brillanter Sohn, der allen Widerständen zum Trotz ein Spitzendirigent geworden war. Das Leben hatte wunderbarerweise eine Filmstory geschrieben. Und so wie sie es sich in ihrer Jugend vorgestellt hatte, wenn sie in Groschenromanen über diese faszinierenden Reichen las, um ihre Gedanken von der Mühsal der Lawrence Webereien abzulenken, so war sie nun mit eben diesen Leuten aus den Romanen befreundet, mit den Prominenten, den Reichen, den ersten Familien. Einige stammten direkt von den Bostoner Brahmins* ab, denen die Webereien gehörten, den Yankees, die Golf gespielt hatten, während die junge Einwanderin Jennie sie voll Bitterkeit durch eine schmutzige Fensterscheibe betrachtete. Es war wirklich wie in einem John Garfield/Joan Crawford-Film.

Diese überlebensgroßen Leute bemühten sich um sie. Sie war die Mutter des Dirigenten – sie war lieb, gemütlich, von angenehmem Wesen, offensichtlich eine gute Mutter und Ehefrau. Sie war keine von diesen Müttern, die ihre Söhne ständig antrieben und sie ins Scheinwerferlicht schoben. Lennys Fans fanden wirklich Gefallen an ihr. Bei gesellschaftlichen Veranstaltungen nach den Konzerten stahl sie sogar manchmal Lenny die Show, wenn sie im Mittelpunkt der Aufmerksamkeit stand und bedeutende Männer und Frauen sie zu ihrer Meinung über Lennys Interpretation einer Mahler-Symphonie oder zu der neuesten Ausstellung im Museum of Modern Art befragten. Und obwohl sie nie vorgab, irgendwelche Sachkenntnis über derart schwer erklärbare Dinge zu besitzen (»Ich fand es sehr schön, meine Liebe«, beantwortete sie im Zweifelsfall die Frage einer bedeutenden Kunstkennerin), hatten ihre Unterhaltungen mit den Vertretern der Intelligenzija zum Teil anekdotischen Reiz. Ihre verblüffenden und in der Wortwahl oft unpassenden Bemerkungen waren so komisch, daß ihre Kinder, die viel Sinn für Humor hatten, sie sammelten. Noch heute unterhalten wir uns köstlich mit »Jennie-Geschichten«, und ein paar eingeweihte Freunde haben mit ihnen ihre Gäste jahrzehntelang amüsiert. Ich wurde zum Bewahrer der Jenniana ernannt – und, natürlich, auch der ergänzenden Samiana.

Im Laufe der Jahre wurden meine Aufzeichnungen der Jen-

* Ein »Brahmin« stammt aus einer hochgebildeten, alteingesessenen Familie Neu-Englands

niana und Samiana immer umfangreicher. Irgendwann hatte ich die Idee, sie in einem Band unter dem Titel ›Das Jennie-Bernstein-Kochbuch‹ zu veröffentlichen. Diesen Titel wählte ich, weil sie überhaupt nicht kochen konnte, nicht einmal ihr Toast war genießbar. Insofern war sie das genaue Gegenteil des Bildes, das man sich von einer jüdischen Mutter macht. (Selten wird die Fähigkeit einer jüdischen Mutter, saftige Mahlzeiten aufzutischen, in Frage gestellt.) Tatsächlich sollte mein ›Jenny-Bernstein-Kochbuch‹ mit ihrem Rezept für Toast beginnen:

»1. Man wache, nach Art der J. B., um 6 Uhr früh auf, wenigstens zwei Stunden vor allen anderen im Haus.

2. Man nehme Brotscheiben aus der Verpackung (Brot aus Roggen, Weizen, Vollkornbrot oder Englische Muffins oder Challah können verwendet werden, allerdings eignet sich am besten gewöhnliches Weißbrot; das Brot sollte nach Möglichkeit alt sein und aus dem Tiefkühlfach kommen).

3. Man schiebe die Brotscheiben sofort in den Toaster und toaste sie entweder zu stark oder zu schwach.

4. Nach dem Toasten bestreiche man das Brot sofort reichlich mit Butter (darauf gebe man Marmelade, Gelee, Honig, usw.).

5. Man lasse den Toast so lange stehen, bis er weich geworden ist.

6. Sobald morgendliche Geräusche auf das Vorhandensein eines weiteren menschlichen Wesens im Hause schließen lassen, schiebe man den Toast zum Aufwärmen in den vorgeheizten Backofen.

7. Dann gebe man mit lauter Stimme bekannt, ›dein Toast ist fertig‹.

8. Jeweils beim Erscheinen einer weiteren Person hole man einige Scheiben Toast aus dem Backofen.

9. Der Toast sollte erst serviert werden, wenn die Butter (und/oder Marmelade, Gelee, Honig usw.) wieder fest geworden sind und das Brot die Beschaffenheit von feuchtem Kleenex hat.

(Die übrigen Bestandteile eines normalen Frühstücks können ähnlich zubereitet werden: Grapefruit, Orangensaft, alle Arten von Eierspeisen, Kaffee. Aber es ist darauf zu achten, daß sie zwei Stunden vor dem Anrichten zubereitet werden).«

Jennie war stolz auf ihre Frühstücke – stolz vor allem auf die Promptheit, mit der sie serviert wurden. Als ich im Alter von fünf Jahren einmal unsere Verwandten in Hartford besuchte, lernte ich erstmals das kennen, was die übrige Welt unter Toast versteht. Wenn Jennie Huhn, Steak oder Braten zubereitete (eigentlich alles, wenn ich es genau überlege), hielt sie sich an das Grundprinzip: das Gericht mußte lange vor den Mahlzeiten fertig sein. Sobald das Frühstücksgeschirr weggeräumt war, begann sie, das Fleisch zu braten oder zu schmoren. Zur Sicherheit wurde es tagsüber in den Kühlschrank gestellt und dann triumphierend, zwei Stunden bevor wir uns zu Tisch setzten, wieder aufgewärmt. Wurde das Fleisch dann aufgetragen, zum zweiten Male aufgewärmt, war es zusammengeschrumpft, ohne Farbe und ohne Geschmack. Es hatte die Konsistenz von trokkenem Lehm. Wenn man nicht total verhungert war, bekam man es kaum herunter, obwohl es meinem Vater offenbar gut bekam, vielleicht, weil er es so gewohnt und daher vor Überraschungen sicher war.

Während des Essens patroullierte Jennie um den Tisch, um festzustellen, wieviel der einzelne gegessen hatte. Blieb das meiste ungegessen auf dem Teller liegen, so versuchte sie, die Situation zu retten, indem sie sich, mit einem Salzstreuer bewaffnet, dem ärgerlichen Teller näherte und sagte, »nimm etwas Salz« – woraufhin dann nachgesalzen wurde, ob man wollte oder nicht. Sobald eine Speise aufgegessen war, gab es sofort einen Nachschlag. Offenbar waren unendliche Reserven in der Küche; ihre Mahlzeiten reichten immer für mindestens doppelt so viele Esser. Essen war ihrer Meinung nach dazu da, in großen Mengen vertilgt zu werden; dabei kam es nicht so sehr darauf an, ob es auch schmeckte. Diese Regel galt vor allem für ihre Kinder, die sie als »magere Bälger« bezeichnete. Wir waren zwar dünn (vielleicht aufgrund ihrer Kochkunst), aber ihre abendlichen Befehle »Eßt! Eßt!« machten uns nicht rundlicher. Lange Zeit sprachen wir drei von ihr nur als »Eßt«.

Ab und an durfte eins unserer Mädchen kochen. Aber was immer die Mädchen an kulinarischer Kunstfertigkeit leisteten, wurde zunichte gemacht durch Jennies strenge Überwachung. Die von ihr angeordnete Aufwärmemethode entzog den Speisen jeglichen Geschmack. Aber ich bin undankbar – »ein niederträchtiges Kind«, wie meine Mutter oft von mir sagte. Einige Gerichte kochte sie gut. Eigentlich nur eins, eine russisch-jüdische Spezialität: *Goleptses.* Es besteht aus gewürztem Hackfleisch, in Kohlblätter eingerollt, mit einer süß-sauren Rosinensoße. Das Rezept hatte Jennie von ihrer Mutter Pearl gelernt. (Den Schilderungen nach war Pearl eine grandiose Köchin, aber nur eine der Töchter, Dorothy, hatte ihr Talent geerbt.) Gab es zum Abendessen *Goleptses*, war die Freude groß, und Jennie setzte dieses Gericht daraufhin mindestens einmal in der Woche auf den Speiseplan. Dann wurde sie mißtrauisch. Warum waren *Goleptses* so beliebt? Was war los mit ihren anderen Gerichten? Wir sagten es ihr nie.

In der Hauptsache bestand mein geplantes ›Jennie-Bernstein-Kochbuch‹ aber aus Anekdoten und nicht aus Rezepten: Anekdoten über Jennie und Sam im Konflikt mit ihrem neuen Status. Zum Beispiel hatte Jennie Anfang der fünfziger Jahre den Entschluß gefaßt, etwas über bildende Kunst zu lernen, nachdem sie als eifrige Konzertbesucherin bereits einige Musikkenntnisse erworben hatte. Sie hatte einen sicheren Instinkt für gute Malerei und Skulptur, wie sie ihn auch zweifellos für gute Musik hatte, aber sie hatte Mühe, ihr Urteil in Worte zu fassen. Also belegte sie einen Kursus im Bostoner Kunstmuseum. Ein Teil dieses Kurses bestand darin, selbst mit Ölfarben zu malen, um auf diese Weise mehr von praktischer Maltechnik zu lernen. Jennie liebte diesen Malunterricht. Als sie einmal gefragt wurde, wie ihr die Stunden im Museum gefielen, antwortete sie: »Es ist wundervoll! Ich bin schon in meiner kubanischen Phase.« Später malte sie auch zu Hause. Sie stellte ihre Staffelei und ihr Material in einem Zimmer auf, von dem aus man auf einen bewaldeten Hügel blickte. Wochenlang beobachteten wir, wie ein Bild entstand, das Teile des Interieurs mit der Außenlandschaft verband – für unsere unbefangenen Blicke war es eine Darstellung der Sonne über der Hügellinie, durch das Fenster gesehen, mit einem Ausschnitt des Zimmers im Vordergrund. Aber eine rätselhafte weiße rechteckige Fläche war neben dem roten Feuerball der Sonne, und ich nahm an, daß sie etwas Esoterisches bedeutete (vielleicht sogar etwas »Kubanisches«). Als sie das Bild für vollendet erklärte, gratulierte ich ihr zu den Farben und der Komposition, aber ich konnte mir nicht verkneifen, sie nach der Bedeutung des weißen Rechtecks neben der Sonne zu fragen. »Sonne?« sagte sie. »Welche Sonne? Das ist der Messingknauf an der Schranktür. Es ist ein Stilleben.« Ähnlich verblüffend konnte sie sich über Architektur äußern. Als Felicia ihr die Zuckerbäckerfassaden der Häuser in Oak Bluffs auf der Insel Marthas Vineyard zeigte, betrachtete Jennie die verzierten Häuserfronten und sagte: »Typisch flotte dreißiger Jahre«. Seitdem ist »Flotte Dreißiger« die von unserer Familie bevorzugte Kunstrichtung.

Die häufigeren Begegnungen mit der absonderlichen Welt der

Intellektuellen und Künstler ließen in Jennie, glaube ich, den Wunsch aufkommen, tiefergehende Meinungen äußern zu können als nur »Es hat mir sehr gut gefallen«. Sie war der Ansicht, der Weg zu profundem Wissen sei gepflastert mit verwegenen Verallgemeinerungen (vielleicht *weil* sie viel mit Intellektuellen und Künstlern zusammen war), und bald wurden solch lapidare, verblüffende Behauptungen ein Markenzeichen für Jennie. Ihre allgemeinen Erklärungen betrafen oft *»ihr* New Yorker« im Gegensatz zu *»wir* Bostoner«. Wenn jemand, der in New York lebte, sagte, daß Strawinskys ›Sacre du Printemps‹ ein gewaltiges Werk sei, konnte Jennie ihre Zustimmung so formulieren: »Ach ja, ihr New Yorker liebt euren Strawinsky, wir in Boston lieben unseren Tschaikowsky«. Oder, wenn es in Boston schneite, während in New York schönes Wetter war, konnte man sicher sein, daß Jennie in einem Telefongespräch über das Wetter sagen würde: »In Boston schneit es ja immer«, oder, wenn die Wetterlage umgekehrt war, »immer schneit es in New York«. Die hübscheste und am häufigsten zitierte Verallgemeinerung äußerte sie bei einer offiziellen Veranstaltung, die etwas verspätet anfing, weil einer der Teilnehmer, ein Franko-Kanadier, nicht rechtzeitig eintraf. Als er schließlich den Raum betrat, entschuldigte er sein Zuspätkommen damit, daß er unerwartet Besuch bekommen habe, um den er sich kümmern mußte. »Ach, ihr Franko-Kanadier, ihr liebt eben die Gastfreundschaft«, sagte Jennie ganz ohne Ironie. Ein Augenblick erschrockener Stille folgte diesem unglaublichen Ausspruch, und Jennie spürte, daß sie einen Faux-pas begangen hatte. Schließlich löste sie selbst die Spannung, indem sie hinzufügte, »genauso wie die Israelis!«

Ihre Verallgemeinerungen waren manchmal mit eigenen Wortschöpfungen kombiniert. Einmal erzählte sie mir, daß eine bestimmte Rechnung »paid down« (angezahlt) wurde.

»Du meinst nicht vielleicht paid up (sofort bezahlt)?« fragte ich.

»Nein, paid down«, bekräftigte sie. »So sagen wir in Boston.«

Als ich vierzig Jahre alt wurde, schrieb sie mir einen rührenden, tröstenden Brief, der so endete: »Sei nicht traurig, daß Du jetzt vierzig bist. Vergiß nicht, Du bist immer noch mein Jüngster.« Und als sie mich telefonisch zu der Aufstellung eines Grabsteines für einen verstorbenen Schwager einlud, sagte Jennie: »Deine Tante Dorothy enthüllt ihren Mann nächste Woche.« Und als Lenny einmal bei einer Sederfeier in bewegenden

Worten über Freiheit gesprochen hatte, hörte man Jennies Stimme rufen: »Ich unterstütze die innere Bewegung (emotion).« (Gemeint war »motion« = Vorschlag.)

Aber ihre kulturellen Anspielungen waren am bemerkenswertesten. An meinen Sohn Michael schrieb sie auf einer Karte zum Valentinstag: »Michael, auf wie viele Weisen liebe ich Dich! Laß uns die Weisen zählen. Herzlichst, Grandma Browning.« Und dann noch die Geschichte, als sie nach einem Konzert im Lincoln Center bemerkte, daß ihr Portemonnaie nicht mehr in ihrer Handtasche war. Shirley übernahm es, nach der Geldtasche zu suchen, und nach mehreren sorgenvollen Stunden wurde sie in unberührtem Zustand gefunden. Shirley war zu erschöpft, um noch irgend etwas Originelles zu sagen, und seufzte nur: »Ende gut, alles gut.« Worauf Jennie sagte: »Shakespeare hätte das nicht besser formulieren können.«

Wann immer Jennie eine Redensart benutzte, gab es Überraschungen. Sie wünschte mir einmal Glück zum Erscheinen eines neuen Buches und sagte, sie hoffe, es verkaufe sich »wie heiße Kartoffeln«. (Sie dachte an warme Semmeln.) Bei ähnlicher Gelegenheit wünschte sie mir, daß das Buch sich »hundertfach verkaufe«. (Das tat es dann auch.) Einmal lehnte sie ein Stück eines allzu schweren Kuchens ab mit den Worten: »Nicht einmal gekauft würde ich ihn essen«. Und darüber, ob man von Boston nach New York das Flugzeug nehmen sollte, war ihre Ansicht, »ich bin nicht mehr so versessen aufs Fliegen. Fliegen ist etwas für Vögel«. Ohne Frage machte sie ihre witzigen Bemerkungen ganz ohne Absicht, und sobald jemand in ihrer Umgebung aus der Fassung geriet und kicherte, sah sie ihn erstaunt an; dann lachte sie mit.

Jennies Verdrehung feststehender Redewendungen löste zwar allgemeines Amüsement aus, aber Sam konnte mit den seinen regelrechte Lachanfälle erzeugen. Er war absoluter Meister im Gebrauch der, wie ich sie nennen möchte, »gemischten Redensarten«, oder der fast richtig gebrauchten. Zum Beispiel klagte er, als er krank war, über schmerzhafte »Seitenstöße« statt Nebenwirkungen eines Medikamentes. Im Jahre 1966 unterbrach er plötzlich die Verhandlungen wegen des Verkaufs seines Geschäfts, weil er im letzten Moment »kalte Schultern« bekommen hatte. Bei Sommergewittern hieß es bei ihm regelmäßig »draußen regnet es Hunde«. Eine ihm unbekannte Person war ihm fremd wie »ein Loch im Kopf.« Von New York nach Boston flog er mit dem »Shuffle«, dem »Schlurrer« (er meinte

»shuttle« = Pendelflugzeug). Ein von ihm besonders geschätzter Geschäftspartner war ein »sehr sauberer und geschnittener Mann« (er sagte »clean and cut« und meinte »clean-cut« = gepflegt). Dieser Freund bewirtete Jennie und Sam großzügigst, wann immer sie ihn in »Flarda« (Florida), wie Sam sagte, besuchten. »Ach, wie hat er uns zu Lied und Tanz geführt in Miami«, schwärmte Sam einmal (seine Umschreibung des gebräuchlichen Ausdrucks »he wined and dined us«). Bedeutende Leute, denen er auf seinen Reisen begegnete, waren immer »sehr berühmt, aber ich möchte ihre Namen nicht gewähren« (er sagte »indulge«, meinte »indicate« = nennen). Und solange ich zurückdenken kann, beugte er den Launen des Schicksals vor mit dem Ratschlag: »Keep your finger crossed« statt »cross your fingers«.

Lange Zeit war ich davon überzeugt, daß sich das Glanzstück der gesammelten Jenniana und Samiana in Los Angeles ereignet habe, als Lenny dort im Jahre 1960 ein Konzert dirigierte. Jennie und Sam waren noch nie in Kalifornien gewesen, so lud Lenny sie ein, dort mit ihm zusammenzusein. Für Jennie war es ein besonders aufregendes Erlebnis, denn, wie schon erzählt, schwärmte sie seit ihrer Jugend für Filmschnulzen und deren Stars. Sie hatte sogar ihre Tochter Shirley Anne genannt, in Anlehnung an den Namen des Kinderstars Anne Shirley. Ganz Hollywood feierte Lenny und seine Eltern während ihres Aufenthaltes, und Jennie war wie geblendet, die heißgeliebten Filmstars auf den mondänen Beverly Hills Parties nicht nur zu sehen, sondern zu erleben, wie sie sich um sie, Jennie, bemühten. Auf einem Galaempfang entdeckte Jennie in einer Ecke des Raumes die Schauspielerin Anita Louise und ging auf sie zu. »Oh, Anita Louise«, sagte Jennie zu ihr, »Sie waren immer meine Lieblingsschauspielerin. Wissen Sie, ich habe meine Tochter Shirley nach Ihnen genannt.«

Lennys plötzliche Berühmtheit hatte, natürlich, auch besondere Wirkung auf Shirleys und mein Leben. Einerseits entfernte sie uns noch mehr von unseren Eltern, während sie andererseits die drei Kinder enger denn je zusammenschweißte. Shirley und ich lernten Menschen, Orte und Ideen kennen, von deren Existenz wir vor jenem Novembertag im Jahre 1943 nur eine vage Vorstellung gehabt hatten. Lenny legte Wert darauf, uns in seiner Nähe zu haben, um alle Erlebnisse mit ihm zu teilen – Kunst, geistvolle Unterhaltungen, Berühmtheiten, Showgeschäft, Reisen – vor allem Shirley genoß diese Möglichkeiten. Das hübsche, gescheite Mädchen, das nach Anne Shirley (oder fallweise nach Anita Louise) genannt worden war, war weit offen und anfällig für die verführerische Atmosphäre, in der Lenny lebte. Zum Zeitpunkt seines Debüts stand Shirley kurz vor ihrem Studienabschluß und hatte nur einen Wunsch: in die Welt hinauszugehen, aber nicht in die Welt, die Jennie und Sam für sie geplant hatten – Rückkehr nach Boston, Heirat mit einem netten, verläßlichen Burschen (der vielleicht daran interessiert war, Partner in einem gutgehenden Geschäft mit Kosmetikartikeln zu werden) und ein langes Leben in einem glücklichen Zuhause voll netter, ordentlicher Kinder. Aber so sollte es nicht kommen.

Vielleicht war es unvermeidlich, daß sich Shirleys Zukunft unlösbar mit der von Lenny verknüpfte. Seit Kindheitstagen stand sie unter seinem Einfluß – eine jüngere Schwester, die zu ihm aufsah, nicht nur wie zu einem größeren Bruder, sondern auch wie zu einer Art Vater. Die Anziehungskraft des einfallsreichen, charmanten, pädagogisch talentierten älteren Bruders auf sie war überwältigend. Der Grund für diese Anlehnung an Lenny lag zum Teil auch in der Familienhierarchie, einem unglückseligen Überbleibsel aus der alten Heimat. Sie war eine Tochter, das zweitgeborene Kind, von der nichts erwartet oder verlangt wurde, mit Ausnahme der *Naches,* die sich einstellen würden, wenn sie eines Tages eine gute Hausfrau und Mutter geworden war – natürlich erst, nachdem sie eine angemessene Bildung genossen hatte. Es war nicht so, daß Jennie und Sam sie nicht geliebt hätten. Sie beteten sie an, aber doch auf andere Weise als sie Lenny anbeteten. Und als ich geboren wurde – ein Sohn, das Kind ihrer mittleren Jahre –, verschlechterte sich Shirleys Stellung erheblich. Sie war gefangen in der Familienstruktur: weder war sie die Älteste noch die Jüngste, die Zeit war vorbei, in der sie das niedlichste und kuscheligste Kind war, und sie stand absolut nicht im Mittelpunkt. Sie war die Tochter dazwischen.

Shirleys Kindheitsbeziehung zu ihren Eltern war äußerst wechselvoll. Es existierte zwar eine enge Mutter-Tochter-Bindung – mit vertraulichen Gesprächen, gemeinsamem Kochen, Stricken und Einkaufen –, aber nach meiner Geburt hatte Jennie sehr viel weniger Zeit, und Shirley wurde oft sich selbst überlassen. (Als Folge dieses Alleingelassenseins entstand bei ihr eine typische Geschwistereifersucht. Sie rächte sich an ihrem unschuldigen, neugeborenen Bruder, indem sie versuchte, die Fontanelle des Babys einzudrücken, bis seine Schreie ihr Angst einjagten. Später redete sie ihm ein, daß in Wahrheit sie seine Mutter sei und Jennie seine Großmutter. Als er weinend zu Jennie lief, in der Hoffnung, von ihr heftigen Widerspruch gegen diese infame Behauptung zu hören, sagte Jennie nur ganz lässig: »Natürlich stimmt das nicht, Liebling. Laß dir von dieser gemeinen Shirley nichts erzählen.« Ein ganzes schwieriges Jahr lang glaubte er immer noch an Shirleys Behauptung.)

Das Verhältnis der Tochter zu ihrem Vater war ebenfalls schwierig. »Einerseits«, erzählte Shirley mir, »war Daddy für mich ein Tyrann – nicht so sehr mir als Mama gegenüber. Die Gereiztheit im Haus war mit Händen zu greifen. Ich hatte Angst vor ihm, denn ich wußte nie, wann er Mama eine Szene machen würde. Oft wechselten sie böse Worte, aber auch ihr Schweigen war böse. Ich identifizierte mich mit Mama bis zu dem Punkt, an dem ich schwor, daß mein Leben keine Wiederholung ihres Lebens sein dürfe – und das ist vielleicht der Grund, warum ich bis heute nicht verheiratet bin. Ich erinnere mich, daß ich, als ich acht oder neun Jahre alt war, mir gelobte, niemals dieses Leben einer unterdrückten Frau, der Ehefrau eines Tyrannen, zu führen. Ich weiß, daß Daddy mich wirklich lieb hatte, aber er war nicht fähig, seine Zuneigung zu zeigen. Selten umarmte er mich. Statt dessen zog er mir die Haare über die Stirn – das wirkte auf mich etwa so, wie das Streicheln gegen den Strich auf eine Katze. Aber trotz seiner Ungeschicklichkeit konnte er sehr zart und lieb sein. War ich einmal krank, geriet er außer sich vor Sorge und ließ nichts unversucht, um mich gesund zu machen. Und in liebevollster Weise lehrte er mich meine Nachtgebete. War er deprimiert und grüblerisch, fühlte ich mich ihm erstaunlicherweise nahe – seiner Einsamkeit, seinem Gefühl, nicht geliebt zu werden. Aber er ließ mich nicht nahe genug an sich heran, als daß ich den Grund seines Elends hätte erfahren können.« All das machte Shirleys Kindheit schwierig. Eine Zeitlang nachtwandelte Shirley und erschien wie ein Geist mitten in der Nacht am Bett ihrer Mutter. Sie las unersättlich, um allem zu entrinnen, sowohl Schundliteratur wie Klassiker, quer durch die Belletristik-Abteilungen der örtlichen Leihbüchereien. So wie Sam fühlte auch sie sich irgendwie alleingelassen.

Nicht jedoch von Lenny. Dank ihres älteren Bruders war sie

im Alter von fünf Jahren eine verbriefte Bürgerin Rybernias geworden, eine verläßliche Darstellerin in seinen Inszenierungen. Sie half ihm beim Opernstudium, indem sie die weiblichen Partien für ihn sang, manchmal bis zur Entzündung ihrer Stimmbänder. Zu Lenny ging sie, wenn sie Hilfe für ihre Hausaufgaben brauchte, wenn sie sich brüderlichen oder väterlichen Rat holen, Wortspiele spielen, lachen wollte. Und als Lenny berühmt wurde, war es für sie keine Frage, daß sie einen Platz in seinem neuen Leben haben würde. Im Mount Holyoke College hatte Shirley an einem verkürzten Studiengang mit vorzeitiger Abschlußprüfung teilgenommen, einer Kriegseinrichtung zugunsten von Ausbildungsplätzen für WAVES*. Vor Lennys Debüt hatte sie vorgehabt, nach Abschluß ihres Examens bei den WAVES einzutreten. (Anziehungspunkte waren die schikken Uniformen und die Möglichkeit, sich aktiv am Krieg zu beteiligen.) Als sie aber ihr Diplom in der Tasche hatte, änderte sie ihre Absicht. Um ihren Eltern eine Freude zu machen, sagte sie, sie wolle wieder bei ihnen in Brookline wohnen. Das war eine kleine Unwahrheit. Sie zog zwar im Winter 1944 für ein paar Wochen zu ihnen, aber nach kurzer Zeit überzeugte sie Jennie und Sam, daß Lenny dringend eine Sekretärin brauche und daß sie die ideale Person für diese Tätigkeit sei, sobald sie ihre Schreibmaschinenkenntnisse aufgefrischt hätte. Trotz der elterlichen Zweifel fuhr sie nach New York und zog zu Lenny in dessen Wohnung.

Zur Sekretärin war Shirley nicht sonderlich geeignet, aber sie war eine gute Gefährtin und eine wertvolle Betreuerin bei den Konzerten. (Für die immer umfangreicher werdenden Sekretariatsarbeiten holte sich Lenny bald darauf seine frühere Klavierlehrerin, die zuverlässige Helen Coates, die bis zum heutigen Tage diese Arbeiten für ihn erledigt.) Shirley genoß das Leben in der Welt des Theaters und in dem Gewühl der Prominenten, die sich um Lenny scharten. Mir schrieb sie Briefe voller Neuigkeiten, die neidisch machen konnten, mit Mitteilungen folgender Art:

»Lenny und Sylvia Lyons gaben neulich eine tolle Party – die üblichen Leute plus, stell Dir vor, Ethel Barrymore, Bernard Baruch, Joe DiMaggio, Charles Boyer, Ezio Pinza, Moss Hart, John Steinbeck, Garson Kanin, Al Hirschfield, Abe Burrows,

* Women Accepted for Volunteer Emergency Service (Freiwilliger Kriegseinsatz für Frauen)

Frank Loesser, John Ringling North – und noch mehr von dieser Sorte; wie findest Du das?«

Es dauerte nicht lange, bis sie, mit Lennys Hilfe, selbst ins Showgeschäft ging. Für einen rauhen, blueshaften Song, ›Big Stuff‹, den Lenny als Aufmacher für sein erstes Ballett, ›Fancy Free‹ geschrieben hatte, wurde eine rauhe, blueshafte Stimme gesucht. Shirleys chronisch entzündete Stimmbänder produzierten einen Stimmklang, der genau richtig war für die geplante Bandaufnahme des Songs, die jeweils kurz vor Beginn des Balletts angespielt wurde. Und als Lenny und der Choreograph Jerome Robbins das Thema »Drei-Seeleute-auf-Landurlaub« zu einem Musical mit dem Titel ›On The Town‹ erweiterten (Buch und Songtexte von Betty Comden und Adolph Green), wurde Shirley als Chorsängerin engagiert. Bis 1946 trat sie in dieser Show auf, in der sie schließlich eine kleine Sprechrolle bekommen hatte. Von da an blieb sie, in der einen oder anderen Weise, beim Showgeschäft. Ihre Laufbahn als Schauspielerin war bald zu Ende – sie war selbstkritisch genug, um sich über die Grenzen ihres Talents im klaren zu sein –, aber mit Pfiff und Talent arbeitete sie für Theater- und Filmproduktionen. Vor nicht langer Zeit hat sie ihre eigene literarische Agentur gegründet. Aber ihre Teilhabe an Lennys Leben blieb konstant, auch nach seiner Heirat mit Felicia im Jahre 1951. Warum sie diese »verrückte Künstlerwelt« in New York einem soliden Boston und einer Heirat mit Haus und Familie vorzog, blieb für Jennie und Sam ein Rätsel. Und doch gaben sie die Hoffnung nicht auf, es eines Tages zu lösen.

Was mich, den kleinen Bruder, anbetraf, so überfiel mich nach Shirleys unerwarteter Abreise nach New York ein Gefühl der Verlassenheit: wieder war ein Mitglied meiner zweiten Familie, der rybernischen, dem Gefängnis entflohen, und ich war plötzlich zum Einzelkind geworden. Ich liebte meine Eltern, und sie liebten mich – sie waren sogar in mich vernarrt –, dennoch fühlte ich mich verlassen. Shirley und Lenny waren weit weg, in New York; ich saß zu Hause fest und war nur ein normales Schulkind.

Tatsächlich war das Gefühl der Verlassenheit nicht so ganz neu. Begonnen hatte es schon 1940, als Lenny ans Curtis Institut ging und Shirley ihr Studium in Mount Holyoke begann, aber damals kamen beide noch regelmäßig nach Hause. Trotz des großen Altersunterschieds, speziell zwischen Lenny und mir, fühlte ich mich ihnen immer eng verbunden. Sie ließen es nicht nur bei den Rollen des »großen Bruders« und der »großen Schwester« bewenden, sondern ließen den kleinen Baudümü an ihren Gedanken, Scherzen, an ihrer Sprache teilhaben. Lenny wurde es nie müde, mir so komplizierte Dinge wie die Geheimnisse des Lebens zu erklären, oder Musik, Politik, oder was er sonst gerade in der Schule gelernt hatte. Ich bekam gewissermaßen ab meinem dritten Lebensjahr eine Harvard-Bildung aus zweiter Hand. Ich glaube nicht, daß ich durch seine geduldige Unterweisung klüger wurde als meine Altersgenossen, aber offenbar wurde meine kindliche Phantasie angeregt. Stundenlang verschwand ich mit meiner kleinen Tischlerausrüstung in meinem Zimmer, wo ich nicht nur Kisten baute, sondern regelrechte Automobile und Flugzeuge, in denen Sitze waren. Und während ich hämmerte und sägte, sang ich freche Liedchen, die mir meine Schwester beigebracht hatte, um Jennie und Sam zu ärgern, oder eigene Texte zu Werken wie Beethovens ›Pastorale‹. (Zum Thema des Hirtenlieds im letzten Satz stimmte ich an: »Manchmal regnet's vor Werk und Spiel / Manchmal regnet's: – Guten Morgen, gleichviel ...«) Um bei meiner einsamen Beschäftigung Gesellschaft zu haben, erfand ich mir drei enge Freunde, die ich, ohne besonderen Grund, Greena Gom, Bob Vrom und Smooth nannte. Wir vier führten lange Unterhaltungen über das Leben im allgemeinen und die Tischlerei im besonderen. Ich erinnere mich, daß Greena und Bob nette, normale Kinder waren, aber Smooth war hinterlistig. (Lennys erstes Luxusauto, ein riesiges tannengrünes Buick-Kabriolett, Modell 1947, wurde zu Ehren meines alten Freundes »Greena« getauft.)

Die häufigen Krankheiten während meiner Kindheit, die entsprechend lange Zwangsaufenthalte im Bett erforderten, wirkten ebenfalls anregend auf meinen Erfindungsgeist. Ich litt unter einer chronischen Erkältung, gegen die »Dr. Finkys« Impfungen und die ständigen Ermahnungen meines Vaters »Knöpf dir den Hals zu« offenbar machtlos waren. Im Winter entwikkelte sich diese Dauererkältung zu Lungenentzündung, Bronchitis und Ohrenentzündung. Wann immer ich in Gefahr war dahinzusiechen, schickte Sam meine Mutter und mich nach Florida, wo laut »Dr. Finky« alle Übel geheilt würden, einfach durch die Methode »halt die Nase in die Sonne«. Die zwei Winter, die wir in einem schäbigen Hotel in Miami Beach verbrachten, halfen wirklich. Um mich in Miami ein bißchen zu vergnügen zwischen all diesen kranken und alten Erwachsenen, schrieb ich Geschichten in die Schulhefte, die mir meine Lehrer mitgegeben hatten, um die Multiplikation zu üben, die ich in der Schule versäumte. Eine – vollständige – Geschichte lautet so:

Der Mother Goose Mord
Lennord Bernstein saß in seinem Zimmer, seinem Stoudio, er war so beschäftigt mit Träumen, daß er nicht bemerkte, das Fenster war offen. Auf dermal fiel ein Paket auf den Fußboden. Das erschrak Lennord, er sprang überrascht auf. Er sah den Mann davonspringen, aber lief ihm nicht nach, weil der andere Mann einen Vorsprung hatte. Er sah auf den Fußboden und sah auf dem Boden einen Kasper in der Kiste. Er hob ihn hoch. Er drückte den Knopf und popp sprang ein kleiner Kopf heraus. Er schob den Kopf wieder zurück in die Kiste. Es gab einen Genknall. Ein Schupo an der Ecke kam herauf und kam in das, was von dem Zimmer übriggeblieben war und da auf dem Fußboden war Jim. Tot.

Wie sehr meine Phantasie auch Blüten trieb während dieser beiden Winter in den Subtropen, mein Schulpensum litt. Aber als ich in die John Ward Schule in Newton zurückkam – braungebrannt, mit etwas mehr Fleisch auf den Knochen, immer noch schniefend –, gelang es mir, die Klasse einzuholen und versetzt zu werden. Eine meiner Lehrerinnen, Rachel Stein, beschrieb die Lage in einem Brief an meine Eltern:

24. Mai 1940

»Liebe Mr. & Mrs. Bernstein,
da Ihr Sohn mit der dritten Klasse einen Abschnitt in seiner Entwicklung abschließt und mit der Klasse IV eine neue Schulstufe beginnt, möchten wir Ihnen Kenntnis von seinen bisherigen Leistungen geben. Wir hoffen, Ihnen einen deutlichen Eindruck von der Entwicklung Ihres Kindes vermitteln zu können...

Burtie liest sehr gerne und ist sehr gut im Lesen. Er nimmt auch gern an unseren Diskussionsrunden teil und ist sehr bemüht, einen Beitrag zu leisten. Er kann die Gruppe fesseln und es fällt ihm leicht, Gelesenes in eigenen Worten wiederzugeben.

Rechnen und Orthographie fallen ihm schwerer, aber er ist arbeitswillig, und ich sehe eigentlich keinen Grund, warum er Schwierigkeiten haben sollte.

Es war immer eine Freude für mich zu sehen, wie interessiert Burtie an seiner Arbeit ist. Aber manchmal ist sein Enthusiasmus so intensiv, daß er unter Druck und mit großer Anstrengung arbeitet. Man muß dann etwas auf ihn eingehen und ihn ein bißchen bremsen, er hat sich dann schnell wieder in der Gewalt. Wegen seiner Begeisterungsfähigkeit war es für Burtie nicht immer leicht, seine Arbeiten sorgfältig und ordentlich zu machen. Schriftliche Arbeiten lieferte er manchmal in sehr unordentlichem und flüchtigem Zustand ab. Es war aber erfreulich zu beobachten, daß sich das zunehmend bessert und seine Arbeiten schon anders aussehen.

Burtie spielt gerne – in jungenhafter Weise – und vertrödelt manchmal seine Zeit.

Burtie ist bei seinen Klassenkameraden beliebt, und alle freuten sich über seine Rückkehr aus Florida. Er ist ein guter Verlierer – er freut sich, wenn er gewinnt und kann doch mit einem Lächeln verlieren.

Es hat mir Freude gemacht, Burtie zu unterrichten.

Mit besten Grüßen

Rachel Stein.«

Wie Miß Stein in ihrem Entwicklungsbericht konstatierte, war ich ein ziemlich normaler amerikanischer Junge, trotz meiner geheimen rybernischen Staatszugehörigkeit und trotz der langen Phasen einsamer Rekonvaleszenz. Ich hatte gute Freunde, ein paar hübsche Freundinnen, stand im Ruf, ein hervorragender Schnelläufer zu sein und besaß nacheinander drei Hunde, die Promenadenmischungen entstammten und alle drei auf den Namen »Mippy« hörten (nach Ambrose Mippy, dem Erfinder des Schuhlöffels in einem komischen Sketch der Revuers; es war nicht einfach, jemandem den Hundenamen zu erklären, der die Stücke von Betty Comden und Adolph Green nicht kannte, und diese Unglücklichen waren damals Legion). In Wahrheit gehörten die Hunde meiner Mutter. Sie hing an ihnen und sorgte für sie, und die Hunde wußten das. Sie ließen sie selten aus den Augen und knurrten jeden an, der sich ihr heimlich näherte, auch mich. Aber ach, alle Hunde nahmen ein schlimmes Ende – sie wurden überfahren, gestohlen oder entliefen. Als der dritte Mippy aus einem Hundezwinger, in den wir ihn vor einer Reise nach New York gebracht hatten, davonlief, ohne je zurückzukommen, sagte Jenny zu mir mit Tränen in den Augen: »Ich habe kein Glück mit deinen Hunden«. Auch

Sam hing an den Mippys, sogar so extrem, daß er sie gelegentlich mit seinen Kindern verwechselte. In Augenblicken der Zerstreutheit konnte es passieren, daß er mich rief und dabei nacheinander die Stufenleiter der Namen seiner Kinder aufsagte: »Lenny ... Shirley ... Mippy ... *Burtie!*«

Diese glücklichen Umstände einer mehr oder minder normalen Kindheit änderten sich, als Sam im Jahre 1941 unser Haus in Newton verkaufte und wir ganz in das inzwischen ausgebaute Haus in Sharon zogen. Im Sommer war Sharon ein angenehmer, freundlicher Ort, aber bald machte ich die Erfahrung, daß sich die Stadt im Winter verwandelte. Viele der Einheimischen, die jüdische Sommergäste im »Grove« duldeten und von ihnen profitierten, waren im Grunde schamlose Antisemiten – wie ich glaube, gerade wegen ihrer saisonalen wirtschaftlichen Abhängigkeit und einer unterschwelligen Mißgunst gegenüber diesen merkwürdig sprechenden, gut ausstaffierten Eindringlingen aus der Stadt, Nachfahren der angeblichen Mörder Christi. Diese Feindseligkeit versteckten die Erwachsenen im Verkehr mit meinen Eltern hinter guten Manieren, aber ihre Kinder, besonders die Kinder in meinem Alter, hatten weniger Hemmungen. Diese Entdeckung mußte ich an meinem ersten Schultag machen. Ein stämmiger Bauernlümmel namens Arthur bestimmte, daß »der neue Judenjunge« nicht ohne seine Erlaubnis in den gelben Schulbus einsteigen dürfe. Ich hoffte auf die Hilfe des Fahrers, aber der starrte geradeaus durch seine Windschutzscheibe und murmelte nur: »Los, Kinder, wir müssen weiter.« Ich bahnte mir mit den Ellenbogen einen Weg an Arthur vorbei und bekam für diese Kühnheit einen Schlag mit seinem Lunchpaket auf den Kopf. Als ich zusammengesunken und allein auf einem Sitz saß, der für zwei Fahrgäste gedacht war, warfen Arthur und einige seiner Freunde mit Bananenschalen, Radiergummis und Papierkugeln nach mir. Es war der schlimmste Tag meines jungen Lebens. Ich sagte meinen Eltern nichts davon.

Es war eine derartige seelische und körperliche Tortur, den gelben Schulbus täglich für den Schulweg zu benutzen, daß ich es vorzog zu laufen oder mit meinem Fahrrad die drei Meilen zu fahren, wenn das Wetter es zuließ. Innerhalb der Schule wurde ich kaum belästigt – nur von allen übersehen. Ich zog mich in mich selbst zurück und zeigte keine Zeichen mehr von »heftigem Enthusiasmus«, wie ihn Miß Stein in der Newtoner Schule bei mir entdeckt hatte. Immerhin machte eine Lehrerin in Sharon sich Sorgen wegen meiner verstockten Schweigsamkeit und bat Jennie um eine Unterredung. Sie kamen zu dem Schluß, daß es sich wahrscheinlich um eine Entwicklungsphase handelte, die durch den Schulwechsel verstärkt zum Ausdruck kam. Aber am Montag, dem 8. Dezember 1941, dem Morgen nach dem Angriff auf Pearl Harbor, wurde die Schule für mich ebenso gefährlich wie der Bus. Wir Schüler der fünften Klasse standen auf dem kalten, nassen Hinterhof und warteten darauf, in das düstere Schulgebäude eingelassen zu werden. Mein Widersacher Arthur bahnte sich einen Weg zu mir und verkündete laut: »Mein Vater sagt, daß es die Jap-Juden waren, die uns bombardierten, und dieser Junge ist einer von ihnen.« Er gab mir einen kräftigen Schubs und intonierte »Jap-Jude, Jap-Jude«, und in diesen Kanon stimmten verschiedene Kinder ein. Ich bezweifelte, daß sich irgendein anderer neunjähriger Junge in Amerika mehr mit dem Krieg beschäftigt hatte als ich. Ich hatte den blutigen Vormarsch der Nazis auf der Landkarte meines Vaters mit den verschiedenfarbigen Nadeln genau verfolgt. Täglich las ich Kriegsberichte im Bostoner ›Herald‹, und ich war am Abend zuvor mit meinen Eltern lange aufgeblieben, um am Radio die grauenvollen Berichte von dem hinterlistigen Angriff der Japaner auf Hawaii zu hören. Niemand hatte das Recht, mich einen »Jap-Juden« zu schimpfen, was zum Teufel das auch sein mochte. Ich holte aus und schlug Arthur zweimal ins Gesicht, bevor er und einige andere Jungen mich auf den Asphaltboden niederstießen und mich verprügelten. Als ein Lehrer schließlich die Schlägerei stoppte, war mein Gesicht verschmiert von Blut und Tränen. Aber es war mein unkontrollierbares, krampfartiges Schluchzen, das mich am meisten quälte und demütigte. Den ganzen Vormittag dauerte es an – im Krankenzimmer (wo ich gewaschen und mit Jod behandelt wurde), im Büro des Direktors (wo man mich beschuldigte, Arthur hinterrücks angegriffen zu haben) und später im Auto meiner Mutter (mit dem sie mich nach Hause fuhr, nachdem der Direktor sie gebeten hatte, in die Schule zu kommen). Als ich ihr meine Version der Geschichte erzählte, tröstete sie mich und sagte: »Ich wußte, wir hätten nicht von Newton wegziehen dürfen.« Sam sagte dasselbe, als er abends nach Hause kam, aber er drückte es so aus: »Jennie, warum hast du es zugelassen, daß ich das Haus in Newton verkauft habe?« Sein Schuldgefühl stürzte ihn in eine tiefe Depression, die tagelang andauerte. Oft hörte ich, wie sie sich darüber unterhielten, mich vielleicht in ein Internat zu schicken.

Es folgten noch einige Zusammenstöße mit Arthur und ein

paar anderen Jungen, aber sie waren weniger heftig als der Zwischenfall nach Pearl Harbour. Schließlich wurde ich wieder von allen übersehen, außer von zwei Freunden, die ich gewonnen hatte – Eddie Parker und Marjorie Jones. Eddie Parker war ein kränklicher Junge aus einer frommen katholischen Familie. Wir wurden gute Freunde, weil er mir bei einer Schlägerei zu Hilfe gekommen war; er sagte, seine Mutter habe ihm gesagt, er solle das tun. Eddie, seine Mutter, seine ganze Familie waren so geartet. Wenn er fehlte, brachte ich ihm die Hausaufgaben vorbei, und wir arbeiteten dann zusammen. Manchmal fehlte er wochenlang, und ich wurde fast ein Dauergast bei den Parkers, nahm an ihren Mahlzeiten teil und half Eddie bei seinen Schularbeiten. Marjorie Jones, die in der Klasse neben mir saß, war ein schnippisches, sehr beliebtes Mädchen. Während des Unterrichts ließ sie gerne Zettel kursieren, und sie fand mein Gekritzel amüsant. Einmal wurden wir entdeckt und mußten nach Schulschluß nachsitzen und die Schiefertafeln abwaschen. Von da an schwärmte ich für sie, obwohl unsere Beziehung kaum über den Zettelaustausch hinauskam. Wenn wir bei Schulversammlungen protestantische Kirchenlieder (oder auch vaterländische Lieder) singen mußten, konnte ich es kaum je über mich bringen, die letzte Zeile der Lobpreisungen zu singen – »Ehre sei dem Vater, dem Sohn und dem Heiligen Geist«. Statt dessen murmelte ich »Ehre sei dem Vater, dem Sohn und Marjorie Jones«.

Außer mit meinen beiden Freunden tröstete ich mich während dieser Winter in Sharon mit Eishockey und, merkwürdigerweise, mit dem Krieg. Nachdem ich das Eishockeyspiel begriffen hatte, wurde ich allgemein als zuverlässiger Spieler anerkannt – sogar von Arthur, wenn auch widerwillig. Er versuchte, seine noch vorhandene Feindseligkeit gegen mich auf dem Eis loszuwerden durch Rempeln, was blaue Flecken hinterließ, aber erlaubt war. Wir Jungens waren so versessen auf Eishokkey, daß wir erst den Schnee von der vereisten Seeoberfläche schippten, bevor wir uns an das Freischaufeln unserer Hauseinfahrten machten – sehr zum Leidwesen unserer Eltern. Die Begeisterung über ein geschossenes Tor, über eine Karambolage mit einem anderen Jungen beim Sport – nicht aus Bosheit – half mir, Selbstvertrauen zu entwickeln gegenüber den anderen Jungen und der Schule.

Was den Krieg anbetraf, so nahm er fast alle meine wachen Gedanken und das, was von meiner Phantasie übriggeblieben war, gefangen. An den Sonnabendvormittagen sammelte ich Metallreste, eingedrückte Dosen, alte Autoreifen und Zeitungen für den Krieg, und später wurde ich Luftschutzhelfer und schob Wache bei der Luftschutztruppe des Staates Massachusetts, einer Ansammlung von alten Männern, die ungeladene Gewehre schulterten und sich für Wochenendmanöver in alte Uniformen aus dem Ersten Weltkrieg warfen. Um meine Spähertätigkeit zu erleichtern, gab man mir eine amtliche Auflistung der Umrisse und Merkmale aller amerikanischen, britischen, deutschen, japanischen und italienischen Flugzeuge, und ich prägte sie mir ins Gedächtnis ein. Am Himmel über Sharon haben wir nie andere als amerikanische Flugzeuge entdecken können, aber, wie wir feierlich zu sagen pflegten, wenn wir an einem klaren Wochenende in den Wäldern Dienst taten, man kann nie wissen, ob nicht ein selbstmörderisches Nazischwein seine Messerschmitt 109 über Sharon, Massachusetts, fliegt, nicht wahr? (Laufend tauchten Gerüchte auf über geheime Nazi-Flugplätze in der kanadischen Wildnis.) Ich träumte hemmungslos davon, ein amerikanischer Kampfflieger zu werden, der alleinige Beherrscher einer brüllenden P 47, deren fünfzigkalibrige Maschinengewehre feuriges Blei auf den verfluchten Feind spuckten. Und ebenso skrupellos war mein brennender Wunsch, daß der Krieg lange genug dauern möge, bis ich das Militärdienstalter erreicht hätte, um bei der Army Air Force eintreten zu können. Bis zu diesem großen Tag mußte ich mich damit begnügen, Modelle von Kampfflugzeugen zu konstruieren und Zeichnungen von flammensprühenden Luftkämpfen in mein Schulheft zu malen (die Messerschmitt 109 und die japanischen Zeros brannten am heftigsten). Den VJ Day erlebte ich, eben erst ein Dreizehnjähriger, mit zwiespältigen Gefühlen.

Die unvermeidliche Folge meiner drei Schuljahre in Sharon war ein wachsendes Unbehagen darüber, jüdisch zu sein. Das manifestierte sich auf zweierlei Weise: zum einen wehrte ich mich hartnäckig dagegen, für meine bevorstehende *Barmizwa* Hebräisch zu lernen, zum anderen empfand ich den Akzent meines Vaters und seine ärgerliche Angewohnheit, alles durch die jüdische Brille zu sehen, als peinlich. Auf Sam wirkte mein Verhalten einfach niederschmetternd. Er konnte sich nicht vorstellen, daß einer seiner Söhne etwa kein vorbildlicher Jude sein könnte. Sogar der aufmüpfige Lenny war auf diesem Gebiet ohne Fehl gewesen. Als ich meinem Vater einmal sagte, es wäre doch heuchlerisch von mir, einem Nichtgläubigen, mit ihm am Feiertag Jom Kippur, dem jüdischen Bußtag, in die *Schul* zu gehen, lief er dunkelrot an und drohte mir mit jeder nur denkbaren Bestrafung. Ich wollte schon nachgeben, als er ausrief: »Sogar Nichtjuden gehen zur *Schul* am Jom Kippur Tag!« Wer hätte es ihm da noch abschlagen können? Aber mein persönlicher Antisemitismus behielt die Oberhand bis hin zu meiner scheinheiligen *Barmizwa* in den Marmorhallen des Tempels Mischkan Tefila. Mechanisch lernte ich die rituellen Gebete und die erforderlichen Bibelabschnitte und stand die Zeremonie mit Haltung und Anstand durch – ein gutes Täuschungsmanöver. Die Freunde meiner Eltern waren beeindruckt; wieder hatte sich ein junger Bernstein als glänzender Kenner des Hebräischen erwiesen und damit als Zierde der Gemeinde. Was wußten sie schon! Nach der *Barmizwa* ließ mein Unbehagen langsam nach, aber ich habe wohl nie einen geistigen Zugang zur jüdischen Religion oder irgendeiner anderen Religion gefunden.

Ungefähr zu der Zeit, zu der wir nach Brookline zogen, kurz nach Lennys sensationellem Debüt, setzte meine Pubertät ein. Wahrscheinlich war sie bei mir nicht schlimmer als bei anderen zwölfjährigen Jungen. Die Begeisterung für Schule und Geselligkeit kam mit der alten Heftigkeit zurück, und als Bruder eines berühmten Mannes hatte ich bei meinen Mitschülern und Lehrern eine gewisse Sonderstellung. (Als ›On The Town‹ in Boston voraufgeführt wurde, Ende 1944, stieg ich selbst zu einer Art Berühmtheit auf.) Aber im Unterschied zu anderen Heranwachsenden hatte ich *zwei* Familien, gegen die ich mich auflehnen mußte – besonders gegen die zwei Väter, Sam und Lenny. Im Falle Sams schwor ich den zwei Dingen ab, die ihm am meisten am Herzen lagen – der Religion und dem Geschäft. Wenn es ihm gelang, mich zu überreden, ihn zum Gottesdienst in die Mischkan Synagoge zu begleiten, schlich ich mich während der Predigt des Rabbis hinaus und ging in den gegenüberliegenden Zoo im Franklin-Park. Ich war sicher ein schlimmes Kind, aber ich begründete meine Schlechtigkeit mit moralischer und geistiger Integrität. Ich wußte, daß ich Sam weh tat, aber ich konnte einfach nicht umhin, es zu tun. Als er versuchte, mein Interesse für das Geschäft mit Schönheitsmitteln zu wekken, verletzte ich ihn ähnlich tief. Ich sollte das Geschäft von der Pike auf lernen und deshalb an Sonnabenden und in den Ferien als Botenjunge oder Packer im Versandraum arbeiten, aber nach einer gewissen Zeit stiftete ich mit meinen gehässigen Bemerkungen über den Betrieb viel Unruhe unter den anderen

Mitarbeitern. Sogar Sam sah ein, daß ich in meiner Freizeit besser andere Dinge unternähme wie Schnee schippen oder Laub zusammenharken. In bezug auf sein Geschäft waren alle drei Kinder ein undankbares Pack.

Meine Auflehnung gegen Lenny äußerte sich ähnlich. Ich fing an, seine Welt zu verhöhnen. Alles, was mit ernster Musik oder Kunst zu tun hatte, war meiner Aufmerksamkeit nicht wert – es war etwas für Weichlinge. Diese Einstellung war nicht nur durch meine Schuld entstanden. Wenn ich nach Lennys Konzerten in den Künstlergarderoben war, fragten wohlmeinende, aber gedankenlose Leute mich oft: »Willst du auch ein berühmter Dirigent werden?« Anfänglich antwortete ich noch höflich (zwang mir ein Lächeln ab, sah auf meine Schuhspitzen und sagte: »Nein, ich glaube nicht«), aber als die gefürchtete Frage immer häufiger gestellt wurde und schon vorauszusehen war, wurden meine Antworten weniger höflich (strahlend: »Nein, ich will Osteologe werden«). In Wirklichkeit wollte ich mehr denn je Pilot einer P 47 werden. Aber bis dahin mußte ich mich mit jeder anderen Form von Schnelligkeit zufriedengeben – zum Beispiel meine Zeit im Hundert-Yard-Lauf verbessern, bei Radabfahrten erst im letzten Moment die Bremse betätigen, bei Eis- und Skilauf unvorsichtig rasen, mit dem Motorboot Rennen auf dem Massapoagsee veranstalten oder mit dem Oldsmobile der Familie heimlich davonfahren und ausprobieren, was man mit ihm auf einsamen Landstraßen anstellen konnte. Schnelligkeit, ob athletische oder mechanische, erschien mir als der denkbar größte Gegensatz zu jeder Art von künstlerischer Betätigung. Sie war männlich, aufregend, gefahrvoll und, was das beste war, keines der Familienmitglieder billigte sie.

Wie schnell ich auch raste, es war nichts gegen die Vorstellung, die ich vom Fliegen hatte. Ich war noch nie geflogen, aber ich war überzeugt, daß ich durch meinen Modellbau, durch aufmerksames Lesen der Bücher von Antoine de Saint-Exupéry und technischer Schriften soviel über Fliegerei wußte, wie die meisten Piloten mit Pilotenschein. Ich war überheblich genug, mir einzubilden, ich bräuchte nur in eine Piper J 3 einzusteigen, um sofort losfliegen zu können, ohne eine Minute ordentlicher Ausbildung. Seltsamerweise war es Lenny, der Inbegriff des Künstlers – der mir die erste Flugerfahrung ermöglichte. Im Frühsommer 1946 war er zu Besuch in Sharon, dem Schauplatz der Erfolge seiner Jugend, bevor er nach Tanglewood fuhr, wo er unterrichten und dirigieren würde. Er war voller Geschichten über seine letzten Triumphe, auf die ich bewußt unbeteiligt reagierte, aber bei einer seiner Erzählungen wurde ich hellwach. Ein neuer Bekannter hatte Lenny auf einen Kurzflug in einem Sportflugzeug mitgenommen und ihm den Steuerknüppel überlassen. Er beschrieb den Reiz des Fliegens mit so beredten Worten, daß ich meine Maske jugendlicher Gleichgültigkeit fallen ließ. Ich war neidisch. An diesem Nachmittag fuhren wir, ohne irgend jemandem etwas zu sagen, zum nahe gelegenen Flugplatz Norwood, einem ehemaligen Militärübungsplatz, der nach dem Krieg in einen Privatflugplatz mit Fliegerschule umgewandelt worden war. (Viele Nachmittage hatte ich schon am Zaun dieses Flugplatzes gestanden und die kleinen gelben Piper-Cubs bei Abflug und Landung beobachtet.) Lenny sagte, er wolle eine Flugstunde nehmen und mir ebenfalls eine Stunde schenken. Er flog als erster los, in einem J 3 Leichtflugzeug, begleitet von einem Lehrer. Nach einer Stunde landeten sie, und Lenny war begeistert. »Warte, bis du es ausprobiert hast«, sagte er, »es wird dir einen unauslöschlichen Eindruck machen.« Wie recht er hatte! Nach dieser Stunde schwor ich mir, Pilot zu werden, was auch immer kommen möge.

Aber meine zweite Stunde fand erst nach über einem Jahr statt – einem Jahr, während dessen ich versuchte, meine Eltern davon zu überzeugen, daß Fliegen nicht gefährlicher sei als Radfahren. Es gelang mir nicht. Und da jede Stunde acht Dollar kostete – eine Summe, die Sam keinesfalls gewillt war zu zahlen –, kamen meine Eltern zu dem Schluß, daß meine Leidenschaft ohnehin nicht praktikabel sei. Aber ich fand Gelegenheitsarbeit, sparte mein Taschengeld und das Geld für das Mittagessen in der Schule, und schließlich hatte ich so viel Geld zusammen, daß ich die Stunden bis zu meinem ersten Alleinflug bezahlen konnte. Sam war erstaunt über meine Initiative, genauso wie damals, als Lenny seine Klavierstunden selbst bezahlte, und er gab mir die Erlaubnis zu fliegen. Aber Jennie verging fast vor Angst. Ich sagte, sie solle sich doch selbst davon überzeugen, wie sicher das Fliegen sei. Meine Überredungskunst war so groß (ich hatte Lennys Überredungstechnik gut gelernt), daß sie mich tatsächlich zum Flugplatz Norwood fuhr, wo ich eine zweite Stunde nahm, während sie mit geschlossenen Augen im Auto sitzen blieb, ein Gebet auf den Lippen, und ich in einem zerbrechlichen, stoffbespannten Leichtflugzeug aufstieg.

Als ich zum Auto zurückkam, berauscht vom Zauber des Fliegens, sagte sie: »O.k., flieg – aber bitte mich nie wieder, hierher zu kommen.« Meine Eltern glaubten, daß das Fliegen eines Tages seinen Reiz für mich verlieren würde – so wie sie geglaubt hatten, die Musik würde für Lenny ihren Reiz verlieren –, wenn ich nicht vorher dabei ums Leben gekommen sein sollte. Sie hatten recht, aber es bedurfte vieler Jahre und vieler verzaubernder Flüge. Ich werde noch immer unruhig, wenn ich ein Sportflugzeug sehe. Tatsächlich habe ich im vergangenen Jahr wieder mit dem Fliegen angefangen.

Ich verdanke Lenny noch eine andere entscheidende Erfahrung meines Lebens, die meine Auflehnung, zumindest gegen ihn, zum Erliegen brachte. In jenem Sommer 1946 lud er mich nach Tanglewood ein, und ich durfte so lange wie ich wollte in dem von ihm gemieteten Landhaus bleiben. Es war die erste vollständige Nachkriegssaison des Berkshire Music Centre. Im Mittelpunkt stand die amerikanische Uraufführung von Benjamin Brittens Oper ›Peter Grimes‹, eines Werkes, das Koussewitzky in Auftrag gegeben hatte (von dem der Sponsor als »Peter *und* Grimes« sprach). Koussewitzky hatte Lenny zum Dirigenten dieser Oper bestimmt. Es war ein kompliziertes Werk, das an die Fähigkeiten der Opernabteilung von Berkshire hohe Anforderungen stellte.

Als ich in Lennys Cottage ankam (ich hatte die Absicht, nur ein paar Tage zu bleiben), betrat ich ein charmantes Irrenhaus, wie ich ähnliches noch nie gesehen hatte. Neben Lenny, Helen Coates und einem Mädchen, den ständigen Bewohnern des Hauses, herrschte ein fortwährendes Kommen und Gehen von Durchreisenden: Shirley; Adolph Green und seine Verlobte, Allyn Ann McClerie; Betty Comden und ihr Mann, Steve Kyle; Judy Holliday; Jerome Robbins; der Pianist William Kapell; der Komponist David Diamond; verschiedene andere Musiker; und Lennys Freundin, eine zierliche chilenische Schauspielerin namens Felicia Montealegre. Trotz meiner hochgestochenen Vorsätze und meines philiströsen Gehabes war ich von diesem köstlichen Chaos und all diesen »verrückten Spinnern«, wie Sam sie nannte, bezaubert. Ich blieb und blieb und arbeitete als Beleuchtungstechniker bei der ›Peter Grimes‹-Produktion. Mit vierzehn Jahren war ich sicher der jüngste Student in Tanglewood, und der verwöhnte Liebling aller. Und ich hatte ein neues Element entdeckt, das fast so schön war wie Schnelligkeit und Fliegen. Ich eignete mir Kenntnisse an über Oper und Bühnentechnik, ich erfuhr etwas von Dichtung und Literatur, von verrückten Künstlern und der Art und Weise, in der außergewöhnliche Köpfe denken. Ich war gefangen von einer Welt, die ich vorgeblich verabscheut hatte.

Unter all den vielen Menschen, die sich in jenem Sommer in Lennys Cottage am See drängten, war es vor allem Felicia, die mich betörte. Ich war ihr schon im Jahr zuvor in Boston begegnet, und wir hatten uns angefreundet. Ich fühlte mich sofort zu ihr hingezogen, weil sie – außer ihrer zarten Schönheit, ihrem Geist, ihrem Witz und dem singenden, nicht genau definierbaren Akzent, der ihr zusammen mit der kleinen schwarzen Baskenmütze, die sie trug, etwas reizvoll Fremdländisches gab – mir in der Symphony Hall *nie* die Frage stellte, ob ich auch ein berühmter Dirigent werden wolle. Lenny hatte sie vor allem deshalb nach Boston mitgebracht, um sie Jennie und Sam vorzustellen. Felicia und er machten in New York Schlagzeilen. Der chilenische Pianist Claudio Arrau hatte sie miteinander bekannt gemacht. Er war Felicias Mentor in Amerika geworden, als sie erwogen hatte, Konzertpianistin zu werden. (Bald erkannte sie jedoch, daß sie mehr Talent für die Schauspielerei besaß, und schon nach wenigen Jahren war sie eine der führenden Darstellerinnen im Fernsehen.) Obwohl über Heirat noch nicht gesprochen wurde, wollte Lenny sie seinen Eltern vorstellen für den Fall, daß es eines Tages vielleicht dazu käme. Was seine Eltern betraf, würde es Schwierigkeiten geben wegen Felicia. Zwar war sie Halbjüdin – ihr Vater war Roy Cohn, ein Ingenieur aus Kalifornien, der sich in Chile niedergelassen hatte –, aber ihre Mutter, die geborene Clemencia Montealegre, war eine lateinamerikanische Aristokratin, die darauf bestanden hatte, daß ihre drei Töchter streng katholisch erzogen wurden. Folglich hatte Felicia eine Klosterschule in Santiago besucht. Obgleich sie sich der Klostererziehung innerlich widersetzt hatte, fühlte sie sich ihr Leben lang zwischen den beiden Religionen hin- und hergerissen. Die höchsten *Naches* erwarteten sich Sam und Jennie von einer guten jüdischen Heirat ihrer Kinder Lenny und Shirley; aber Felicia war nicht die Frau, die sie sich für ihren berühmten Sohn gewünscht hatten. Von Anfang an war ihr Verhältnis zueinander von reservierter Behutsamkeit bestimmt. Sie kamen sich etwas näher, als Ende 1946 die offizielle Verlobung bekanntgegeben wurde, aber meine Eltern und Felicia konnten nie ganz unbefangen miteinander umgehen.

Ganz anders war die Beziehung zwischen Felicia und mir. Während des ›Peter Grimes‹-Sommers hatte ich das Gefühl, eine zweite ältere Schwester bekommen zu haben – eine, die in gewisser Weise sogar rybernisch verstand. Meine Gegenfamilie hatte Zuwachs bekommen. Aber am Ende des folgenden Sommers in Tanglewood (ich arbeitete drei Sommer hintereinander als Beleuchtungstechniker in der Opernabteilung) kamen Lenny und Felicia zu dem Schluß, daß es für beide noch zu früh sei zum Heiraten, und sie lösten die Verlobung. Am unglücklichsten darüber war – nächst den Hauptpersonen – sicherlich ich.

Die Sommer in Tanglewood hatten noch eine andere Folge: die Einstellung meines Bruders und meiner Schwester zu mir änderte sich. (Oder: ich verbesserte meinen Status innerhalb der Geschwisterhierarchie.) Während ich mich langsam zum jungen Mann entwickelte, wurden unsere verschiedenen Altersstufen äußerlich immer weniger erkennbar, wir fühlten uns fast gleichaltrig, zumindest geistig. Ich hatte aufgehört, der kleine Bruder zu sein (oder das Baby innerhalb der rybernischen Familie); ich wurde als Gleicher unter Gleichen behandelt, dessen Gedanken und Empfindungen nicht unbedingt nur mit einem verzeihenden Lächeln quittiert wurden. Sie forderten mich auf, sie zu begleiten – zunächst auf Lennys kürzeren Konzertreisen oder bei gelegentlichen Spritztouren. (Auf einer Wochenendfahrt, die wir unternahmen, um die Skiverhältnisse im Süden Neu-Englands zu erkunden, verirrten Lenny und ich uns bei der Rückfahrt in Cornwall, Connecticut. Auf der Suche nach dem richtigen Weg führte uns der Zufall zum Anwesen von James Thurber, den wir beide als einen der großen Schriftsteller bewunderten. Fast dreißig Jahre nach diesem zufälligen Zusammentreffen mit Thurber schrieb ich seine Biographie.) Auf diesen Reisen lernte ich wahrscheinlich mehr, als man mir in den Klassen des Brookline Gymnasiums einzutrichtern vermochte.

Nach der Tanglewood Saison 1948 – als ich sechzehn war, einen Führerschein und ein Fliegerpatent hatte – kam Lenny plötzlich auf die Idee, seine Greena, ein schickes Buick-Kabriolett, irgendwohin in die Einsamkeit des Westens zu lenken, um ungestört an seiner zweiten Symphonie arbeiten zu können, die W. H. Audens langes Gedicht ›Das Zeitalter der Angst‹ (The Age Of Anxiety) zur Vorlage hatte. Zufällig war gerade der englische Dichter Stephen Spender zu Besuch in Tanglewood, und er schlug uns vor, ihn auf die Ranch von D. H. Lawrence zu begleiten, die in der Nähe von Taos, Neu Mexiko, lag. Die Witwe des Schriftstellers bot dort den verschiedensten Künstlern, die auf der Suche nach Einsamkeit waren, vorübergehend ein Refugium. Spender wollte sich dorthin zurückziehen, um an einem neuen literarischen Projekt zu arbeiten, und er sagte, es gäbe auf der Ranch auch genügend Platz für Lenny und mich. Das ungleiche Trio fuhr also in der flimmernden Augusthitze los – Lenny und ich wechselten uns beim Fahren ab, Spender saß, in poetische Gedanken versunken, auf dem Rücksitz, ein wiedererstandener Shelley. Keinem von uns war bei der Abfahrt aufgefallen, daß die vier neuen Reifen, die Lenny für Greena gekauft hatte, defekt waren. Kurz hinter Oneonta im Staat New York ging der erste Reifen in Fetzen, als wir in schnellem Tempo mitten auf der heißen Autobahn dahinfuhren. Einige Schrecksekunden später brachten wir den Wagen in einer Staubwolke in einem Graben zum Stehen, direkt vor einer riesigen, unerbittlichen Ulme. »Ist ein Reifen geplatzt?« fragte Spender, als Lenny und ich mit zitternden Gliedern aus dem Wagen wankten, um den Schaden zu besehen. (Seiner Aussprache des Wortes »tyre« [Reifen] hörte man die englische Schreibweise mit einem ›y‹ an.) Die Frage verdiente keine Antwort. Spender sah zu, wie wir die erbärmlichen Reste des Reifens und das verbogene Rad abnahmen, bis es ihm zu langweilig wurde, eine so geistlose und schweißtreibende Arbeit zu beobachten. Als wir dabei waren, die Muttern des Ersatzrades festzuziehen, hatte er ein schattiges Bächlein entdeckt, blätterte in einem dünnen Gedichtband und versank in Gedanken und Natur. An drei anderen Orten – Nashville, Tennessee, Amarillo, Texas, und Tucumcari, Neu Mexiko – platzten die übrigen drei defekten Reifen, jedesmal ging es ähnlich knapp an der Katastrophe vorbei, aber wie durch ein Wunder gelang es Spender immer, ein Bächlein oder zumindest einen Bewässerungsgraben zu finden, an dem er saß, nachdachte oder Gedichte las, während wir uns abrackerten, fluchten und schwitzten. In Amarillo, als meine Geduld mit Spenders Gelassenheit am Ende war, klärte er uns auf, warum derartige Ereignisse ihn ziemlich kalt ließen: er war in London während des »Blitzkrieges« Feuerwehrmann gewesen.

Doch die meiste Zeit während unserer Autofahrt nach Taos und der Woche, die wir auf der Lawrence-Ranch verlebten, verbrachten wir mit angenehmer, geistreicher Unterhaltung. Und wieder lernte ich eine Menge, ob ich wollte oder nicht. Lenny benutzte die Reise nach Taos als Szenerie für ein Kapitel in seinem Buch ›The Joy of Music‹ (Freude an der Musik). Das Kapitel war überschrieben: ›Bull Session in the Rockies‹ (Ein Männergespräch in den Rocky Mountains). Es bestand aus einer feinsinnigen Unterhaltung zwischen L. B., L. D. (lyrischer Dichter) und J. B. (jüngerer Bruder); hier ist ein typischer Abschnitt:

L. D.: Sie stellen, fürchte ich, da einfach eine Behauptung auf. Niemand hat gesagt, daß Beethoven allein aufgrund seiner Rhythmik, seiner Melodik oder seiner Harmonik alle anderen überragt. Es ist das Zusammenwirken –

L. B.: Das Zusammenwirken beliebiger Elemente? Das würde kaum die vergoldete Büste rechtfertigen, die wir im Konzertsaal des Konservatoriums ehrfürchtig betrachten! Und der Kontrapunkt –

J. B.: Will jemand Kaugummi?

L. B.: – ist im allgemeinen auf dem Niveau eines Anfängers. Sein Leben lang mühte er sich, eine wirklich gute Fuge zu schreiben. Und die Orchestrierung ist manchmal richtig schlecht, besonders in seiner späten Schaffensperiode, als er taub war. Da gibt es ganz unbedeutende Trompetenstimmen, die wie ein wunder Daumen aus dem Orchester aufragen, Hörner, die endlos wiederholte Noten stümpern, bis zur Unhörbarkeit erstickte Holzbläser und mörderisch grausame Partien für die menschliche Stimme. So sieht es nämlich aus.

L. D. (verzweifelt): J. B., ich wünschte, Sie nicht ständig daran erinnern zu müssen, langsamer zu fahren.

J. B.: Aber, aber! Doppelter Infinitiv! (Drosselt jedoch die Geschwindigkeit.)

Auf der Lawrence-Ranch hoch oben in den Rocky Mountains fand jeder seinen eigenen Tageslauf: L. B. komponierte an einem ungefügen Klavier im Wohnzimmer. L. D. machte lange Spaziergänge, um dann die von seinen Wanderungen inspirierten Gedichte niederzuschreiben. J. B. schloß Freundschaft mit einem in der Nachbarschaft lebenden Indianerstamm und versuchte, einige halbwilde Ponies einzufangen. Allabendlich um Punkt sechs Uhr unterbrachen wir unsere jeweilige Tätigkeit und badeten in einem eisigen Fluß. Später, wenn die Sonne hinter einer rostbraunen Hügelkette unterging, pflegte Spender mit zaghafter, nasaler Stimme zu singen:

Now the day is over	Der Tag ist jetzt vorüber
Night ist drawing nigh	Die Nacht zieht bald herauf
Shadows of the evening	Des Abends Schatten huschen
Steal across the sky.	Sacht übers Firmament.

Und mit diesem hochfliegenden Adieu war der Tag eigentlich verabschiedet bis auf ein Nachtmahl und einiges intellektuelles Gerede, das von Gähnen unterbrochen wurde. Es war eine herrliche Zeit – die Unterhaltungen, die Indianer, die Ponies, die Packratten, die einem die Zahnbürste stibitzten und an ihrer Stelle einen Zweig deponierten, die erotischen Wandmalereien von Lawrence und sogar seine Asche und Erinnerungsstücke in einem modrigen Anbau. Aber länger als eine Woche konnte Lenny die extreme Abgeschiedenheit und das unzureichende Klavier nicht ertragen. Wir überließen den betrübten Spender den Lawrencerelikten und den Packratten und fuhren gen Norden nach Sheridan, Wyoming, wohin uns einer der Studenten aus Tanglewood eingeladen hatte, um einige Zeit auf der Rinderfarm seiner Eltern zu verbringen. Wir stürzten uns in das anstrengende Leben in Wyoming, wo wir tatsächlich von morgens bis zum Dunkelwerden als Tagelöhner auf der Ranch arbeiteten und am Abend mit den heimischen Cowboys in der Stadt Bier tranken. Es war für uns beide etwas völlig Neues – wahrhaftig ein »reiner Kontrapunkt« zu Stephen Spender –, aber bald hieß es zurück nach Osten. Für mich begann mein letztes Jahr im Gymnasium, und für Lenny das sechste Jahr eines wachsenden Ruhms. Ich fand, ich war ein Glückspilz.

Nach dem Gymnasium kam Dartmouth College, und im Sommer 1950, zwischen dem zweiten und dritten Semester an der Universität, forderte Lenny meine Schwester und mich auf, ihm im Anschluß an Tanglewood auf einer längeren Europatournee Gesellschaft zu leisten. Shirley stand kurz vor dem Wechsel in eine neue Tätigkeit und hatte Zeit, und ich sagte kurzerhand eine Reise ab, die ich mit einem Freund quer durch Amerika per Anhalter geplant hatte. Von dem Augenblick an, in dem wir uns im Flugzeug nach Paris angeschnallt hatten, fielen wir drei zurück in unser altes, kindisches, rybernisches Gehabe. Die vertrauten Späße und Anspielungen, das unbeherrschte Gekicher und irre Lachen, das kindliche Glücksgefühl der Freude aneinander machten sich hemmungslos Luft, gleichgültig wie viele Augenbrauen erstaunt hochgezogen wurden. Für die Europäer war es sicher schon schwierig genug, einen burschikosen, jungen amerikanischen Dirigenten richtig einzuschätzen, der ohne Taktstock dirigierte und sich auf dem Podium wie ein Athlet bewegte; aber einen zu verstehen, der mit seinen Geschwistern, die noch nicht trocken hinter den

Ohren waren, gemeinsame Sache machte, war ihnen absolut unmöglich. Waren wir vulgäre Amerikaner, aufdringliche Juden? Uns scherte es nicht. Während der ganzen Tournee schien es nur drei Menschen auf der Welt zu geben, und dieses privilegierte Trio waren wir.

Nichts als ausgelassene Späße im Kopf, fuhren wir unbekümmert durch Frankreich, England, Schottland, Holland, Westdeutschland und Irland. In Paris, wo wir am längsten blieben, war Lenny für jedermann der »chef d'orchestre distingué«, und für Shirley und mich war es eine unerschöpfliche Quelle des Vergnügens, daß der »chef« – unser ureigenster Lennuhtt – zur Seite Rybernisches murmelte, sogar dann, wenn eine überaus vornehme Comtesse ihm gerade ihre Bewunderung ausdrückte. Wir konnten es nicht abwarten, uns von eleganten Empfängen und Ausflügen zu kulturellen Sehenswürdigkeiten zu absentieren, um in unserem Hotelzimmer ungehemmt Quatsch zu machen und, vor allem, ausgiebig Canasta zu spielen. Canasta – laut, ausgelassen, geradezu manisch spielten wir Canasta –, wir waren während der Tournee besessen davon. Wir spielten nicht nur in unseren Hotelzimmern, sondern in jedem abgeschirmten Winkel, wo immer er sich befand: im Flugzeug, in der Eisenbahn, in der Künstlergarderobe während der Pause, in Warteräumen, Hotelhallen und einmal sogar in einem Taxi, in dem wir durch Irland fuhren – die Kombinationen und die gemischten Kartenhäufchen auf dem Schoß balancierend, in die Polsterritzen oder hinter die Taxigebührenkarte oder die Kleiderhaken gestopft, während der Fahrer uns im Rückspiegel mißtrauisch beobachtete. Der Gipfel unserer Besessenheit (und Ungezogenheit) war vielleicht unser Aufenthalt in einem Schloß in Donegal. Inmitten einer Gesellschaft von britischen Adligen, Künstlern und einem ehrerbietigen Gesinde von Jägern, Dienern, Dienstmädchen, Putzfrauen und einem älteren Butler namens Whiteside benahmen wir uns, als wären wir in unserem Wohnzimmer in Sharon. Wir befanden auf den ersten Blick, daß Whiteside der Originalbutler sei, wie er im Buche steht, und tauften ihn sofort in Nightshade um. Im Grunde war er ein netter Mann, der uns während unserer aufregenden Canasta-Turniere mit Tee und Gebäck versorgte.

Irland war meine letzte Station. Lenny und Shirley fuhren weiter nach Italien und Israel, ich wäre verzweifelt gern mit ihnen zusammen geblieben, aber ich war schon fast zu spät daran für den Beginn meines zweiten Universitätsjahres. Sie brachten mich zum Flugplatz nach Shannon; es war ein kummervoller Abschied. Zwar hatten wir die Sache der amerikanischen Kultur nicht sehr gefördert, aber wir hatten eine unbeschreiblich schöne Zeit miteinander verlebt. Es war ein letztes Ausleben unserer rybernischen Kindheit, unseres Kindbleibenwollens. Wir alle drei wußten – insbesondere der »chef d'orchestre distingué«, der zweiunddreißigjährige Lenny –, daß wir früher oder später endgültig erwachsen werden mußten und daß es nie wieder so sein würde, wie es gewesen war.

Heiraten und Kinder bekommen – auch das gehört zum »Erwachsen«,-werden. Mit diesem Ziel vor Augen hatte Lenny 1951 die Verbindung zu Felicia wieder aufgenommen. Im Grunde waren beide davon überzeugt, im anderen den einzig möglichen Ehepartner gefunden zu haben. Im Juli des gleichen Jahres wurde in Tanglewood die Verlobung bekanntgegeben, zum zweiten Mal innerhalb von fünf Jahren. Im September wurden sie im Tempel Mischkan Tefila von zwei Rabbinern getraut. Die Zeremonie und der anschließende Empfang in unserem Haus in Brookline waren gleichermaßen steif und ausgelassen. Felicia war vor ihrer Hochzeit zum jüdischen Glauben übergetreten – was ihre Mutter fast um den Verstand brachte. Und auch Lenny und Felicia waren diesem Zustand gefährlich nahe, als die Zeugen ihrer jeweiligen Vergangenheit in bunter Mischung auf der Bildfläche erschienen: einige Chilenen, Abe und Annie Miller, Freunde aus dem Showgeschäft, Sams Geschäftsfreunde und seine Kumpane aus Sharon, die Resnicks, eine überwältigte Großmutter Dina, die für diesen Tag Urlaub von ihrem jüdischen Altersheim bekommen hatte (für Dina war das Ereignis ein weiterer Beweis dafür, daß in Amerika alles total verrückt war). Sam und Jennie hatten sich überwinden müssen, aber dann hatten sie Felicia und ihre Herkunft akzeptiert. Schließlich gaben die zu erwartenden häuslichen *Naches* den Ausschlag; Lenny hatte eine Frau und – wenn Gott es wollte – würden bald Enkelkinder kommen. Sie waren dankbar und gerührt.

Die Enkel ließen nicht lange auf sich warten – im Jahre 1952 wurde eine Tochter, Jamie, geboren, im Jahre 1955 ein Sohn, Alexander Serge (in Umkehrung der Vornamen von Serge Alexandrowitsch Koussewitzkys), und im Jahre 1962 noch ein Mädchen, Nina. Sam und Jennie waren glücklich über diese sozusagen alltäglicheren Familienfreuden; mit Vorliebe pflegten sie zu sagen, daß Lennys Erfolg ihnen nichts bedeute im Vergleich zu einem Lächeln seiner Tochter Jamie, und das war sicherlich die Wahrheit.

Nach wie vor mißbilligten sie die Tatsache, daß Shirley allein lebte, aber als ich im Jahre 1960 heiratete und ihnen zwei weitere Enkel bescherte, Karen und Michael, war ihr Hunger auf *Naches* fast gestillt. Fast.

So wie Sam und Jennie nie ganz die Hoffnung aufgaben, daß Shirley mit »einem netten jungen Mann seßhaft« würde, so hofften sie unerschütterlich darauf, daß ich das Familienunternehmen weiterführen würde, obwohl ich sehr deutlich gesagt hatte, daß ich keinerlei Absicht in dieser Richtung hätte. Ich war inzwischen zu der Überzeugung gelangt, daß ich wohl besser Schriftsteller und nicht Pilot würde. An der Hochschule für Journalismus der Columbia Universität festigte sich diese Überzeugung. Um schnell voranzukommen, entschloß ich mich, meine Wehrpflicht zwei Jahre lang im Heeresdienst abzuleisten, statt mich für vier Jahre der Air Force zu verpflichten, obgleich dies die Erfüllung meines alten Traumes gewesen wäre. Als mein erstes Buch erschien, begriff Sam endlich, daß es keinen Erben für sein Geschäft geben würde. Dieses Geschäft galt zu der Zeit bereits als ein alteingesessenes Bostoner Handelsunternehmen; es war ein hart erkämpfter Teil seiner selbst, war eigentlich sein viertes Kind – und nun fast zur Waise geworden. Eines Tages würde es von einem Fremden adoptiert werden. Diese Erkenntnis traf ihn mitten ins Herz. Das Geschäft mit Kosmetikartikeln hatte seinen drei Kindern ein Leben in guten Verhältnissen ermöglicht, aber alle drei hatten ihm den Rücken gekehrt. Undankbare Kinder.

Als die Atmosphäre des Kalten Krieges in den fünfziger Jahren die Welt langsam vereiste, wurden die Briefe von unseren Verwandten aus Rußland seltener und blieben schließlich ganz aus. Onkel Schlomo/Semjon hatte schon seit längerer Zeit nicht mehr an Sam direkt geschrieben, sondern seine steif formulierten Grüße über die Briefe unseres Vetters Mikhael übermittelt. (Umgekehrt übermittelte Sam seine steif formulierten Grüße an seinen Bruder in seinen Briefen an Mikhael.) Aber als gegen Ende der fünfziger Jahre Nikita Chruschtschow an die Macht gelangte und mit ihm die Politik der friedlichen Koexistenz, tauten die Beziehungen zwischen Amerika und der Sowjetunion soweit auf, daß ein kultureller Austausch und die Eröffnung einer amerikanischen Ausstellung in Moskau möglich wurden. Im Zuge des von Präsident Eisenhower geförderten Sonderprogramms zur Darstellung amerikanischer Kulturinstitutionen im Ausland war das New York Philharmonic Orchestra dazu ausersehen, im Sommer und Frühherbst 1959 eine ausgedehnte Tournee durch den Vorderen Orient und Europa zu unternehmen, unter Einbeziehung einiger Länder hinter dem Eisernen Vorhang. Lenny war im Herbst 1958 zum Music Director des Orchesters ernannt worden und freute sich besonders auf die Konzerte in Rußland. Die Vorstellung, das Land seiner Vorfahren als hochgeachteter amerikanischer Chefdirigent eines renommierten amerikanischen Orchesters zu betreten, schien ihm fast wie die Vorlage für einen historischen Roman. Wenn er Sam überreden konnte, ihn nach Rußland zu begleiten, und er ihn dort mit seinem Bruder Schlomo, den er über fünfzig Jahre nicht gesehen hatte, und mit seinem Neffen Mikhael, den er nicht kannte, zusammenbringen konnte, wäre das wohl der Inbegriff einer Familiensaga. Zwei Brüder, die sich den beiden am stärksten divergierenden politischen Strömungen des zwanzigsten Jahrhunderts angeschlossen und es zu etwas gebracht hatten, konnten sich in vorgerücktem Alter durch Vermittlung eines Sohnes und Neffen, eines weltberühmten Musikers, wiedersehen. Die Symbolkraft einer solchen pasternakhaften Fabel in einer Zeit der wachsenden Hoffnung auf Frieden und Verständigung zwischen zwei verschiedenen Weltanschauungen war unwiderstehlich.

Sobald Lenny diesen schicksalsträchtigen Gedanken gefaßt hatte, kurbelte er den Mechanismus an, um ihn Wirklichkeit werden zu lassen. Als erstes mußte er Sam davon überzeugen, daß eine Reise nach Rußland die Erfüllung seines Lebens bedeute. (Jennie wollte an diesem Abenteuer nicht teilhaben; sie verabscheute lange Reisen und hatte nicht den leisesten Wunsch, Rußland wiederzusehen.) Als Lenny die Einladung überbrachte, bat Sam ihn, einige Tage darüber nachdenken zu dürfen. Er war von widerstreitenden Gefühlen hin- und hergerissen. Viele Tage lang lief er im Brookliner Wohnzimmer auf und ab und dachte nach. Hatte er den Wunsch, als Besucher das Land wiederzusehen, aus dem er geflohen war? Ja und nein. Würde er in der Lage sein, den Kummer zu ertragen, der ihn überfallen mußte beim Anblick der zerstörten Kultur seiner

Jugendjahre? Vielleicht, vielleicht auch nicht. Würde die Erschütterung über das Wiedersehen mit seinem Bruder zu viel für ihn sein? Vielleicht. Nach ein paar unentschiedenen Telefongesprächen gab er schließlich zögernd seine Zustimmung. Durch Einschaltung des State Department, das die Tournee des Philharmonic Orchestra organisiert hatte, bekam Sam ein sowjetisches Besuchervisum – nicht so einfach für jemanden, der in Rußland geboren und im Jahre 1908 heimlich über die Grenze gegangen war. Am 19. August sollte Sam zunächst nach Paris fliegen und von dort einen Anschlußflug nach Moskau nehmen.

Schwierig waren auch die Vorbereitungen am anderen Ende. Sowjetische Bürger brauchten für Reisen im eigenen Land eine Genehmigung. Im Jahre 1959 lebte Schlomo als pensionierter Bergwerksingenieur in Nowosibirsk im Süden Zentralsibiriens; Mikhael lebte und arbeitete in Dnjepropetrowsk in der Ukraine. Man konnte sie nicht einfach benachrichtigen, daß ihre amerikanischen Verwandten nach Moskau kämen und sie bäten, ins Hotel Ukraina zu kommen, um sie zu sehen. Eine Regierungsgenehmigung und gültige Pässe für Inlandsreisen waren erforderlich. Wieder war es das State Department, das mit Erfolg den richtigen Druck auf die richtige Stelle ausübte. Lenny bekam die Zusicherung, daß Schlomo Bernstein und Mikhael Zwainbom die Genehmigung für eine Reise nach Moskau erhalten würden. Dann, Anfang August, kurz vor Lennys Abflug nach Griechenland, wo die Tournee begann, kam ein Anruf von Sam. »Ich kann nicht reisen«, sagte er. »Ich ertrage es nicht.« Lenny hatte Verständnis. Wahrscheinlich war die seelische Belastung wirklich zu groß. Sam hatte »kalte Schultern« bekommen, wie er zu sagen pflegte.

Von Anfang an war die Tournee der Philharmoniker ein Triumph und erfüllte ihre kulturelle und völkerverbindende Mission auf das schönste. Lenny und Felicia schickten mir Postkarten und Briefe von den ersten Stationen in Griechenland, der Türkei, Österreich und Polen und beschrieben die überwältigenden Ovationen des Konzertpublikums, das bis zur Entnervung der Mitwirkenden ständig Zugaben verlangte. Aber alles das verblaßte im Vergleich zu dem Empfang, der dem Orchester in Rußland bereitet wurde. Es schien, als habe das ganze Land auf die Ankunft der Amerikaner gewartet. Und inmitten dieser freundlichen Menge, die Lenny herzlich begrüßte, waren zwei Männer, die sich als Onkel Schlomo und Vetter Mikhael zu erkennen gaben.

Sie erschienen im Hotel Ukraina in schlechtsitzenden Anzügen und mit schüchternem Lächeln. »Von Schlomo ist mir am deutlichsten sein Gebiß aus rostfreiem Stahl im Gedächtnis geblieben«, erzählte Lenny. »Welch ein Anblick! Er war groß und muskulös, ein ganz anderer Typ als Sam. Sehr sympathisch – lächelnd, freundlich. Aber diese Zähne! Er sah aus wie ein robuster russischer Bauer, als Typ Chruschtschow nicht unähnlich. Ich fand es aufregend, daß es innerhalb unserer Familie solche Verschiedenheiten gab – mir war, als begegnete ich plötzlich dem sagenumwobenen Bezalel, dem riesenhaften Grobschmied – unserem Urgroßvater. Schlomo war anders als alle Familienmitglieder, denen ich bisher begegnet war. Wir umarmten uns, und ich versuchte mit den wenigen russischen Brocken, die ich aufgeschnappt hatte, ein Gespräch zu führen, aber es mißlang. Schließlich kam ein Dolmetscher. Doch trotz seiner Hilfe wußte Schlomo wenig zu sagen. Ich fragte ihn nach seiner Familie, nach seiner Arbeit, warum er nicht wie Sam nach Amerika gegangen sei. Er antwortete, daß er pensioniert sei und daß es ihm und seiner Frau in Nowosibirsk gut gehe. Er hatte nur Gutes über sein Leben in Rußland zu berichten – alles war ›bestens‹. Offenbar war er dort, wo er war, wirklich zufrieden. Dem alten *Stetl,* in dem Sam und er aufgewachsen waren, hatte auch er entfliehen wollen, aber nicht, um nach Amerika zu gehen. Das neue Rußland hatte ihn gelockt. Er habe keine Neigung zum Gelehrten, sagte er, am allerwenigsten zur jüdischen Gelehrsamkeit. Tatsächlich hatte er nichts Jüdisches an sich. Ganz anders Mikhael, der zierlich war und nach dem Malamudschen Teil der Familie schlug. Mikhael konnte jiddisch sprechen und äußerte einige Klagen. Er war empfindsam. Sein Leben in Dnjepropetrowsk sei schwierig; er könne seinen jüdischen Glauben dort nicht ausüben. Ich glaube, er hatte im tiefsten Innern den Wunsch, nach Israel auszuwandern. Mikhael rührte mich, aber mit Schlomo bekam ich kaum Kontakt, er hatte mir nichts von Belang zu sagen. Also erzählte ich von Tante Clara, von seinen verstorbenen Eltern, von Amerika – aber immer nur oberflächlich, nichts Wesentliches, wie von Claras Ehen oder ähnlichem. Er war eigentlich nicht wirklich neugierig auf Mitteilungen über seine Familie. Schließlich versuchte ich mir vorzustellen, wie Sam reagiert hätte, wenn er hier dabeigewesen wäre. Ich kam zu dem Schluß, daß Sam mit Schlomo zusammentreffen mußte, sie sollten sich noch einmal sehen. Schließlich stand sein von ihm seit langem getrennter

Bruder hier vor mir in Fleisch und Blut, zum Donnerwetter, hier in meiner Suite im Hotel Ukraina!«

Wirklich allerbeste Beziehungen waren vonnöten, um Sam jetzt in so kurzer Zeit nach Moskau zu holen. Weil er das Visum und die Flugreservierung storniert hatte, war es schwierig, beides schnell neu zu beschaffen. Die Russen hegten Mißtrauen und verweigerten zunächst ihre Zustimmung. Eine höhere Stelle mußte eingreifen, und Lenny wandte sich ausgerechnet an Vizepräsident Richard Nixon. Lenny war Nixon im Jahr zuvor in Südamerika begegnet, wohin beide zufällig gleichzeitig eine Besuchsreise machten. Lennys Gastspiele lösten großen Jubel aus, während Nixons Auftritte gelegentlich durch Steinhagel gestört wurden. (Nixons Intervention zugunsten Sams ist deshalb besonders pikant, weil Lennys Name zehn Jahre später auf Nixons berüchtigter »Enemies List« aufgeführt war.) Aber Nixons Eingreifen tat seine Wirkung, und Sam flog am achten September mit einem neuen Visum von Boston nach Paris.

Auf dem Flughafen Orly, wo Sam das Flugzeug nach Moskau bestieg, lief er Robert Saudek in die Arme, einem Fernsehproduzenten, der ebenfalls auf dem Weg nach Moskau war, um eine Fernsehreportage über Lenny und die New Yorker Philharmoniker zu drehen. »Wir saßen zusammen in diesem russischen Flugzeug«, erinnerte sich Saudek. »Es sah aus wie in einem Autobus im Jahre 1900: Hängematten aus Schnur über unseren Köpfen, die für Handgepäck bestimmt waren, viel Messing überall und der Boden bedeckt mit abgewetzten Teppichen. Sam war sehr aufgeregt, sehr angespannt und sehr gesprächig. Er erzählte, daß er vor seiner Abreise in Boston ein reichliches Frühstück zu sich genommen habe, dann hatte man ihm auf dem Flug nach Paris wieder ein üppiges Frühstück serviert und danach ein Mittagessen, und kurz nach unserem Abflug nach Moskau offerierte man uns ein opulentes russisches Bankett. ›Ich muß ihnen wohl den Gefallen tun zu essen, wenn sie es mir anbieten‹, sagte Sam, ›und ich werde ihnen weiter den Gefallen tun.‹ Er war mehr als satt, aber er wollte nicht ablehnen – aus Nervosität, wie ich annehme. Er vertraute mir an, wie sehr er sich fürchte, nach Rußland zurückzukehren. Er hatte große Vorbehalte hinsichtlich dessen, was ihn erwartete – das Treffen mit seinem Bruder und seinem Neffen. Seine Stimme zitterte, als er darüber sprach. Er ließ keinerlei Anzeichen von Heimweh oder aufgeregter Neugier erkennen – nur eine Art Angst. Gelegentlich gebärdete er sich wie ein Superpatriot, indem er davon redete, was Amerika alles für ihn getan hatte und was er Amerika verdanke und wie schrecklich es in Rußland sei. Als wir in Moskau zur Landung ansetzten, bekam er fast einen Herzanfall. Felicia und Lenny waren am Flughafen, um ihn abzuholen, und eine von Lennys ersten Fragen war: ›Möchtest du etwas essen?‹ ›Nein!‹ schrie Sam.«

Ich bekam in New York eine Postkarte, datiert vom neunten September. »Kam gesund und munter an, Lenny und Felicia am Flugplatz. Werde wie Fürstlichkeit behandelt. Wodka ist hier mein normales Getränk. Finde ich herrlich. Alles Liebe, Dad.« Aber kein Wort über Schlomo und Mikhael, den eigentlichen Anlaß seiner angstvollen Reise. Und in einem Brief an meine Mutter erwähnte er sie nur beiläufig. »Viele Grüße von meinem Bruder und meinem Neffen«, schrieb er an den unteren Rand des Briefes. Jennie, Shirley und ich, die wir zu Hause die Fahne hochhielten und darauf warteten, dramatische Einzelheiten von der großen Wiederbegegnung zu hören, waren verwirrt. Was ging dort drüben eigentlich vor?

Es hatte, wie später herauskam, eine riesige Enttäuschung gegeben. Endlich hatte man die beiden Brüder zusammengeführt. Sie umarmten einander unbeholfen, mit feuchten Augen, und dann – nach Lennys Schilderung – »hatten sie sich nichts zu sagen«. Nichts. »Natürlich gab es eine Sprachbarriere«, erzählte Lenny, »aber trotz der Hilfe eines Dolmetschers sprachen sie kaum miteinander. Ich mußte weg, zu einer Probe, daher konnte ich dem Wiedersehen nicht länger beiwohnen, aber ich fand sie sehr scheu, so als ob sie voreinander Angst hätten. Mit Mikhael und Sam ging es aber offenbar gut. Sie unterhielten sich lange Zeit in Jiddisch, Sam und Schlomo aber hatten keinerlei Gemeinsamkeiten.« Die unerwartet frostige Atmosphäre zwischen den Brüdern war für Lenny eine große Enttäuschung, aber Hans Tuch, damals Kulturattaché an der amerikanischen Botschaft in Moskau, war durchaus nicht überrascht. »Lenny sprach immer wieder davon, wie fremd sich die Brüder waren«, erinnerte sich Tuch. »Er grübelte viel darüber nach. Aber der Abstand zwischen zwei Menschen aus gegensätzlichen Kulturkreisen kann manchmal nicht überbrückt werden, selbst wenn es sich um leibliche Brüder handelt. Es war dasselbe, was George Balanchine erlebte, als er seinen Bruder, der in Rußland geblieben war, nach vielen Jahren wiedersah.« Robert Saudek und seine Mitarbeiterin Mary Ahern waren bei einem Essen im Speisesaal des Hotels Ukraina Zeuge der Fremdheit zwischen den Brüdern. »Erst als der Bruder uns seinen russischen Inlandspaß zeigte, der den Stempel ›Jude‹ trug, kam eine richtige Unterhaltung zustande«, berichtete Mary Ahern. »Sam und Lenny waren tief betroffen. Ich erinnere mich an Lennys Worte ›Was wäre wohl aus mir geworden, wenn ich hier aufgewachsen wäre?‹«

Nach ein paar Tagen in Moskau wandte sich Sams Interesse mehr Lennys Konzerten zu als seinen Verwandten. Außerdem war es Felicia gelungen, den in Ungnade gefallenen Nobelpreisträger Boris Pasternak in seinem Dorf außerhalb Moskaus aufzuspüren. Sie brachte Pasternak und Lenny zusammen und sorgte für einen Skandal, der ganz Rußland empörte, weil sie den Autor zu einem Konzert einlud. Irgendwie geriet der historische Roman in den Schatten des Autors historischer Romane. Als der 12. September herankam, der Tag, an dem die Amerikaner Moskau verlassen sollten, fragte Lenny seinen Vater, ob er sein Visum verlängern lassen wolle, um noch mit seinen Verwandten zusammen zu sein und mehr von der Stadt zu sehen. Ohne einen Augenblick zu zögern, lehnte Sam ab. »Schon ehe ich hier ankam, hatte ich von Rußland genug für den Rest meines Lebens«, sagte er. Er konnte es kaum erwarten, das Land zu verlassen.

Kurz nach seiner Rückkehr rief ich meinen Vater in Boston an und erkundigte mich nach seinen Erlebnissen. »Wie war das Wiedersehen mit deinem Bruder?« »Also, wir gingen in Lennys Konzert und auf den Roten Platz, und ich habe photographiert«, antwortete Sam. »Die Frau meines Neffen und ihr Sohn kamen einen Tag zu Besuch.« »Ist das alles?« »Das ist alles«, sagte er. »Ich bin sehr erschöpft. Du wirst sie auf den Photos sehen, die ich gemacht habe.«

Zu seinem 75. Geburtstag, im Jahre 1967, bekam Sam zwei Briefe, je einen von Schlomo und Mikhael, in einem gemeinsamen Umschlag. Die Briefe enthielten Grüße und gute Wünsche für Sam und seine Familie und nur wenige Andeutungen über ihr Leben in Rußland. Mikhael schrieb: »Von uns gibt es nichts Neues zu berichten, es sei denn, daß wir älter geworden sind. Unser Sohn steht bereits auf eigenen Füßen. Wir finden, er ist ein wohlgeratener junger Mann.« Und Schlomo schrieb: »Hier ist alles beim alten, nur unsere Gesundheit wird immer schlechter. Das Herz will nicht mehr wie früher.«

Später im Jahr kam noch ein Brief von Mikhael:

»Lieber Onkel und Familie, Schalom!

Ich habe Deinen Brief erhalten und danke Dir sehr dafür. Wir freuen uns, daß es Euch allen gut geht. Zu Deinem fünfzigsten Hochzeitstag wünsche ich Dir viele *Naches* von Kindern und Enkelkindern.

Vor einigen Tagen erhielt ich einen Brief von Onkel Schlomo, in dem er mich bittet, Euch Grüße und gute Wünsche auszurichten.

Bei uns stehen die Dinge Gott sei Dank nicht schlecht. Damit schließe ich. Wir freuen uns auf Deine Briefe.

Sei herzlichst gegrüßt und geküßt von

Deinem Mikhael und Lena

Grüße von unserem Sohn.«

Das war die letzte Nachricht aus Rußland bis 1981. Zwei Jahre lang hatte ich versucht, über jede nur denkbare Institution in Verbindung mit einem noch lebenden Verwandten in der Sowjetunion zu kommen: über das State Department, über die russische Botschaft in Washington, über das Internationale Rote Kreuz; sogar eine quasi private Moskauer Anwaltskanzlei mit Namen Jurkollegia konnte nicht helfen. Meine sowjetischen Rechtsberater schlugen als letztes Mittel vor, eine Suchanzeige in die überregionale Ausgabe der ›Istwestija‹ einzurücken, in der ich Schlomo/Semjon Bernstein und Mikhael Zwainbom bitten würde, sich zu melden. Zu meiner Überraschung reagierten beide auf die Anzeige. Ich schickte daraufhin ein Telegramm an Mikhael mit Grüßen und vielen biographischen Fragen. Und wieder war ich überrascht, einen langen, herzlichen Antwortbrief zu bekommen. Mikhael schrieb, daß seine Tätigkeit als Vulkaniseur in einer chemischen Fabrik in Dnjepropetrowsk es ihm ermöglicht habe, schon 1976, im Alter von nur fünfundfünfzig Jahren, in Pension zu gehen, daß er aber noch immer leichtere Arbeiten ausführe. Im Jahre 1977 habe er einen Herzanfall gehabt, aber jetzt sei seine Verfassung wieder ziemlich gut. Seine Frau Lena sei jedoch 1980 gestorben – »mein zweiter großer Verlust nach dem Tod meiner Eltern und Brüder«. Sein Sohn Alexander sei Telemechanik-Ingenieur. Er habe 1974 eine Frau namens Sonja geheiratet, die auch Ingenieur sei, sie hätten zwei Kinder – eine Tochter, Lena, und einen Sohn, Igor.

Was Schlomo betraf (Mikhael schreibt von ihm als von »Onkel Seme«), so wurde er 1955 im Alter von fünfzig Jahren pensioniert, danach beschäftigte er sich als Gärtner auf einem kleinen Stück Land in Nowosibirsk. Nach dem Tod seiner Frau Fanny, die 1979 starb, lebte er in einer kleinen Wohnung in

Alma-Ata nahe der chinesischen Grenze. »Er ist krank«, schrieb Mikhael. »Das letzte Mal habe ich ihn im Jahre 1974 gesehen, als er uns besuchte.« Schlomos Sohn, der auch Alexander heißt, ist Bauingenieur, und ein Enkel ist Student an einer Moskauer Hochschule.

»Im Jahre 1959 trafen Onkel Seme, meine Frau, mein Kind und ich in Moskau mit Onkel Samuel und mit Leonard zusammen. Dieses Treffen ist unvergeßlich. Der Tag ist mir in allen Einzelheiten noch frisch in Erinnerung, er war einer der glücklichsten Tage meines Lebens.

Und ich begegne Leonard weiterhin, auch aus der Ferne, durch seine Musik, die sich durch den ganzen Film ›West Side Story‹ zieht. Unsere Weltmeister im Eiskunstlauf, Rodnina und Zaitsew, liefen ihre Kür zu der Musik von Leonard. Ein Sonntagsprogramm im Fernsehen, ›Musikkiosk‹, widmete eine Sendung der Musik von Leonard. All das macht mich stolz auf meinen Vetter Leonard.

Ich wünsche Dir Gesundheit, Glück und alles Gute. Bitte schreibe mir alle Einzelheiten Deines Lebens und des Lebens Deiner Verwandten. Es wäre schön, wenn wir uns kennenlernen könnten ... Mein Sohn, seine Familie und Onkel Seme senden herzliche Grüße.

Ich umarme und küsse Dich.

Dein Mikhael«

Bei jenem Festbankett zu seinen Ehren am 7. Januar 1962 im Sheraton Plaza Hotel in Boston wurde Sam von äußerst zwiespältigen Gefühlen bewegt, wie man deutlich auf dem Gruppenbild der Familie erkennt, das kurz vorher aufgenommen wurde: er wurde von Amtsträgern, Freunden und Verwandten aus Anlaß seines siebzigsten Geburtstags und wegen seiner wohltätigen Werke gefeiert, und er war, wie Jennie es ausdrückte, »im siebten Himmel«. Andererseits hatte er das biblische Alter erreicht, und seiner Vorstellung nach war von nun an jeder Augenblick, den er noch erlebte, von Gott geborgte Zeit. Mit ängstlicher Miene, in der sich Freude mit Furcht mischten, genoß und erlitt er das lange Programm – die Nationalhymne, gespielt von einer kleinen Combo von *Klesmern* (es gab eine Zeit, in der er befürchtet hatte, daß sein ältester Sohn in einer solchen Gruppe halb verhungerter, klinkenputzender Musiker enden würde), die Anrufung Gottes, das Tischgebet, das Menu mit dem obligaten Hühnergericht, die Grußadressen des Bürgermeisters, des Generalstaatsanwaltes, des Obersten Rabbis der Boston Lubavitsch *Jeschiwa*, und schließlich die angekündigten »Anmerkungen« verschiedener Verwandter und Freunde.

Trotz einer heftigen Grippe hatte ich tags zuvor meine »Anmerkungen« zu Papier gebracht. Es war eine schwere Aufgabe. Wie hält man eine Lobrede auf den eigenen Vater, auf den Mann, den man in- und auswendig kennt? Was kann man sagen außer Banalitäten? Das, was ich unter dem Einfluß hohen Fiebers schrieb und dann vortrug, war, im Auszug, folgendes:

»Nicht viele der hier Anwesenden können behaupten, Samuel J. Bernstein dreißig Jahre lang zu kennen. Ich kenne ihn so lange – aus einem ziemlich engen Verhältnis –, und ich darf sagen, daß es eine absolut beglückende und sich lohnende Erfahrung war und ist. Ich meine das nicht scherzhaft. Nur wenige Söhne haben einen Vater, der sie mit so vielen bezaubernden Überraschungen und Zeichen von Güte, so vielen Augenblikken der Wahrheit und Unbestechlichkeit, so vielen geistigen und materiellen Gaben beschenkt.

Diejenigen unter Ihnen, die ihn noch nicht lange kennen, denken wahrscheinlich in erster Linie an den erfolgreichen Geschäftsmann, der nebenbei ein paar wohltätige Institutionen unterstützt – an einen Mann, der den klassischen amerikanischen Traum in der besten Horatio-Alger-Tradition wahrgemacht hat, der es von den schmutzigen Heringsfässern des Fulton Fischmarkts zu einer angesehenen Stellung innerhalb der Bostoner Kaufmannschaft und seiner religiösen Gemeinde gebracht hat. Also, so ähnlich dachte ich auch bis zu einem bestimmten Tag – als ich ungefähr acht Jahre alt war. Wir spielten auf dem Grundstück unseres alten Sommerhauses in Sharon ein ziemlich simples, aber sein liebstes Spiel, ›Stockwerfen‹, als es plötzlich anfing zu regnen. Wir suchten Zuflucht unter einer riesigen Eiche, und im nächsten Augenblick begann mein Vater eine recht anspruchsvolle Unterhaltung mit mir über einen kniffligen Punkt der talmudischen Logik, ganz so, als ob er mit einem geistig Ebenbürtigen spräche. Ich lehnte mich an den Baum, verwirrt und hingerissen – nicht nur wegen der geistigen Anstrengung, sondern wegen der Art, in der mein Vater fortfuhr, den Reichtum seines philosophischen Wissens zu verströmen, obgleich seine Zuhörer nur ein sehr durchschnittlicher Achtjähriger und eine Eiche waren. Ehrlich gesagt, verstand ich nur jedes fünfte Wort, aber darum geht es nicht. Es geht darum, daß ich eine der seltensten Gaben empfangen durfte, die es für ein Kind gibt – Belehrungen zu erhalten von jemandem, dem es eine wirkliche Herzenssache ist zu lehren.

Als ich älter wurde, trat diese didaktische Begabung meines Vaters immer häufiger und ausführlicher zu Tage. Ich fing an, ihm Fragen zu stellen und schließlich sogar mit ihm zu diskutieren, so wie es ein Student mit seinem Lieblingsprofessor tut. Dann kam ein Tag, an dem mir bestürzend klar wurde, daß Samuel J. Bernstein seinen Beruf verfehlt hatte. Er war nicht einfach ein Geschäftsmann – wenn auch ein guter –, er war ein Gelehrter. Ein Lehrer ohne Schule. Ein Mann mit einem unendlichen Wissensfundus und von großer Urteilskraft, dessen höchste Freude es ist, diesen Besitz mit anderen zu teilen, und dies um so mehr, als er ein angeborenes Talent dafür besitzt ... Einem so ungewöhnlichen Mann muß man Ehrerbietung erweisen, und genau das ist der Grund, weshalb wir heute abend hier versammelt sind. Und als immer noch verwirrter, aber hingerissener Sohn, möchte ich meinem Vater in dieser festlichen Stunde sagen: ›Danke und Happy Birthday‹.«

Shirley war gleichfalls gebeten worden, zu Ehren ihres Vaters zu sprechen, und obwohl wir uns vorher nicht verständigt hatten über das, was wir sagen wollten, spielte auch sie auf die gleiche Eigenschaft Sams an – auf seine Freude am Lernen und Unterrichten. Dann war Lenny an der Reihe. Und wiederum bezogen sich seine Worte – ebenfalls ganz ohne vorherige Absprache – auf Sams didaktische Fähigkeiten. »Das größte Geschenk, das mir mein Vater gemacht hat, ist, daß er mir die Freude am Lernen beibrachte«, sagte Lenny. »Er machte es seinen Kindern unmöglich, Lernen *nicht* zu lieben.« Als besondere Ehrengabe spielte Lenny ein Stück, das er für diese Feier geschrieben hatte und das er betitelte: »Betrachtung über ein frommes Thema, das mein Vater vor dreißig Jahren unter der Dusche sang.« Die Weise unter der Dusche war ein chassidisches Liedchen, das Sam liebte, und Lenny erzählte, daß er vor dreißig Jahren Variationen über dieses Thema »im Stil der großen Meisterkomponisten« aufgeführt hatte als einen seiner musikalischen Späße, die er bei einem Mischkan Tefila Bruderschaftsessen zur Unterhaltung spielte. »Heute abend spiele ich das Thema zu Ehren meines Vaters in meinem eigenen Stil«, sagte er. Der solcherart geehrte Vater war sichtlich von dieser Aufführung mehr als von allem anderen bewegt. In seiner Erwiderung sagte Sam, daß er ein glückliches Leben gehabt habe, weil seine Familienmitglieder sich gegenseitig liebten. Und das war wahr. Eine trotz aller Widrigkeiten verläßliche Liebe war immer vorhanden. Die Familie war stärker als die Summe ihrer unzuverlässigen Einzelmitglieder.

Wie Sam es vorhergesehen hatte, verschlechterte sich sein Gesundheitszustand nach seinem siebzigsten Geburtstag. Auf Durchblutungsstörungen in den Beinen folgten Herzschmerzen, und die dagegen verschriebenen Medikamente brachten seinen Magen und sein physisches Gleichgewicht in Unordnung. Um das Maß voll zu machen, wurde er von Angst- und Depressionszuständen befallen, die seinen körperlichen Zustand verschlimmerten. Wochenlang ging er nicht ins Büro und begann, über den Verkauf des Geschäftes zu verhandeln. Wann immer ich ihn besuchte, sagte er: »Mit mir geht es zu Ende.« Sams Verfall war für Jennie ebenso schlimm wie für ihn selbst. Selten raffte er sich noch auf, die Geborgenheit seiner Wohnung zu verlassen, nicht einmal, um die Enkel zu sehen. Die geringste Unannehmlichkeit ließ ihn verzweifeln. Und die Pflege des fast ständig Bettlägerigen griff Jennie an. (Sam wollte keine Krankenschwester um sich haben.) Es dauerte nicht lange, da hatte auch Jennie Herzschmerzen. Dann kam es im Jahre 1964 zu einer neuen akuten Gefahr. Man stellte ein Aortenaneurysma fest und brachte Sam sofort in das Allgemeine Krankenhaus von Massachusetts, wo er operiert werden sollte. Er war sich über die Schwere der Operation im klaren – seine brüchige Aorta mußte durch eine Orlonprothese ersetzt werden – und zeigte sich erstaunlich gefaßt. In der Nacht vor der Operation hatte er einen Traum: zwei Engel kämpften um sein Schicksal. Schließlich behielt der Engel, der auf seiner Seite stand, die Oberhand und versprach Sam noch einige Lebensjahre. »Ich hatte keine Angst, denn ich wußte durch meinen Traum, daß ich es schaffen würde«, sagte mir Sam nach dem chirurgischen Eingriff.

So, wie es ihm im Traum vorhergesagt worden war, blieben Sam tatsächlich noch ein paar Lebensjahre – noch fünf –, aber es gab Tage, an denen er wünschte, der feindliche Engel hätte gesiegt. Seine Arterien wurden immer schlechter und die Schmerzen manchmal unerträglich. Im November 1968 flog er mit Jennie nach New York, um Thanksgiving im Kreise der Familie zu feiern. Als ich die beiden auf dem LaGuardia Flughafen in Empfang nahm, war ich erschrocken darüber, wie schmal und blaß Sam geworden war, seit ich ihn ein paar Wochen zuvor das letzte Mal gesehen hatte. In New York herrschte ein plötzlicher Einbruch warmen Sommerwetters mit schnellem Temperaturanstieg und Smog. Man konnte die Luft fast schmecken, und sie schmeckte wie verbrannter Gummi. Schon bei seiner Ankunft klagte Sam über Schwindel und Übelkeit. An diesem Abend hatte er einen schweren Herzanfall. Er überlebte ihn und flog drei Wochen später nach Boston zurück, aber von da an folgten weitere schmerzliche Herzattacken und längere Krankenhausaufenthalte. Während seines letzten Lebensjahres brauchte er eine Pflegeperson rund um die Uhr, ob er wollte oder nicht. Sein immer schwächer werdender Lebenswille endete am 30. April 1969 im Bostoner Beth Israel Krankenhaus mit Jennie an seinem Bett. Er starb nur ein paar Monate zu früh, um die Landung der Astronauten auf dem Mond mitzuerleben. Er wäre der richtige Abschluß gewesen für ein Leben, an dessen Anfang das Erstaunen über die Geschwindigkeit einer von Kulaken gelenkten Pferdedroschke stand. Die Beerdigung war eine melancholische Wiederholung seines Festbanketts vor sieben Jahren. Er wurde neben seinem Vater und seiner Mutter beigesetzt, und noch einmal kamen die unterschiedlichsten Menschen, um diesem Mann ihre Ehrerbietung zu erweisen – einem in der Tat außerordentlichen Mann.

Sams letzte Wochen und sein Tod brachten auch Jennie fast ins Grab. Obwohl Pflegepersonen rund um die Uhr zur Verfügung standen, hatte sie sich nie mehr als ein paar Schritte vom Krankenbett entfernt. Nur sie konnte den Tee so zubereiten, wie Sam ihn liebte, nur sie wußte, wie viele Bananenscheiben er auf seinem Weizenflockenbrei haben wollte, nur sie verstand, was er meinte, wenn er sagte »meine Beine ziehen«. Eine Zeitlang nahm sie fast so viele Nitroglyzerinpillen wie er, aber trotz unserer dringenden Mahnungen ließ sie nicht nach in der Pflege des Mannes, mit dem sie zweiundfünfzig Jahre gelebt hatte, im Guten und im Bösen. Die Ehe war wohl mehr von letzterem bestimmt, aber Jennie hatte die Trauformel ernst genommen und hielt sich an sie. Nach Sams Tod, als der erste Schmerz und das Gefühl der Verlassenheit milder wurden, begann sie, alle unglücklichen Phasen dieser zweiundfünfzig Jahre aus dem Gedächtnis zu streichen, und sie sprach von Sam nur als von einem Helden, einem hingebungsvollen Ehemann und einem großartigen Familienvater.

Es dauerte nicht lange, und ihre Kinder lernten eine neue Jennie kennen. Wir wußten zwar, daß sie ein Stehauf war, aber als Witwe kam noch ein anderer Wesenszug zum Vorschein – eine couragierte Unabhängigkeit. Sie entdeckte sich selbst und konnte endlich sich selbst verwirklichen, und wie selbstverständlich nahm sie Sams Platz als Mittelpunkt der Familie ein. In Newton, wo sie in der Nähe ihrer Schwestern Dorothy und Bertha lebt (Bertha ist im Jahre 1981 gestorben), ist sie der Liebling ihres neuen Freundeskreises, dessen Mitglieder meist irgend etwas mit der lokalen Kunstszene zu tun haben, und über die sich Sam sicher beklagt hätte. Sie besucht Konzerte, Ausstellungen, Theater- und Ballettabende, und »jede Menge Feste und Veranstaltungen«. (Wie Jennie kürzlich sagte, »ich möchte gerne auf dem laufenden bleiben«.) Sie unternimmt auch noch Reisen, soweit ihr Alter und die Gesundheit das zulassen. Ihr Leben, jetzt im neunundachtzigsten Jahr, ist ganz und gar frei, im besten Sinne des Wortes.

Auch der Charakter der neuen Geschichten meiner immer noch fortgeführten Sammlung von Jenniana ändert sich. Als Doyenne der Familie und lebendes Elternteil von Leonard Bernstein hat Jennie ein Selbstbewußtsein entwickelt, das sie manchmal fast hochmütig erscheinen läßt. Als die Produzenten der Fernsehsendung ›60 Minuten‹ sie vor einigen Jahren im Zusammenhang mit einem Bericht über Lenny live interviewen wollten, lehnte sie kurzweg ab. »Ich habe eine derartige Publizität nicht nötig«, sagte sie. Seit einiger Zeit hat sie die Angewohnheit, von ihrem berühmten Sohn als von »Leonard« zu sprechen, sogar zu ihren alten Freunden und Verwandten. »Warum nennst du ihn ›Leonard‹, wenn du ausgerechnet mit mir über ihn sprichst?« fragte Shirley sie einmal ebenso pikiert wie amüsiert. Jennie antwortete: »Hast du etwas *dagegen,* wenn ich ihn ›Leonard‹ nenne? So heißt er doch, oder nicht?«

Als mein Vater so krank war, daß er nicht mehr ins Geschäft gehen konnte, begann er mit den schwierigen Verkaufsverhandlungen für das Geschäft. Wir sprachen einmal lange darüber, er war in nachdenklicher Stimmung. »Weißt du«, sagte er und schüttelte die Handgelenke, um seine Manschetten in Ordnung zu bringen – die typische Bewegung, die eine längere Rede ankündigte –, »es ist für mich eine große Enttäuschung, daß keines meiner Kinder das Geschäft übernehmen und in Boston leben wollte. Aber wenn ich darüber nachdenke, so stelle ich fest, daß alle nachfolgenden Bernstein-Generationen sich gegen die Wünsche ihrer Eltern aufgelehnt haben. Mein Großvater, Bezalel, wurde Grobschmied statt Rabbi wie sein Vater. Mein Vater wurde Rabbi statt Grobschmied. Ich floh aus dem *Stetl,* um Geschäftsmann in Amerika zu werden. Jetzt wollen meine eigenen Kinder nichts mit meinem Lebenswerk zu tun haben. In dieser Beziehung sind wir eine merkwürdige Familie. Wer weiß, was deine Kinder und die von Lenny einmal werden wollen?«

Dieses Thema der Eigenwilligkeit bei der Berufswahl haben wir vor einiger Zeit bei einem Thanksgiving Dinner diskutiert. Die jüngste Bernstein-Generation gab zu, sich zunächst gegen die Berufe ihrer Väter aufgelehnt zu haben, aber merkwürdigerweise haben alle sich seitdem einer künstlerischen Laufbahn verschrieben – insbesondere der Schauspielkunst. Lennys jetzt dreißigjähriger Sohn Alexander, der den Beruf eines Schauspielers gewählt hat, sagte: »Diese Musiker und Schriftsteller, die während unserer Kindheit im Hause verkehrten, schienen uns plötzlich viel interessanter – oder weniger langweilig – als andere Leute. Wir möchten wohl so wie sie werden.« Offenbar ist die Kluft zwischen den Generationen kleiner geworden, je mehr sie sich in ihrer Sprache und Bildung, in ihren Neigungen und ihrem geistigen Hintergrund einander näherten – obgleich ich beobachte, daß unsere Kinder sich heimlich über ihre Eltern lustig machen. Tatsächlich hat Jamie, Lennys Tochter, ein Tagebuch geführt, und ich fürchte, es ist meinen Aufzeichnungen über meine Eltern nicht unähnlich. Das ist der Lauf der Dinge, und es geschieht uns recht.

Vielleicht wurden Lenny, Shirley und ich zu sehr mit Wissen vollgestopft und waren daher zu altklug. Wir behandelten unsere weniger erfahrenen Eltern mit Herablassung und belächelten sie. Es war uns zu leicht gemacht worden. Das ist eine Erfahrung, die in Amerika mit den Kindern der Einwanderer häufig gemacht wird. Aber auch wenn wir uns schuldbewußt unserer Eltern schämten oder sie hochmütig auslachten und sie schließlich doch akzeptierten, immer liebten wir sie. Wir können uns zugute halten, daß wir sie nie verleugneten und uns nie ihretwegen entschuldigten. Familie war eben Familie. Ob wir es wollen oder nicht, wir sind die lebendig gewordene Summe der ererbten Gene und der erworbenen Eigenschaften. Das liegt in der Natur der Sache. Und wenn es um die Natur der Sache geht, kann man nur das Beste hoffen. Wie Sam zu sagen pflegte: »Halt den Daumen überkreuz«.

Über Musik und Musiker im dtv

Walter Blankenburg:
Einführung in Bachs
h-moll-Messe BWV 232
dtv 4394 / BVK 4394

Das Weihnachts-
Oratorium von Johann
Sebastian Bach
dtv 4406 / BVK 4406

Alfred Dürr:
Die Kantaten von
Johann Sebastian Bach
dtv 4431 / BVK 4431

Die Johannes-Passion
von Johann Sebastian
Bach
Entstehung, Überliefe-
rung, Werkeinführung
dtv 4476 / BVK 4476

Burton Bernstein:
Die Bernsteins
dtv 11097 / BVK 946

Moshe Menuhin:
Die Menuhins
dtv 10834 / BVK 858

Yehudi Menuhin:
Unvollendete Reise
Lebenserinnerungen
dtv 1486 / BVK 1486

Gerald Moore:
Bin ich zu laut?
Erinnerungen
dtv 1217 / BVK 1217

Grogor Piatigorsky:
Mein Chello und ich
und unsere
Begegnungen
dtv 1080

Dietrich
Fischer-Dieskau:
Robert Schumann
Das Vokalwerk
Mit Abbildungen und
Notenbeispielen
dtv 10423 / BVK 755

Richard Wagner:
Die Musikdramen
dtv 2085

Ein deutscher Musiker
in Paris
Novellen und Aufsätze
von 1840/41
dtv 2215 (Aug. 1989)

dtv junior

Karla Höcker:
Franz Schubert in
seiner Welt
dtv 79019

Das Leben des
Wolfgang Amadé
Mozart
dtv 79011

Clara Schumann
dtv 79015

Johannes Brahms
Begegnung mit dem
Menschen
dtv 79006

Carl Maria von Weber
Schöpfer der
Romantischen Oper
Mit zahlreichen
Abbildungen
dtv 79097